入門
メディア・コミュニケーション

山腰修三［編著］

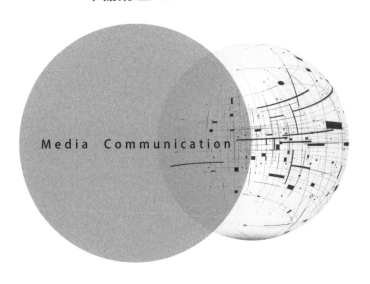

Media Communication

慶應義塾大学出版会

はじめに

　本書はメディア・コミュニケーション研究を政治や社会との関わりから理解するための入門書である。
　ラジオやテレビが発達・普及した20世紀以降の近代社会は「メディア社会」とも形容され、このような社会の諸相を捉えるためにメディア論、マス・コミュニケーション論、ジャーナリズム論といった一連の研究領域が発展してきた。本書ではこれらの領域を「メディア・コミュニケーション研究」と総称する。しかし一方で、21世紀に入り、デジタル化が進展する中、これらの研究が基盤としてきたメディア環境そのものが大きく変容しつつある。
　それでは、「メディア社会」を理解するための視点、そして説明概念とはいかなるものだろうか。メディア環境が大きく変化する中、そうした視点や説明概念はどのように変化し、あるいは何が依然として有効なのだろうか。
　こうした問いに答えるために、本書はメディア社会を理解するための基本的な諸概念やアプローチを分かりやすく解説する。

　とはいえ、メディア・コミュニケーション研究は広義には人文・社会科学から理工学まで幅広く関連する学際的な研究領域であり、メディアやコミュニケーション、そして社会を捉えるための視点や概念も多様である。そこで、本書は次のアプローチを採用する。
　第一に、法学、政治学、社会学、社会心理学からアプローチする。これらの学問領域の基礎概念や視座には、メディアと社会との関係を捉える上で重要なものが含まれているからである。第二に、「ニュース」をキーワードとする。ニュースを中心的なテーマとすることで、上記の四つの学問領域を相互に結びつけ、読者がメディア社会の諸相を具体的に理解することができるようにしている。第三に、デジタル化やグローバル化、近年の重要な社会問

題など、メディアおよび社会の変化や動向を視野に収めている。

　また、本書の執筆陣は慶應義塾大学メディア・コミュニケーション研究所の所員である。研究所はメディア、マス・コミュニケーション、ジャーナリズムに関する研究・教育機関であり、入所試験に合格した各学部の2年生以上の学生が研究生として所属する。入所を望む学生、あるいは入所後の研究生に学んでほしい基礎概念や視座を提示することも本書の狙いの一つである。

　本書は3部から構成される。
　第1部では、「ニュース」をキーワードにメディア・コミュニケーション、そしてメディア社会を捉える基礎について論じている。
　コミュニケーションとは、情報の伝達や交換を指すが、メディアと社会の関係に注目する際には、そうした伝達や交換の結果、意味が共有されるという側面も重要である（大石裕『コミュニケーション研究（第4版）』慶應義塾大学出版会、2016年参照）。「ニュース」をキーワードに考えると、それはニュースが現代社会の中でどのように生産され、伝達され、そして共有されるのかを問うこととなる。
　第1章は、ニュースの生産過程に関わる諸概念、とくにニュースバリューや取材体制について論じ、また、ニュースが社会的に共有される点について「記憶」「物語」「現実」といった概念から解説する。第2章は、主として社会心理学的な視点からニュースが伝達された結果生じる影響について、主要なモデルを紹介する。第3章および第4章はニュースの生産や伝達に関わるジャーナリズムの制度的基盤、とくに表現（報道）の自由について、法学（第3章）と政治社会学（第4章）の観点からそれぞれ解説する。
　第2部では、デジタル化によってメディア・コミュニケーション、メディア社会にどのような変化が生じているのかを論じる。第5章はデジタル化の進展やインターネットの普及による新たなメディア環境におけるジャーナリズムの捉え方を提示する。第6章はこうしたメディア環境の変化がニュースの普及過程に与える影響について論じる。第7章はメディア法の観点から、新たなメディア環境における表現の自由をめぐる議論を扱う。第8章はソー

シャルメディアの普及が政治参加をどのように変化させたのかを、主として海外の事例を中心に紹介する。

　第3部では、ニュースを通じてメディア社会の現状を捉える視座を検討する。この部は特定の社会問題に関する報道からどのように社会やメディアを読み解くかに焦点を当てた第9章および第10章、そしてグローバル社会や国際関係をメディア論やニュース研究から読み解く視点を提示する第11章および第12章から構成される。

　第9章は沖縄メディアと全国メディアの報道の比較を通じて沖縄問題、そして戦後日本社会を理解する手法を紹介する。第10章は、戦後日本の原子力政策とメディアの関係について「正当性」概念を通じて分析を行っている。第11章は「ニュースのグローバルな流れ」を手がかりにグローバル化の進展とニュースとの関わりについて解説する。第12章は国際関係とメディア環境の変化についていくつかのモデルや理論を紹介する。

　本書は2016年度慶應義塾大学通信教育部夜間スクーリング総合講座《新しいメディア環境とジャーナリズム》での講義内容をもとに大幅な加筆・修正をし、あるいは新たに書き下ろしたものである。通信教育部の関係者の皆様、そして本書の企画から出版まで大変お世話になった慶應義塾大学出版会の乗みどり氏に心から御礼申し上げる。

2017年9月

山腰修三

目　次

はじめに　　山腰修三　　i

第1部　メディア・コミュニケーションを学ぶ

第1章　ニュース研究の基礎概念 ───── 3
　はじめに──ニュースとは何か　3
　1　ニュースの制作過程とニュースバリュー　4
　2　社会で「ストック」されるニュース　10
　3　ニュースによる「現実」の社会的構築・構成　14
　おわりに──ジャーナリズムの自由と客観報道　17

第2章　ニュース報道の影響 ───── 21
　はじめに　21
　1　ニュース報道と知識格差　22
　2　ニュース報道の「世論」への影響　24
　3　ニュース報道が「培養」する社会のイメージ　32
　おわりに　34

第3章　ジャーナリズムと法 ───── 37
　はじめに　37
　1　表現の自由　39
　2　ジャーナリズムの法的限界　44
　おわりに　53

第4章　世界の報道の自由 ───── 55
　はじめに　55
　1　プレスの自由に関する四理論　59
　2　メディア・システムの比較研究　63
　3　フリーダムハウスにおける「報道の自由」　67
　おわりに　71

第2部 デジタル化がもたらす変化を学ぶ

第5章 デジタルメディアとニュースの政治社会学 ―― 77
はじめに　77
1　メディア環境の変化と日本社会　77
2　ニュースの生産・伝達・消費過程の変化　82
3　政治・社会変動とジャーナリズム（1）
　　――「メディアの公共性」のゆらぎ　86
4　政治・社会変動とジャーナリズム（2）
　　――デジタルメディア時代のポピュリズム　89
おわりに　91

第6章 ニュース普及過程の変容とジャーナリズム ―― 95
はじめに　95
1　ニュース普及のパターンとその影響要因　96
2　インターネット時代のニュース普及過程　100
おわりに　108

第7章 放送・インターネットと表現の自由 ―― 113
はじめに　113
1　放送と表現の自由　115
2　インターネットと表現の自由　120
おわりに　127

第8章 ソーシャルメディアと政治参加 ―― 131
はじめに　131
1　ソーシャルメディアと政治　131
2　抗議運動の中のソーシャルメディア　136
3　何が人々をつなぐのか　142
4　おわりに――新たな「我々」の構築へ向けて　146

第3部 ニュースを通じて社会を学ぶ

第9章 沖縄問題とジャーナリズム ― 151
はじめに　*151*
1　沖縄問題とアイデンティティの政治学　*153*
2　反基地感情と沖縄メディア　*157*
3　沖縄問題をめぐるアイデンティティの政治の現状　*161*
4　全国メディアの中の「沖縄問題」　*163*
おわりに　*166*

第10章 原子力政策の正当性とメディア ― 169
はじめに　*169*
1　政策の正当性　*172*
2　正当性の境界はどこにあるのか　*175*
3　境界性の監視とメディア　*179*
おわりに　*184*

第11章 グローバル化と国際的なニュースの流れ ― 189
はじめに――グローバル・ビレッジの可能性？　*189*
1　グローバル化の進展とニュースの南北問題　*190*
2　「冷戦」の終わりとCNN効果　*194*
3　ニュースバリューと戦争報道　*197*
おわりに――文化帝国主義とデジタル・ディバイド　*201*

第12章 国際報道と国際関係 ― 205
はじめに　*205*
1　国際ニュースからの接近　*205*
2　カスケード・モデル　*207*
3　プロパガンダ　*211*
4　広報外交　*215*
5　国際報道とネット時代　*221*
おわりに　*225*

索　引　*229*
執筆者紹介　*235*

第 *1* 部

メディア・コミュニケーションを学ぶ

第 1 章
ニュース研究の基礎概念

はじめに——ニュースとは何か

　ニュースとは何か、という問題について考えてみたい。そこで、ニュースという情報の特徴について、ここではまず検討してみる。

　第一に、ニュースというのは、社会の多くの人々にとって新しい情報でなければならない。昨日の出来事、今日の出来事、現在起きている出来事に関する情報がニュースというわけである。

　ただし、遠い過去に生じた歴史的な出来事でも、ニュースになることがある。例えば専門家やジャーナリストなどが、過去に生じた出来事を発掘したり、新たな事実を発見した場合、メディアはそれをニュースとして報道することもある。長年、埋もれていた遺跡の発掘といったニュースがそれにあたる。この場合、遺跡が作られたのははるか昔の出来事であっても、発掘による新たな発見それ自体最近行われたことなので、それはニュースとなる。有名人の書簡や原稿の発見なども、同様の理由でニュースになる。

　第二に、ニュースとは社会の多くの人々の利害に関わる情報、あるいは多くの人々が関心を持つ情報である。テレビや新聞などのマスメディアの場合、社会というのは通常は国家といい換えることができる。国家全体の利益、すなわち「国益」に関わる、あるいは「国民の関心事」といわれる出来事や問題が、ニュースとして扱われる傾向が高くなる。国家の安全保障に関わる外交問題、大規模な災害、そして最近では原子力発電所の再稼働といった問題がそれにあたる。

　また、地方紙などの地域メディアの場合には、当然、それぞれの地域社会で生じた出来事がニュースになる。例えば、2016年4月12日、沖縄の地方紙

である沖縄タイムスは、「進まぬ普天間飛行場の返還　日米合意から21年」という見出しで、次のような記事を掲載した。

> 米軍普天間飛行場の移設条件付き全面返還合意から12日で21年となった。翁長雄志知事が名護市辺野古の新基地建設計画に反対する中、政府は今月20日としていた護岸建設工事を17日以降の早い段階に前倒す方針を固め、工事の既成事実化を急ぐ。知事権限を使って建設阻止を狙う県に対し、政府は法解釈の変更で知事権限を無力化するなど国を挙げて工事を強行。県と約束した普天間飛行場の5年以内の運用停止をほごにする姿勢も明確にするなど、民意に反した国策の押しつけが際だっている。

　米軍基地は沖縄に集中し、米軍の事件や事故が相次いで生じていることから、この種の問題に対する沖縄県民の関心は非常に高い。だから当然、沖縄タイムスや琉球新報といった沖縄の地方紙は、米軍基地問題を大きく取り上げ、熱心に報じることになる。

　なお、こうしたニュースを制作する記者や編集者はジャーナリストと呼ばれる。また、ジャーナリズムとは、記者や編集者が行う出来事に関する報道、解説、論評、これら一連の作業を指す。さらには、報道、解説、論評を行うジャーナリストが属する組織や業界もジャーナリズムと呼ばれている。

1　ニュースの制作過程とニュースバリュー

　次に、ニュースがどのように作られるかという問題について考えてみよう。ニュースの制作には、多くの人が関わっている。その過程を簡単な図式で示すと次のようになる。

①出来事の選択　→　②取材によるニュースの素材の収集　→
③ニュースの素材の編集と整理　→　④ニュース

以下、各々の段階について説明してみる。

① 出来事の選択──社会では日々無数の出来事が生じている。メディアはその中からニュースとして報道する価値のある出来事をいくつか選ぶ。
② 取材によるニュースの素材の収集──選択した出来事について、担当の記者はニュースの素材を収集する。現場にいた人たちからの証言、さまざまな資料、有識者の発言などが収集される。テレビの場合には映像、ラジオの場合には音声が収録される。
③ ニュースの素材の編集と整理──収集されたニュースの素材、そして記事、映像、音声などを編集し、整理する。
④ ニュース──新聞、テレビ、インターネットなどを通じて、ニュースは人々に伝えられる。

こうした一連の作業は、新聞社、通信社、放送局といったマスメディアの場合、基本的には各々の組織に属する記者や編集者が行っている。ただし、戦争報道などの場合には、そうした組織に属さないフリーのジャーナリストが取材した素材が使用されることもある。近年では、スマートフォンなどの新たなメディアが普及してきたので、一般市民から提供される情報（とくに映像）が用いられるケースもよく見られる。ここで重要なのは、ニュースの制作という一連の過程の中で、出来事が取捨選択され、選ばれた複数の出来事の間でもその重要度が比較され、優先順位がつけられるという点である。

マス・コミュニケーション論、中でもニュース研究では一般に、「ニュースの素材の編集と整理」を担当する人々はゲートキーパーと呼ばれてきた。ここでは、この用語をより広く捉えて、出来事やニュースの選択、さらには選択されたニュースの重要度を判断する作業を行う人々をゲートキーパーとみなすことにする。そうすると、ニュースの制作過程にはいくつかの「関門（ゲート）」が存在し、ゲートキーパーの判断で各々のゲートを通過した出来事が、ニュースとして報じられることになる。

このように考えると、ニュースの制作過程は次のようにまとめることができる。ジャーナリストは記者あるいは編集者としてゲートキーパーの役割を担い、無数に存在する社会的出来事の中から、それらの重要度を判断する基準、すなわちニュースバリューに照らして選択を行い、その出来事について

取材し、ニュースの素材を取捨選択する。選択されたニュースの素材は、編集・整理といった工程を経てニュースとなり、人々に届けられるというわけである。

　ニュースについて考える際、いくつかの重要なキーワードが存在する。すでに若干説明してきたが、その一つがニュースバリューである。ニュースバリューとは、社会で生じる出来事について、それをニュースとして報道する価値があるか否かを測る基準と定義できる。世の中で生じる無数の出来事のうち、はたしてどの出来事がニュースとして伝える価値があるかを判断する基準、それがニュースバリューである。

　また、ニュースとして取り上げられる複数の出来事、すなわち複数のニュース項目の間での重要度を測る基準という意味もニュースバリューという言葉には備わっている。テレビニュースの場合には、どの出来事を最初に報じるのか、どの程度の時間をかけて報じるのかを判断する基準がそれにあたる。

　先にニュースという情報の特徴を掲げたが、それらはそのままニュースバリューにもあてはめることができる。新たに生じた出来事、そして社会の多くの人々の利害に関わる、あるいは多くの人々が関心を持つ出来事のニュースバリューは高くなる。ただし、ニュースバリューに関しては、すでにこれまで数多く研究が行われ、具体的な項目も挙げられてきた。以下、主な項目について述べてみる。

① 紛争や対立。個人、組織、国家、それぞれのレベルで生じる紛争や対立はニュースになりやすい。世界各地で生じる戦争やテロはその代表例である。
② 地理的に近い場所で生じた出来事。通常は自国で生じた出来事がニュースとして報じられやすい。また、日本を例にとると、アジア諸国、とくに中国、韓国、北朝鮮のニュースが多いのはこのためである。
③ 予測できない突発的な出来事。地震、津波、台風などの大災害、航空機事故、そして株価の急速な変動などがこの項目にあたる。
④ 継続している出来事。いったん社会の関心を集めた出来事に関する情報は引き続きニュースになりやすい。また、定期的に開催されるイベン

ト、日本では例えば8月15日の「終戦の日」の式典は毎年ニュースとして報じられる。
⑤ 社会的に影響力のある人物。政治、経済、社会、文化といった分野で影響力を持つ、あるいは注目されている人物はニュースになる可能性が高い。すなわち、大統領や首相といった政治指導者、皇族、さらには芸能人といった「有名人」がそれにあたる。
⑥ 国際的な影響力の強い国家。国際社会で、政治力、軍事力、経済力を持つ国家の動向は注目され、ニュースになりやすい。アメリカの大統領選挙、中国経済の動向などはその典型的な例である。
⑦ 映像的魅力。これはテレビのニュースにあてはまる項目である。新聞などの活字メディアとは違い、テレビの場合、出来事の重要度よりも映像の衝撃度や面白さがニュースの価値を決める場合がある。
⑧ ニュース項目間のバランス。ニュースは事件や事故など社会にとって問題になる出来事を扱うことが多いので、逆に人々の気持ちを和らげるような出来事を報じて、バランスをとることがある。また新聞の場合には、総合面のほかに、政治、経済、社会、国際、文化、スポーツなど、ニュースの種類ごとに紙面が構成されているので、よほどの大事件が生じないかぎり、この構成が考慮されることになる。

ニュースバリューは、おおむね以上のようにまとめることができる。しかし、これらの基準が絶対的なものではないということは容易に分かるであろう。同じ日に衝撃的かつ重大な出来事が複数生じた場合、編集者や記者はそれらの出来事を比較し、瞬時にその重要度を判断し、報じることになる。ニュースバリューはあくまでも相対的な基準である。逆に重大事件がないと（それは、社会にとっては当然好ましいことであるが）、新聞社は紙面づくりに、放送局はニュースの選択や構成に悩むことになる。もちろん、逆に衝撃度がきわめて大きい出来事や事件の場合には、報道する時間やスペースの枠は拡大されたり、ときには取り払われることもある。2011年3月11日に生じた「東日本大震災」は、その典型的な例であった。

メディアにとって、ニュースを伝える時間やスペースには限りがある。そ

れゆえに、複数の出来事やニュースの項目の間での比較が常に行われ、テレビのニュース番組や新聞の紙面が作られることになる。この作業は、近年非常に多くの閲覧者がいるインターネットのニュース、例えばヤフーニュースなどでも行われている。

　加えて、ニュースバリューは各メディア、すなわち各新聞社、各放送局によって異なるという点も重要である。各メディアのニュースバリューに関する判断は、ニュースの内容や構成に反映されることから、新聞紙面やテレビやラジオ、そしてネットで扱われるニュースは異なることになる。ニュースバリューというのは、各メディアの個性であり、各メディアが持つ価値観そのものだといえる。

　その一方、各メディアがニュースとして取り上げる出来事やその伝え方が類似する場合もよくある。前述したように、衝撃度が大きく、かつ重要な出来事が生じると、その傾向は著しく強まる。そうした時には、新聞読者、テレビ視聴者、ラジオ聴取者、ネット利用者は、かなり限られた出来事に関する報道、解説、論評だけに接することになる。

　このように、ニュースバリューというのは、ニュースの制作過程の中心に位置する非常に重要なものである。各メディアの記者や編集者といったジャーナリストは、ニュースバリューを身につけることで、社会で生じた出来事の選択、そしてニュースの素材の編集と整理を迅速に行うことが可能になり、定期的なニュースの提供という使命を果たせるようになる。

　しかし、その一方で既存のニュースバリューへの依存度が高すぎると、「前例」主義に陥る危険が生じてしまう。過去に大きく報道され、社会の注目を集めたことのある出来事と同様の出来事だけが重視され、過去の例にならって同じように報じる、という傾向が強まってしまうのである。その場合、前例のない出来事については、その重要度を判断する感度が鈍ってしまうことにもなりかねない。たとえ報道するにしても、過去に生じた出来事との共通点だけに目を向けてしまい、出来事の本質が見えにくくなってしまう、さらには出来事の本質を見失う、という事態が生じてしまうこともある。こうした事例は日々のニュースにおいてかなり頻繁に観察される。

　ジャーナリズムについて考えるとき、最も重要なもの、それは上述したニ

ュースバリューだと考える。ニュースは、社会にとって負の作用を及ぼす出来事、例えば戦争、テロ、災害、そして殺人事件などは人々の関心を集める傾向が高い出来事を取り上げることが多い。ジャーナリズムのこうした判断基準とその適用の仕方について論じること、それがジャーナリズムについて考察し、批判する場合の中心に位置する。

　このような視点から、個々のジャーナリズムの活動を考えてみると、そこには相矛盾する二つの目標が存在することが分かる。第一の目標は、他のジャーナリストやメディアと同じ出来事を報道することである。それは、個々のジャーナリストが、ジャーナリズムの組織や業界の中で成長し、そこに適応する過程でニュースバリューを身につけた結果と見ることができる。しかも、ニュースバリューの高い情報を入手しやすい場所に記者は配置されている。例えば、各省庁には記者クラブが存在し、そこに記者が常駐している。また、海外特派員もニュースバリューの高い国（都市）に数多く配置されている。さまざまなメディアで扱われるニュースが類似するのは、このような取材体制が一因になっている。

　取材をめぐるこうした体制や手法は、各メディアが同じようなニュースを流す、すなわち「横並び報道」を生み出す一因となり、これまでさかんに批判されてきた。記者が個性を発揮した取材を行うことが難しくなり、またニュースの多様性が減じてしまうからである。それに加えて、こうした取材の体制や方法が「メディアスクラム（集団的過熱取材）」という現象を生み出すことから、やはりたびたび批判されてきた。出来事の当事者に対して主要メディアの記者たちが一斉に取材を試み、激しい報道合戦を繰り広げ、プライバシーの侵害など多くの問題を引き起こしてきたからである。これは、ジャーナリズムの倫理という視点から見ても、多くの問題をはらむものである。

　ただ、こうした取材手法は批判されるにしても、ある重要な出来事に関するニュースが社会に流れるということそれ自体、必ずしも批判の対象となるわけではない。重要だと判断された出来事がニュースとして社会に広く伝えられることは当然、という見方もできるからである。しかし、情報源が同じで、報道の仕方も同じとなると、その時点で出来事に対する見方が画一化されてしまう。また、この種のニュースは、最初は人々の関心を引きつけるが、

繰り返し報じられるうちに飽和状態に陥ってしまい、人々の関心の低下を招くことになりかねない。

　ジャーナリズムの第二の目標は、他のメディアが報じない出来事や事実を伝えること、すなわちスクープ報道を行うというものである。この目標は、他のジャーナリストやメディアと同じ出来事を報道するという目標と正反対のものである。ただスクープといっても、それはいくつかに分類することができる。第一は、すでに多くのメディアが報道し、社会で話題になっている出来事や事件に関して、ジャーナリストが新たな事実を発見し、報じる場合である。第二は、出来事それ自体が社会で知られていない段階で、ジャーナリストがその出来事の重要性を認識し、報道する場合である。第三は、過去の出来事に関して、これまで社会で当然視され、常識となっている見方を覆すような事実を報道する場合である。

　こうしたスクープ報道は、例えば調査報道、ニュース番組の特集枠、あるいはドキュメンタリーの中で行われることもある。なお、上述した第二と第三に分類されうるスクープは、ジャーナリズムの業界や組織で共有されてきたニュースバリューそれ自体を揺さぶることがある。これまで見過ごされてきた重要な出来事が「発見」され、しかも出来事が持つ意味がさまざまな角度から検討されることになるからである。

　また、政治家などの要人を対象に行う「独占インタビュー」も、他のメディアが報じないという点では、スクープと同じ性質を持つ。しかし、この種のインタビューにしても、新たな情報を聞き出すことができなかった場合、その意味は大きく損なわれ、要人をただ登場させただけになってしまう。新鮮で重要な情報を引き出し、報じてこそ、独占インタビューはスクープとしての意味を持つことになる。

2　社会で「ストック」されるニュース

　ニュース、そしてニュースバリューについては、以上のようにまとめることができる。ただし、ここで注意すべきは、ニュースという情報が、単に社会に流れる（フロー）情報というだけでなく、社会で蓄積（ストック）され

る情報だという点である。ニュースは、個人だけでなく社会のレベルでストックされる、すなわち人々の間で共有される知識やイメージ、そして記憶になるのである。

　そうした知識、イメージ、記憶は、次なるニュースのフローやストックのされ方に重大な影響を及ぼすことになる。例えば、政治家の失言という出来事が生じると、過去の同様の出来事が想起され、それらに関する知識、イメージ、記憶が参照されることになる。さらには、そうした知識、イメージ、記憶は、出来事それ自体にも必ずや影響を及ぼす。なぜなら、出来事に直接関わる人々、すなわち出来事の当事者も、そうした知識、イメージ、記憶を共有し、それを参考にしながら思考し、行動することになるからである。

　こうして見ると、ニュースという情報はさまざまなメディアを通じて日々伝えられているが、同時に知識、イメージ、記憶として社会に蓄積され、人々の間で共有されることが分かる。そうした知識、イメージ、記憶は、人々の考え方や価値観、例えば出来事やそれに関わった人物や組織の善悪を判定する基準までも作ることになる。ニュースは、社会に流れる単なる情報ではないのである。

　社会で共有される記憶は、集合的記憶と呼ばれる。そして国家レベルの集合的記憶は、国民的記憶ということになる。衝撃度の高い出来事がマスメディアによって報じられると、それは国民的記憶として社会に定着する。近年の日本社会では、「阪神・淡路大震災」（1995年）、「地下鉄サリン事件」（同）、「東日本大震災」（2011年）などがその典型的な例である。メディアが急速に発達し、普及してきたことから、集合的記憶は国境を越えて世界で共有されるようになってきた。「ベルリンの壁の崩壊（ドイツ）」（1989年）や「同時多発テロ（アメリカ）」（2001年）などがそれにあたる。

　こうした衝撃度の非常に高い、きわめて印象的な出来事は、テレビの映像などを通じて日本のみならずグローバルなレベルで集合的記憶として共有されてきた。これらの映像は、機会あるごとにテレビで繰り返し流される。また近年では、インターネット（例えばYouTube）を通じていつでも見ることができるようになった。

　ニュースを考える上で最も基本的な要素、それは言葉である。私たちは、

いつも言葉を通じてニュースで報じられた出来事について感じ、考え、話している。ここで重要なのは、言葉はけっして無色透明ではないということである。言葉には必ず意味が含まれ、言葉で出来事を報じ、解説するという作業には、出来事を意味づけるという作業が必ず伴い、含まれるからである。そして、その作業の背後には、意識するか否かは別にして、出来事に関する評価、さらにはそうした評価の基盤となる価値観が常に存在するからである。その流れを逆から見ると、ある一定の価値観を持つ記者や編集者が、言葉を通じて出来事に関する評価をしながら意味づけを行う活動、それが報道や解説ということになる。

　テレビのニュースの場合には、映像が中心ではあるが、それでもやはり視聴者は言葉を用いて映し出された出来事を名づけ、その意味を解釈し、評価している。それに加えて、マスメディアはできるだけ多くの一般市民に対して、わかりやすくニュースを伝えようとするので、社会で広く流通している言葉を選び、並べて出来事を報じる傾向が強くなる点も重要である。その結果、ニュースで報じられる出来事は、社会ですでに共有されている分類の中に組み入れられ、意味づけられ、評価されることになる。

　こうして見ると、ジャーナリズムはニュースで使う言葉を通じて社会に大きな影響を及ぼす、といういい方も十分できる。ジャーナリストは、社会の多数の人々が共有している知識、イメージ、記憶に基づきながら、あるいは社会の支配的な価値観の影響を受けながら、言葉や映像を選び、その作業を通じて出来事の意味を伝え、それに関する評価を行っているのである。これまでとは違う新しい言葉を使って出来事を報じ、解説することは、ジャーナリストにとって大きな負担になるし、一般市民も理解するのが困難になるからである。同じ言葉を使ってニュースを制作することは、複数のメディアのニュースの内容が類似する大きな要因だといえる。

　ニュースについて語る時、専門家の間では「物語」という言葉がよく使われる。ニュース制作の現場では、この言葉はおそらく否定的な扱いを受けるに違いない。ニュースは当然事実に基づかねばならず（ノンフィクション）、その一方で物語という言葉が一般的には想像力の産物である文学作品（フィクション）を連想させるからである。このことを承知の上で、以下、ニュー

スの物語について述べてみる。

　物語は「ストーリー」と「プロット」という二つの手法によって成り立っているといわれている。ストーリーとは、ある出来事を構成する要素の間、すなわち複数の事実を時間に沿って配列することを意味している。A→B→C……というように、時系列的に事実を並べることで、出来事を説明するのがストーリーである。これはニュースでは、ごく普通に用いられている手法である。

　ただし、もう一つの手法であるプロットはより慎重に考える必要がある。プロットとは、複数の事実の間の因果関係や仕組みを意味するものであり、通常はX（原因）→Y（結果）というように捉えることができる。因果関係ということでいえば、それはやはりストーリーと同様に時系列的なものとなる。しかし、Yという結果を引き起こした原因がA、B、Cというように複数考えられる場合、ニュースでは出来事を分かりやすく説明するために、いずれかの原因を大きく取り上げることがある。ここにジャーナリズムの判断が働くのである。

　その際に作用するのが、先に述べた前例であり、それに基づく知識、イメージ、記憶であることは容易に理解できるであろう。例えば、近年続発しているヨーロッパでのテロについて考えてみる。その原因としては、IS（イスラム国）の影響、シリアを中心とした中東地域の政治的不安定と大量の難民、アメリカの中東政策の失敗、ヨーロッパ各国の格差の拡がり、ヨーロッパ各国の治安対策の不十分さ、などが挙げられる。そのうちどの原因を重視して報道するかは、ジャーナリズムの判断によるのである。そして、その判断はジャーナリズム、そして社会の価値と密接に関わっているのである。

　このようにニュースは、ストーリーとプロットという物語の形式によって構成されていると言える。ジャーナリズムは、出来事をニュースとして再現する際、複数の事実を時系列的に配列すると同時に、その出来事が生じた原因については、一定の価値判断に基づきながら可能な限り探り、示そうとするのである。

　それに加えて、複数の出来事が結びつけられ、社会の中で解釈や評価が生じるということもある。この問題について、ここでは「大きな物語」という

言葉を使って説明してみる。「大きな物語」とは、ある社会において支配的な価値観や歴史認識と密接に結びつくものである。こうした価値観が国家や社会を方向づけるとともに、さまざまな問題を解決しようとする際の判断基準となる。それだけではなく、ジャーナリズムが出来事を報じるときに採用する物語、とくに前述したプロットに必ずや影響を及ぼすことになる。もちろん、「大きな物語」の解釈やその実現をめぐって、あるいは複数の「大きな物語」の優先順位をめぐって対立が生じることもある。

戦後日本社会においては、民主主義、経済成長、平和国家、文化国家、といった理念が、ここでいう「大きな物語」にあたる。近年では、国際貢献や人権といった理念も含めることができるであろう。その場合、とくにアジア太平洋戦争に関する歴史認識は、概して戦前・戦中の日本の体制や政策を厳しく批判するものであった。その根底には、アジア諸国に対する侵略行為と植民地支配に対する自己批判が存在している。こうした考え方は、現代では「リベラル派」と総称されている。

それと対立する歴史認識をいだくのが「保守派」である。「保守派」、中でも復古主義的な保守派は、アジア太平洋戦争は自国防衛のための戦争であると主張し、アジア諸国に対する侵略行為と植民地支配に関しても、当時の有力な欧米諸国の戦略と大きく異なるものではなかったと考え、戦前・戦中の日本の体制や政策を正当化しようとしてきた。

こうした歴史認識の差が、報道姿勢に影響を及ぼすことがある。例えば、日中関係や日韓関係、あるいは靖国神社に関する見方、さらには憲法問題に関する報道がそれにあたる。歴史認識に関わる「大きな物語」が、それら個々のニュースの物語と深く連関することになるのである。

3 ニュースによる「現実」の社会的構築・構成

次に、ニュースを通じて社会の中で構築・構成される「現実（reality）」という問題について考えてみたい。ここでいう現実とは、実際に起こった出来事や現象について、それらを人々が認識し、頭の中で思い描くものを指している。その際、すでに人々がいだいている知識、イメージ、記憶を参照し

ながら、出来事や現象を認識している。

　人々はまた、実際に起こった出来事や現象についてさまざまな情報を入手し、現実を作り上げているが、それと同時にそうした出来事や現象に働きかけるという作業を行うこともある。人々は、自らを取り巻く環境から情報を受信し、それを処理・加工・蓄積し、さらには環境に向けて発信するのである。こうした一連の過程の中で、人々は現実を作り上げることになる。

　ここで重要なのは、人々が作り上げる現実については、多くの場合社会の他の人々と共有しているとみなすことができるという点である。というのも、現代社会において人々の現実に対する認識は、自らが直接に経験することよりも、メディア、とくにマスメディアを通じて作り上げることが多いからである。マスメディアが普及し、影響力を強めるにしたがい、人々はジャーナリズムに依存しつつ、自らを取り巻く環境について知るようになった。社会に流れるニュースを通じて、人々は現実というものを作り上げているのである。こうした過程が、現実の社会的構築・構成ということである。

　さらに忘れてならないのは、ニュースの送り手であるジャーナリズム、その受け手である人々、両者が同じ社会に属し、その中で活動しているという点である。先に述べた人々が頭の中に描く現実の共有という傾向は、ニュースの受け手だけに限定されるわけではない。すなわち、現実の共有という現象は、ニュースを制作するジャーナリズムとその受け手である人々との間、あるいは個々のジャーナリストの間でも生じているのである。

　この問題を考える上で役立つのが、次に見る「『現実』の社会的構築・構成」モデルである。このモデルでは、「現実」は次の三つに分類され、考察が加えられている（アドーニ＝メイン 1984＝2002）。

① 客観的現実――実際に生じた出来事といった現実。
② 象徴的現実――マスメディア、あるいはインターネットを通じた情報、例えばニュースによって構築され、構成された現実。
③ 主観的現実――人々が頭の中で描く世界。すなわち、人々の意識の中で構築され、構成される現実。この現実に対する認識をもとに、社会で形成されるのが主観的現実の集合体である世論だといえる。

これら三つの現実の関係については、以下の影響の流れとして捉えるのが一般的であろう。それは、まず「何らかの社会的出来事が生じ（客観的現実）」→「それをメディアがニュースとして伝え（象徴的現実）」→「そのニュースに人々が反応する（主観的現実）」、というものである。

　その一方、現実の社会的構築・構成という観点に立つならば、それとは異なる影響の流れが存在していることになる。それは、「象徴的現実」・「主観的現実」→「客観的現実」という流れである。例えば、マスメディアによっていったんニュースとして報じられた社会的出来事に関して見ると、そうしたニュースやそれによって喚起された世論の影響を受けながら、社会的出来事が展開するケースも数多く見られるからである。この場合、マスメディア（象徴的現実）や世論（主観的現実）は、社会的出来事の当事者によって形成される客観的現実に対して影響を及ぼしていると見ることができる。加えて、マスメディアや世論の反応を予期しながら社会的出来事が作られるケースも頻繁に生じている。

　こうして見ると、現実の社会的構築・構成というのは、これら三つの現実の間の相互作用、あるいは相互の影響によって、まさに社会的に構築・構成されていることが分かる。社会的に構築・構成される現実は、これら三つの現実が相互に作用し合いながら形成される中で、常に変化し続けていくのである。

　さらに、かなり長い時間的推移の中での現実の社会的構築・構成について考えてみた場合、すでに述べたニュースなどを通じて社会レベルで蓄積され、その構成員の間で共有された知識、イメージ、記憶の影響力も考慮されるべきである。というのも、客観的現実の形成に関わる人々だけでなく、象徴的現実を形成する各種メディア、そして主観的現実の集合体である世論は、こうした知識、イメージ、記憶を参照しながら、現実の社会的構築・構成に関わることになるからである。

　例えば読売新聞は、「北４発　ほぼ同時発射　弾道ミサイル　更なる挑発警戒　日米韓外相　連携を確認」（2017年３月７日）、「米、対北『新制裁目指す』安保理各国に」（2017年４月28日）という記事を一面に掲載した。これら

の記事は、過去の北朝鮮をめぐる諸問題に関する知識、イメージ、記憶を再生産、あるいは更新しながら（時には変化させることもあるが）、社会的に現実を構築・構成しているのである。

次に問題にしたいのは、これまで述べてきた現実の社会的構築・構成ということが、その出来事やニュースに関する意味づけや評価という作業と密接に関わるという点である。現実の社会的構築・構成という過程は、現実に関する意味や評価をめぐる合意ないしは対立という問題と深く関連している。それは、社会における価値（観）の問題にも当然結びつくことになる。先に挙げた北朝鮮の例を用いるならば、「テロ支援国家」、「悪の枢軸」（ジョージ・ブッシュ元アメリカ大統領）、「日本人拉致問題」、「核開発国家」といった、日本社会（あるいは国際社会）の多数派が共有する批判的な意味や評価に基づいて、「現実」が日本社会の中で構築・構成されるというわけである。

そのように考えると、社会的な出来事や現象に関する人々の認識という個人的な行為、すなわち現実の形成という作業も、当然意味づけや評価を伴うことになる。その作業はまた、各メディアのニュースなどを通じて、他の人々と共同して行われることが多いので、すぐれて「社会的」な行為ということになる。その大きな理由は、この作業を行う時には、すでに述べたように、通常は社会のレベルで使用され、意味が共有されている言葉が欠かせないからである。

このように現実の社会的構築・構成という過程については、言葉を媒介として、客観的・象徴的・主観的といった三つの現実が相互作用する中で、意味が付与され、評価される過程としてみなすことができる。こうして見ると、人々が他の人と共同して行う現実の社会的構築・構成という作業は、社会における価値観の問題と深く関わるのであり、そこにニュース研究が取り組むべき重要な課題が存在するといえる。

おわりに──ジャーナリズムの自由と客観報道

これまで述べてきたように、ニュースについて考えるということは、たんにニュースという情報を分析することにとどまらない。「現実」の社会的構

築・構成、そして価値観といった社会の基盤の領域にまで到達する、じつに奥深いものだからである。ニュースを制作するジャーナリズムについて考える時も同様である。この点にこそ、ニュースとジャーナリズムを研究する意義が見出せるのである。

　ここでは、社会においてそうした重要な役割を果たしているジャーナリズムの自由、それに伴うジャーナリズムの責任の問題について考えることにしたい。ジャーナリズムにとって最も重要な仕事は、「権力の監視」といわれ続けてきた。ここでいう権力とは、社会に強い影響を及ぼすことができる政治家などの権力者、そして官僚機構などの権力機関を指している。

　こうした権力者や権力機関にとって、自らを監視する役割を果たすジャーナリズムは、かなり厄介な存在である。したがって、権力者や権力機関はジャーナリズムに対してさまざまな形で影響を及ぼそうとすることから、両者の間には緊張や対立がよく生じる。それゆえ、権力監視機能を果たすためにはジャーナリズムは活動の自由が保障される必要がある。すなわち、出来事の取材、それについての解説や論評といった仕事を行う自由が、ジャーナリズムには保障されなければならないのである。

　ジャーナリズムはこうした自由を享受する一方で、それゆえに社会から公平・公正・中立な報道を求められるようになった。ニュース論、ジャーナリズム論、そしてマス・コミュニケーション論において客観報道論が重視されてきた理由もそこにある。自らの主観を排して客観的に報道するためには、ジャーナリストはどのようにすればよいのだろうか。それに対する比較的分かりやすい回答が示されたことがある（Westerstahl 1983; マクウェール 2005 = 2010）。

　まず「客観性（objectivity）」とは、①「事実性（factuality）」と②「不偏性（impartiality）」、という二つの要件によって構成されると考えられる。このうち①「事実性」は、①-A「真実性（truth）」と①-B「関連性（relevance）」という基準から成り立っていると捉えられている。また、②「不偏性」は、②-A「均衡性（balance）・非党派性（non-partisan）」と②-B「中立的な表現（neutral presentation）」という基準から成り立っていると捉えられている。そして、各々の基準について次のような説明が行われている。

- ①-A「真実性（事実性）」――この基準は、客観性の構成要件の中で中心にあると考えられることが多く、客観性と等置されることもある。この基準が重要となるのは、多様な意見を提示する場合よりも、出来事の経過を報じる場合である。
- ①-B「関連性（事実性）」――この基準は、現在社会で問題になっている複数のニュース項目の関連づけに関わる。また、ある特定の事件が推移する中で、複数の出来事のうちどの出来事を関連づけるかという基準に関わる。それは、ジャーナリズムが行う選択である。この基準は、ニュースをどのようなストーリーとして提示するのか、という作業と密接に関わる。
- ②-A「均衡性・非党派性（不偏性）」――この基準が問題となるのは、一般に対立する集団を報じる時である。均衡性は、それぞれの集団に関する報道量、それぞれの集団の主張を報じたか否か、また報じた場合には肯定的に報じたか否かといった基準によって測定される。
- ②-B「中立的な表現（不偏性）」――この基準に反するのは、取材対象に同調しているか、あるいは拒絶しているかという記者の姿勢が報道の中で示される場合である。この基準は、論評ではなく事実報道のみに適用される。

これらの基準は、ジャーナリズムが客観報道主義を採用し、それに基づいて活動する際の指針と捉えられるが、それと同時に報道された内容が客観的であるか否かを測定する際の指標としても活用することができる。

ところが近年、こうした客観報道とはかなり異なる報道が行われるようになってきた。その際の主役は、いうまでもなくインターネットである。例えば、ある特定のテーマに関する記事や写真などを集めて情報提供を行うサイトは「キュレーションサイト」と呼ばれているが、日本でもそこで扱われている情報がきわめて不正確であることが社会問題となった。以下の朝日新聞の社説「情報サイト　公共性をどう守るか」（2016年12月14日）はこの種の問題点を指摘したものである。

（キュレーションサイトは：引用者）ネット上の膨大な情報を精選し、まとめるのが本来の目的だ。だが DeNA サイトの大半の記事は、外部筆者や学生がマニュアルに従って量産したものだった。別メディアからの転用を推奨するような指示もあったとされ、病の根は深い。そんなことまでして追求していたのは広告収入だ。閲覧数が増えると、そのサイトで扱う広告の料金が上がる。記事に多くのキーワードを盛りこむなどしてネット検索で上位に表示される細工をする一方、事実を確かめたり、他者の著作権を侵害していないかをチェックしたりする作業は、おろそかになっていたという。

　こうした問題は、必ずしもキュレーションサイトに限らない。例えば、インターネット上のニュースサイトを見ても、比較的高い信頼を得ているメディアの情報と、そうではない情報が混在している。さらには、不確実な情報であること、あるいは虚偽の情報であることを知りながらインターネット上にニュースを流し（フェイクニュース）、それが短時間のうちに引用・転載されるという事例も数多く報告されている。
　インターネットの時代になり、客観報道といった問題と関連しつつ、ジャーナリズムの自由と責任という問題も新たな段階に突入してきた。今後はこれらの問題に関心を持ちながら、ニュースやジャーナリズムについて考えていく必要がある。

（大石　裕）

参考文献
アドーニ、ハンナ゠メイン、シェリル（1984＝2002）大石裕訳「メディアと現実の社会的構成」谷藤悦史・大石裕編訳『リーディングス　政治コミュニケーション』一藝社：143-162頁。
大石裕（2005）『ジャーナリズムとメディア言説』勁草書房。
大石裕（2017）『批判する／批判されるジャーナリズム』慶應義塾大学出版会。
大石裕・山腰修三ほか編著（2016）『メディアの公共性』慶應義塾大学出版会。
マクウェール、デニス（2005＝2010）『マス・コミュニケーション研究』大石裕監訳、慶應義塾大学出版会。

第2章

ニュース報道の影響

はじめに

　リップマン（Lippmann 1922=1987）は、彼の有名な著書『世論』を、ヨーロッパのある島に暮らしているイギリス人とフランス人、ドイツ人についての寓話めいた話から始めている。当時のその島には、ラジオもテレビもなく、ニュースは2週間に一度、その島と大陸を結ぶ連絡船が運んでくる新聞によってもたらされていた。1914年のある日、その連絡船が運んできた新聞には、すでに6日前からドイツとフランスの間で戦争が起きているという記事が載っていた。しかしその6日間、島の住民たちは、以前と変わらず、仲良く平和に暮らしていたのである。そして、このような事情は、6日間なのか、6時間なのか、6分間なのかの違いはあるものの、ヨーロッパ大陸にいた人々においてもまた同じであったという話である。

　戦争が起きていることを「知らない」人々にとって、戦争は「起きていない」のであり、したがって、お互い「戦わない」のであるという、一見とても単純で当たり前な事実を通じてリップマンは、私たちの行動がいかに「頭の中の像（picture in our heads）」に依存しており、その「像」はまた、いかにメディアによってもたらされる「情報」に依存しているのかということを気づかせてくれている。いい換えれば、私たちの行動は実際の客観的な「環境」ではなく、メディアによって媒介される「疑似環境（pseudo-environment）」に規定されているということである。そしてその疑似環境を作り上げる代表的な情報は、いうまでもなくニュースなのである。

　この章では、私たちがニュース報道から受ける影響に焦点を当て、これまでマス・コミュニケーション研究分野で提唱され、実証されてきた主な理論

について見ていくことにしよう。

1　ニュース報道と知識格差

　ニュースは、知識の源である。とくに、社会で起きている出来事についての知識は、そのほとんどがニュースから得られるといっても過言ではないだろう。したがって、よくニュースをチェックしている人は、そうでない人に比べ、時事問題についての知識が多くなり、両者の間には、「知識格差 (knowledge gap)」が生まれる。民主主義がうまく機能するためには、政府の政策や実績、議会や司法をはじめとする社会の諸制度・機関の現状について、成員一人ひとりが十分な情報を得、知っていることが前提となる。そのため、このような事柄についての知識格差が存在するということは、一つの問題状況であるといえる。

　ティチェナーほか（Tichenor et al. 1970）は、このような問題意識から、「知識格差仮説」を提唱し、注目された。彼らは、マスメディアによって社会に注入される情報が増えると、社会経済的地位の高い層は低い層よりも速いペースで情報を得る傾向があり、その結果として知識格差が増大すると考えた。ここで彼らのいう「メディアによって社会に注入される情報」の代表的なものは、いうまでもなく、ニュースである。

　ニュース報道によって多くの情報が人々にもたらされることは、基本的には「いいこと」だと考えられるが、社会経済的地位の高い人々は低い人々に比べて、時事問題などにより関心が高く、ニュースをよく見る傾向があるため、ニュース報道によってもたらされる情報が増えると、両者の間の知識格差はむしろ広がっていくというのである。彼らは、衛星技術やNASAの月探査計画、喫煙とガンの関連などのトピックにおいて、大学教育を受けた人々がそうでない人々に比べ、時間が経過するにつれて、より多くの知識を獲得していくことをデータによって示した。ほかにも、時事問題や科学、健康情報などのさまざまなトピックにおいて、豊かな層とそうでない層の間に知識格差が存在することを発見した研究はいくつもある（Viswanath and Finnegan 1996）。

知識格差を生む要因は社会経済的地位だけではない。スペンスほか（Spence et al. 2011）は、災害時における避難関連情報へのアクセスにおいて、人種やエスニシティによる格差が存在するかを検討した。彼らは、最も災害に脆弱なマイノリティ層が、地域情報を伝える放送を見ていない可能性があることに注目する。ローカル放送には、自分たちと同類の人々はあまり出てこず、それが自分たちに向けられたものだと認識されないからだ。さらに、マイノリティの人々は、身近な人々によって補強されない限り、メディアから伝えられるリスク情報や警報を受け入れない傾向があるという研究などを踏まえ、彼らは次のような仮説を立てる。

　　同類の他者を見つけやすく、対人的確認を必要としないため、ヨーロッパ系の人々は、マイノリティの人々に比べ、リスク情報をより速いペースで入手し、保持している。情報に対する選好や処理におけるこのような違いは、これらの人々の間に、危機や緊急状況における知識格差を増大させる傾向がある（p.266）。

　ハリケーンの被害を受けたアメリカのヒューストンで行われた調査からは、人種やエスニシティによる格差が存在していることが明らかにされた。アフリカ系アメリカ人はヨーロッパ系よりも、政府の対応や避難、救助活動に関する情報をより求めていたのである。この結果に対してスペンスらは、アフリカ系の人々がこれらの情報を入手できていなかったからだと説明する。
　多チャンネル化や多メディア化というメディア環境の変化も、知識格差に影響を与えている。プライヤー（Prior 2005）は、ケーブルテレビやインターネットの普及によって利用できるメディアの選択肢が増え、人々はよりメディア・コンテンツを選別するようになり、何らかの政治的コンテンツに「たまたま接触する人々（chance encounters）」が減少していると主張する。政治に関心のある人は、選択肢が増えたことでより多くの政治情報にアクセスし、政治に関する知識を増やすが、そうでない人は、政治情報を回避することがさらに容易になり、以前よりも政治情報を入手しなくなるということである。メディアの選択肢が増えたことによって、政治に関する知識格差が

拡大してしまい、さらにはそれが投票率にまで影響を与える可能性があることをプライヤーは示しているのである。

2　ニュース報道の「世論」への影響

　ニュースの影響として、マス・コミュニケーション分野でこれまで最も注目されてきたのは、ニュースが、人々の世論認知および意見形成に与える影響である。世論は、特定の争点に対する社会成員の集合的な意見分布であり、それに基づいて、「社会としての」意思決定がなされるため、メディアの影響を研究する学者の間ではとくに重要視されてきた。

2-1　アジェンダ設定効果

　今日本において、私たちが関心を持ち、議論し、どうすべきかを考えないといけない重要な問題は何であろうか。この章を書いている時点だと、北朝鮮の核ミサイルの脅威に対処すること、憲法改正問題、テロ対策などを思い浮かべる人が多いかもしれない。なぜなら、ニュース報道がこれらの問題を大きく取り上げ、頻繁に伝えているからである。福島原発の汚染水の問題や拉致被害者の問題などは、思い浮かべる人が少ないかもしれない。なぜなら、最近はあまりこれらの問題について報道されていないからである。
　このように、社会的な問題や争点の顕出性（salience）の認知にニュース報道が与える影響のことを、「アジェンダ設定効果（agenda-setting effect）」という。ニュース報道において、ある問題や争点が強調されると、人々もその問題により注目し、重要なことだと思うようになるという現象のことである。
　マッコームズとショー（McCombs and Shaw 1972）は、1968年に行われたアメリカの大統領選挙期間中に、チャペル・ヒル（Chapel Hill）という地域の有権者100名を対象に調査を実施し、「マスメディアは、態度の方向または強度に対してはほとんど影響力を持たないかもしれないが、政治キャンペーンの争点を設定し、政治的な争点に対する態度の顕出性には影響を与える」（p.13）という仮説の検証を試みた。

彼らは、調査時点以前の1カ月間における各種メディア（新聞5紙、全国放送2局のテレビ、時事雑誌2誌）のニュース報道を内容分析し、メディア上ではどのような争点がどのような順番で強調されていたかを確かめた。一方で、調査対象者に対しては「最近最も重要だと思っていることは何ですか。すなわち、政治家がいっていることとは別に、政府が力を入れるべきだと思う事柄を2～3挙げてください」という質問をし、人々が重視している争点の順位を確認したのである。ここで、ニュース報道が強調した争点（メディア・アジェンダ）の順番と人々が重視した争点（公衆アジェンダ）の順番が一致すればするほど、ニュースのアジェンダ設定効果は大きいということになるのであるが、順位相関係数を算出したところ、0.9を超える極めて高い相関が存在していることが確認された。

　マッコームズとショーは、日々の政治状況について、人々がメディア以外の情報源から情報を得ている可能性は非常に低いこと、そして、全国を対象とする報道メディアが、調査地域の人々の関心に合わせて報道を行った可能性も低いことを挙げ、両者の間の高い一致度は、ニュース報道が人々に影響を与えていることを示すものだと主張したのである。

　日本では、竹下（1983）が、和歌山市の成人717人から集めた公衆アジェンダの順番と、調査日以前の6週間にわたる、朝日、読売、毎日、産経の各新聞報道（第1面と社会面）とNHKおよび民放4局の夕方のニュース番組の内容分析によって確かめたメディア・アジェンダの順番の一致度を調べる方法でアジェンダ設定効果の研究を行っている。分析の結果、新聞報道のアジェンダと公衆アジェンダとの間で高い相関が見られ、新聞のアジェンダ設定効果が高いことが分かった。また、内容分析を行った調査日以前の6週間のうち、2週間前と3週間前における報道と公衆アジェンダとの間で高い相関が見られ、アジェンダ設定効果が現れる「最適効果スパン」は、報道が行われてから2～3週間後であることが示された。個人の政治ニュースへの接触度、政治への関心度、周りの人々と政治に関する会話を行う程度によって、アジェンダ設定効果が異なることも確認された。

　紙の新聞とニュースサイトのアジェンダ設定効果の違いを検証した研究も行われている。123名の大学生が参加して行われたある実験（Althaus and

Tewksbury 2002）では、5日間、紙の新聞だけでニュースを見る集団とニュースサイトだけで見る集団の間で、ニュースの記憶とアジェンダ設定効果に差が現れるかが検証された。分析の結果、ニュースの記憶に関しては、紙の新聞がニュースサイトより優れていることが明らかにされた。アジェンダ設定効果に関しては、ニュースの内容によって、結果が異なっていた。国際ニュースに関しては、紙の新聞のアジェンダ設定効果が高く現れたが、全国ニュースに関しては、紙の新聞とニュースサイトの間で有意な差が見られなかったのである。

2-2 沈黙の螺旋（spiral of silence）

アッシュ（Asch 1951）は、人間がいかに同調への圧力に弱いかを、驚くほど簡単な実験によって証明している。呈示された線分と同じ長さの線分を、三つの選択肢の中から見つける課題において、3分の1くらいの被験者は、個人状況では難なく正解を当てていたにもかかわらず、集団状況では、間違った選択肢を選ぶほかの被験者たち（実は実験者に協力するサクラだったのであるが）の圧力に屈して、自分の「正しい選択」を引っ込め、答えを合わせてしまったのである。「沈黙の螺旋理論」を提唱したノエル＝ノイマン（Noelle-Neumann 1974）は、もし「世論」が、人々の社会的相互作用の中から生まれてくるものだとすれば、孤立を避けようとして多数の意見に自分の意見を合わせてしまう個人のこのような傾向は、世論成立の過程に深く関わっている可能性があると考えた。

人々は孤立を避けようとして、ある問題や争点について、ほかの人々がどのような意見を持っているかを気にし、その意見の分布を把握しようとする。そして、もし自分の意見が、少数派の意見だと判断すれば、意見の表明をためらってしまう。このようなことが社会的な範囲で起きると、少数派は実際以上に少数派に見えてしまい、さらに沈黙してしまう。このような過程が規模を拡大しながらくり返されていき、最終的には多数派の意見を世論として成立させる。これが、ノエル＝ノイマンが推論した「沈黙の螺旋」という世論成立の過程である。

ニュース報道は、このような過程において、どの意見が優勢でどの意見が

劣勢なのかについての手がかりや情報を人々に与え、沈黙の螺旋を作動させるきっかけを提供しているといえる。

　イブランドほか（Eveland et al. 1995）は、湾岸戦争のとき、イラクへの爆撃が始まってから2週間が過ぎた時点で292名に対して調査を行い、テレビニュースへの接触が多い人ほど、より戦争を支持する傾向があり（$\beta=.15$, $p<.05$）、アメリカ国民のほとんどが戦争を支持していると思っている（$\beta=.14$, $p<.05$）ことを発見した。そして、興味深いことに、戦争に対する実際の支持率よりも、人々が予想している世論の支持率がはるかに高いことを明らかにしたのである。戦争を「強く支持する」または「支持する」と答えた人は、調査対象者の46.6％であったのに対し、「ほとんどのアメリカ人はこの戦争を支持している」という項目に「強くそう思う」または「そう思う」と答えた人は、なんと81.4％にものぼっていた。結局、その差34.8％の人々は、自分は戦争を支持しないけれど、ほとんどの人々は戦争を支持していると思い込み、戦争反対の意見を表明しにくくなっていた可能性がある。そして、そのことにより、戦争反対の陣営は、実際よりもさらに少数派に見えてしまい、ますます反対の声を上げられなくなっていったのかもしれないのである。

2-3　イグゼンプラー効果（exemplar effect）

　社会における意見分布の認知に与えるニュースの影響に関しては、沈黙の螺旋のほかに、イグゼンプラー効果が注目されてきた。ニュースの中でどのような事例（exemplar）がどれくらい取り上げられるかによって、社会における類似事例の分布に対する人々の認知が影響を受けるというものである。ニュース報道では、街の声を取材して伝えたりすることがよくあるが、例えば消費税の引き上げ問題について、反対する声を多めに取り上げると、ニュースを見ている人は、世の中には消費税の引き上げに反対する人が多いのだと思ってしまうという影響のことである。

　ブロシウスとバテルト（Brosius and Bathelt 1994）は、フランクフルトのりんご酒に関する架空の記事を作り、記事の中で「りんご酒の味が落ちた」という意見を述べる事例の数を操作して、記事を読んだ人が、りんご酒の味に対するフランクフルト市民の「世論」をどのように推定するかを調べる実

験を行っているが、記事における否定的な意見の数を増やしていくと、社会における否定的な意見の分布もそれに応じて多く見積もる傾向がはっきりと示された。

　日本では橋元ほか（1997）が、架空のテレビニュースを作成し、そのニュースの中で「夫婦別姓問題」や「PKO派遣問題」に対して賛成─反対の意見を述べる出演者の分布を操作する形で実験を行っている。その結果、賛成意見が多く出てくるニュースを視聴した参加者は、「世の中は賛成に傾いている」と認知し、反対意見が多く紹介されたニュースを視聴した参加者は、社会全体においても反対世論が優勢であると認知する傾向が確認された。

　世論の認知だけでなく、社会的な事象の分布もイグゼンプラーに影響されることが分かっている。ジルマンほか（Zillmann et al. 1996）は、農家の実情を伝える架空の記事を、(a)貧しい農家の事例だけを伝えるバージョン、(b)貧しい農家と豊かな農家の実際の分布に合致する比率で事例を紹介するバージョン、(c)貧しい農家と豊かな農家の実際の分布とは逆の比率で事例を紹介するバージョンを作成し、その影響を検証する実験を行った。その結果、記事の中に、貧しい農家の事例が多く含まれていればいるほど、貧しい農家の実際の比率を多く見積もる傾向が見られた。また、農家の窮状に対する責任の帰属については、貧しい農家の事例ばかりを紹介したバージョンを読んだ実験参加者が、ほかのバージョンを読んだ実験参加者に比べて、より外的要因（銀行の貸付）に責任を求める傾向があったのである。

　さらに、世論や事象の分布に対する認知にとどまらず、ニュースの中に登場するイグゼンプラーは、それがどのような態様で登場するかによって、問題の重大性などの認知に影響を与えることも明らかにされている。

　オーストとジルマン（Aust and Zillmann 1996）は、大学生287名を対象に、食中毒被害と拳銃による事故や事件の被害に関する架空のニュースを作成し、実験を行った。実験に使われたニュースは、(a)事例なしバージョン、(b)淡々と被害体験を語る事例が含まれたバージョン、(c)感情的に被害体験を語る事例が含まれたバージョンの3種類であった。実験の結果、問題の深刻性認知は、事例が感情的に被害体験を語る(c)を見た参加者がほかのバージョンを見た参加者に比べて有意に高かった。同様の被害が身近なところで発生する可

能性についても、(c)を見た参加者が有意に高く見積もっていたのである。そして、このような認知は、男性より女性参加者においてより強く現れていた。

　ニュースの中で、世論や事象の分布に関する客観的な統計値が明示されている場合でも、イグゼンプラーはオーディエンスの判断に影響を与えることが確認されている。また、一定の時間が経過してもその影響が残ってしまうことも実験によって示された。さらにオーディエンスは、イグゼンプラーからそのような影響を受けていることにあまり自覚的でないことが多いため、ニュースを作る側も見る側も、イグゼンプラーの扱いには注意する必要がある。

2-4　フレーミング効果

　ニュースは、単純な事実をただランダムに並べたものではなく、相互の関連を辿りながら事実を連ねていく一つの「ストーリー」(story) と見ることができる。そこには、伝えようとする「アイデア」が含まれており、そのアイデアを伝えるために、ストーリーを構成する事実が取捨選択され、配置される。そして、さまざまな象徴的装置が用いられ、それらの事実が適切に表現されていくのである。このように、出来事に関連する事実の取捨選択や配置や表現を導いていくアイデアを、ニュースのフレーム (frame) という。フレームの概念は、研究者によって多少異なるが、本章の考えは「選択、強調、排除、推敲によってその問題が何であるかを提示し、報道内容に文脈を与える中心的な組織化のアイデア」というタンカード (Tankard 2001) の定義に近い[1]。

　フレームにしたがってニュースを作り上げていくことを「フレーミング」(framing) と呼ぶ場合もあるが、ここでいう「フレーミング効果」とは、ニュースのフレームにオーディエンスの認知が影響されることをいう。

　フレーミング効果に関する実証的な研究は、大きく二つの類型に分けるこ

---

1) フレームの概念については、研究者によってさまざまな定義があり、必ずしも合意が得られているわけではない。そのような状況については、萩原（2007）のレビューが詳しい。

とができる。一つは、具体的な争点に関するフレームが、その争点に対するオーディエンスの理解にどのような影響を与えているかを検証するタイプの研究である。例えば、ネルソンほか（Nelson et al. 1997）は、KKK（アメリカの白人至上主義団体）の活動に関する既存のテレビニュースを、「表現の自由」と「公共の秩序」という二つの異なるフレームを適用して編集し、222名の大学生を対象に実験を行っている。ニュース・フレームの影響を測定するための変数としては、KKKに対する許容度（集会を開くことに対する許容度と演説をすることに対する許容度）が用いられた。実験の結果は、KKKの活動を「表現の自由」フレームで編集したニュースを視聴した参加者において、KKKの集会と演説に対する許容度がともに高くなるというものであった。架空の新聞記事を用いて、KKKの集会に対する許容度の差を調べたもう一つの実験においても、同様の結果が得られた。

　シェン（Shen 2004）も、幹細胞研究や野生動物保護区における石油採掘という具体的な争点に、それぞれ異なるフレームを適用して記事を作成し、その記事を読んだ後、争点に対するオーディエンスの認知がどのような内容になっているかを確かめている。幹細胞研究の記事は、生命倫理フレーム vs. 医療上の恩恵フレームで、野生動物保護区における石油採掘の記事は、経済的結果フレーム vs. 環境的結果フレームで書かれた。さらにこの実験では、オーディエンスがそれぞれの争点に対して事前に持っている考えが調べられ、「メディア・フレーム」と「オーディエンス・フレーム」の相互作用についても調べられた。分析の結果、ニュース・フレームがオーディエンス・フレームと調和する場合、ニュース・フレームの影響がさらに強まることが確認された。例えば、幹細胞研究を医療上の恩恵をもたらしてくれるものとして考えている人が、その考えに共鳴するフレームで書かれた記事を読んだ場合、記事を読んだ後に自由に記述した幹細胞研究に関する文章には、その医療上の恩恵に関する内容が有意に多くなる傾向が確認されたのである。このような傾向は、生命倫理フレームにおいても、また石油採掘記事の二つのフレームに関しても同じように現れていた。事前の考えと対立するフレームの記事を読んだ場合でも、部分的にフレームによる影響を受けることが示された。石油採掘問題を経済の観点で見ている参加者でも、環境的結果フレ

ームで書かれた記事を読んだ後は、自由記述の中に環境的結果に関する内容が多く含まれていたのである。しかし、環境問題の観点で石油採掘を見ている参加者は、経済的結果フレームで書かれた記事を読んでも、経済的結果に関する内容の記述は多くならなかった。

フレーミング効果に関する研究のもう一つの類型は、具体的な争点に関わるフレームではなく、ニュース制作一般に見られる「汎用的な」フレームの影響を検証するタイプのものである。この類型の研究としてよく参照されるものの一つに、アイエンガー（Iyengar 1994）の研究がある。彼は、テレビニュースにおいては、具体的な事例やエピソードを中心にニュースを伝える「エピソード型フレーム」がよく用いられていると指摘する。そして、それとは対極にある、一般的・抽象的な情報を中心にニュースを伝える「テーマ型フレーム」とはオーディエンスに与える影響が異なると考えた。貧困問題や人種差別問題などに関するニュースを題材に、エピソード型とテーマ型の報道の影響を調べる実験を行ったところ、エピソード型の報道を見たオーディエンスは、テーマ型の報道を見たオーディエンスに比べ、貧困問題の責任を、貧しい人「本人」に帰属させる傾向が強く現れ、エピソード型フレームの影響が確認された。

選挙報道や政治報道に多く見られると指摘される「戦略型フレーム」（Cappella and Jamieson 1997=2005）というのも、具体的な争点に限定されない一般的なフレームの一つである。勝ち負けが中心的な関心事になり、戦争やゲーム、競争に関する用語が用いられるなどの特徴で定義されるこのフレームは、オーディエンスの政治的シニシズムを高めることが、フィールド実験によって確認された。

日本では谷口（2002）が、このフレームの影響に注目した研究を行っている。彼はまず、2000年の総選挙報道を対象に、NHKの「ニュース10」とテレビ朝日の「ニュースステーション」の内容分析を行い、「ニュースステーション」の報道に戦略型フレームが多く用いられ、「ニュース10」の報道には相対的に争点型フレームが多く用いられていることを明らかにした。そして、このような結果を踏まえ彼は、投票行動に関する別の調査データを2次的に分析し、「ニュースステーション」の視聴が政治的シニシズムを高めて

第2章 ニュース報道の影響 | 31

いることを突き止めたのである。「ニュース10」は、争点型の報道は多くても、選挙報道のほとんどが事実のみを伝える記述的なものであったため、政治的シニシズムを減少させる影響はないだろうと推論されたが、分析の結果でもそれが裏づけられた。

3　ニュース報道が「培養」する社会のイメージ

　メディアは、その真実性に関係なく、社会についての主要な情報源である。ほかの人々はどのような考えを持ち、どのように暮らしているのか。どういうことが大事にされ、何が流行（はや）っているのかなど、私たちはメディアを通じて、他者を観察し、社会を眺め、さまざまな情報を得ているのである。したがって、メディアによって媒介される「社会の様子」は、私たちが想像する社会のイメージを規定する可能性がある。

　一回のメディア接触から受ける影響は微々たるものかもしれないが、長期に渡って、一貫したイメージを見せられ続けると、社会に対するある種の観念や見方が私たちの内面に徐々に培養される可能性がある。ガーブナー（Gerbner 1998）は、このような考えから、メディア（とくにテレビ）の「培養効果」という影響を提唱した。

　最初の構想では、特定のジャンルの番組やメッセージによる影響を想定したものではなく、ある社会体制に根ざしているメディアであれば、どのような番組、メッセージであっても、その根底に共通している考え方や価値観による影響を指摘したものであった。初期の研究が、視聴番組の内容は考慮せず、ただ単にテレビの視聴時間の長さだけを培養効果の独立変数にしていたのは、そのような理由からである。しかし、テレビ接触時間の長さと社会に対するさまざまな認識とをそのまま直接結びつけることが批判され、今は特定のジャンルの番組やメッセージとの関連を分析することが主流になっている。

　培養効果は、ニュース報道の影響に関する理論として提唱されたわけではないが、テレビニュースの視聴を影響要因として設定した研究はいくつか行われている。

例えばゴイデルほか（Goidel et al. 2006）は、アメリカのルイジアナ州の住民498名を対象に調査を行い、テレビニュースや警察情報番組（警察に密着しその仕事ぶりを紹介する番組）の視聴と青少年犯罪に対する認識の関係を調べている。彼らは、アメリカの犯罪報道に関する内容分析の結果を参照し、実際の犯罪発生率と報道される犯罪の割合はあまり関係がなく、暴力的犯罪に関する報道が多いこと、個別の事件をエピソード的に、孤立したものとして扱っていること、人種と犯罪を関連づける傾向があり、とくにテレビの報道においてそのような傾向が強いこと、若者の登場が多いことなどの特徴を踏まえ、次のような仮説を検証した。テレビニュースや警察情報番組をよく視聴する人は、(a)全体的な犯罪率および青少年犯罪率を高く見積もる、(b)犯罪に対する処罰は人種に関係なく平等に行われていると考える、(c)更生より懲罰のほうが犯罪抑制に有効であると考えている、という仮説である。

　調査の結果、仮説はすべて支持された。人種や性別、年齢、教育程度、所得などの影響を統制しても、テレビニュースや警察情報番組の視聴量は、犯罪に対する見方と関連があった。それほど強いものではなかったが、テレビニュースや警察情報番組を多く見ている人は、社会における犯罪率を高く見積もり、処罰が人種間で不平等になされていることを否定し、犯罪に対する厳罰化を支持する傾向があったのである。

　培養効果はもともと、社会に関する事実的な認識、例えば人口当たりの警察官の人数や犯罪の発生率などに対する予想を、メディアによる影響の結果（第1次培養効果）として想定していたが、最近はそれにとどまらず、犯罪に対する不安感や対人不信などの社会的態度や感情も影響の結果（第2次培養効果）として捉えている。テレビニュースの視聴量と犯罪に対する恐怖の関連を調べたローマーほか（Romer et al. 2003）の研究がその典型例の一つである。彼らは、犯罪に対する恐怖は、部分的には、犯罪ニュースの多いローカルテレビ局のニュース視聴によってもたらされていると考え、リスクに対する全国規模の意識調査データやフィラデルフィアの住民2300名に対して行った大規模な調査データを用いてその関連を分析している。その結果、さまざまな属性の人々において、また居住地域における実際の犯罪率と関係なく、ローカル局のテレビニュースを多く見る人は犯罪に対する懸念や恐怖が

強いことが明らかにされたのである。

　このように、ニュース報道は、社会に対するある種の固定的なイメージを与え、さらにそのイメージと関連した態度や行動レベルの反応を誘発しているのである。

おわりに

　この章では、ニュース報道がオーディエンスに与えるさまざまな影響について、実証例を挙げながら紹介した。紙幅の関係で、取り上げられなかった影響もいくつかある。ニュース報道への接触により、その後の判断や意思決定が影響されるプライミング（priming）効果もその一つである。ニュースで伝えられた非行や犯罪、または自殺などが、報道直後に模倣されてしまう現象についても紹介できなかった。

　ニュースが「情報」としてではなく、「娯楽」として利用されることから派生する影響についても、今後検討する必要がある。否定的な出来事の多いニュース報道への接触は、「他人の不幸の見物」といわれることもあるように、オーディエンスの自尊感情や幸福感の増大をもたらしている可能性もある。このような心理的側面に対する影響についてはまだほとんど研究が行われていない。

　そして、メディア環境の変化が本章で言及したニュース報道のさまざまな影響をどのように変容させているのかということも重要な問題である。ニュースの生産、流通、消費の全過程において起きているテクノロジーの変化は、これまでとは全く違う形の影響を生み出す可能性もあるのである。

（李　光鎬）

参考文献
竹下俊郎（1983）「メディア議題設定仮説の実証的検討」『東京大学新聞研究所紀要』31：101-143頁。
谷口将紀（2002）「マス・メディア」福田有広・谷口将紀（編）『デモクラシーの政治学』東京大学出版会：269-286頁。
萩原滋（2007）「フレーム概念の再検討―実証的研究の立場から」『三田社会学』(12)：

43-59頁。

橋元良明・福田充・森康俊（1997）「慎重を期すべき『街頭の声』の紹介—テレビ報道番組におけるイグゼンプラー効果に関する実証的研究」『新聞研究』（553）：62-65頁。

Althaus, Scott L. and David Tewksbury (2002) "Agenda Setting and the "New" News: Patterns of Issue Importance among Readers of the Paper and Online Versions of the New York Times," *Communication Research*, 29(2): 180-207.

Asch, Solomon E. (1951) "Effects of Group Pressure upon the Modification and Distortion of Judgments," in Harold Guetzkow (ed.) *Groups, Leadership, and Men*, Carnegie: 222-236.

Aust, Charles F. and Dolf Zillmann (1996) "Effects of Victim Exemplification in Television News on Viewer Perception of Social Issues," *Journalism & Mass Communication Quarterly*, 73(4): 787-803.

Brosius, Hans-Bernd and Anke Bathelt (1994) "The Utility of Exemplars in Persuasive Communications," *Communication Research*, 21(1): 48-78.

Cappella, Joseph N. and Kathleen Hall Jamieson (1997) *Spiral of Cynicism: The Press and the Public Good*, Oxford University Press（カペラ、J. N.＝ジェイミソン、K. H. (2005)、『政治報道とシニシズム—戦略型フレーミングの影響過程』平林紀子・山田一成訳、ミネルヴァ書房）.

Eveland Jr, William P., Douglas M. McLeod and Nancy Signorielli (1995) "Actual and Perceived US Public Opinion: The Spiral of Silence during the Persian Gulf War," *International Journal of Public Opinion Research*, 7(2): 91-109.

Gerbner, George (1998) "Cultivation Analysis: An Overview," *Mass Communication and Society*, 1(3-4): 175-194.

Goidel, Robert K., Craig M. Freeman and Steven T. Procopio (2006) "The Impact of Television Viewing on Perceptions of Juvenile Crime," *Journal of Broadcasting & Electronic Media*, 50(1): 119-139.

Iyengar, Shanto (1994) *Is Anyone Responsible?: How Television Frames Political Issues*, University of Chicago Press.

Lippmann, Walter (1922) *Public Opinion*, Vol. 1. Transaction Publishers（リップマン、ウォルター (1987)、『世論〈上・下〉』掛川トミ子訳、岩波文庫）.

McCombs, Maxwell E. and Donald L. Shaw (1972) "The Agenda-setting Function of Mass media," *Public Opinion Quarterly*, 36(2): 176-187.

Nelson, Thomas E., Rosalee A. Clawson and Zoe M. Oxley (1997) "Media Framing of a Civil Liberties Conflict and its Effect on Tolerance," *American Political Science Review*, 91(3): 567-583.

Noelle-Neumann, Elisabeth (1974) "The Spiral of Silence a Theory of Public Opinion," *Journal of Communication*, 24(2): 43-51.

Prior, Markus (2005) "News vs. Entertainment: How Increasing Media Choice Widens Gaps in Political Knowledge and Turnout," *American Journal of Political Science*, 49 (3): 577-592.

Romer, Daniel, Kathleen Hall Jamieson and Sean Aday (2003) "Television News and the Cultivation of Fear of Crime," *Journal of Communication*, 53(1): 88-104.

Shen, Fuyuan (2004) "Effects of News Frames and Schemas on Individuals' Issue Interpretations and Attitudes," *Journalism & Mass Communication Quarterly*, 81(2): 400-416.

Spence, Patric R., Kenneth A. Lachlan and Jennifer A. Burke (2011) "Differences in Crisis Knowledge across Age, Race, and Socioeconomic Status during Hurricane Ike: A Field Test and Extension of the Knowledge Gap Hypothesis," *Communication Theory*, 21(3): 261-278.

Tankard, James W. (2001) "The Empirical Approach to the Study of Media Framing," Stephen D. Reese et al. (eds.) *Framing Public Life: Perspectives on Media and our Understanding of the Social World*, LEA: 95-106.

Tichenor, Phillip J., George A. Donohue and Clarice N. Olien (1970) "Mass Media Flow and Differential Growth in Knowledge," *Public Opinion Quarterly*, 34(2): 159-170.

Viswanath, Kasisomayajula and John R. Finnegan Jr. (1996) "The Knowledge Gap Hypothesis: Twenty-five Years Later," *Annals of the International Communication Association*, 19(1): 187-228.

Zillmann, Dolf, Rhonda Gibson, S. Shyam Sundar and Joseph W. Perkins (1996) "Effects of Exemplification in News Reports on the Perception of Social Issues," *Journalism & Mass Communication Quarterly*, 73(2): 427-444.

第3章

ジャーナリズムと法

はじめに

　ジャーナリズムとは、社会的出来事に関する報道、解説、論評といった社会的な活動、ないしはそうした活動を行う組織のことである。歴史的には、新聞や雑誌などの印刷メディアがその中核的な担い手であったが、20世紀になるとラジオ、テレビもその役割を担うようになり、現在では、インターネットのみを媒体とするジャーナリズムもある。

　本章では、ジャーナリズムが、ジャーナリズムに期待される権力監視などの任務を果たすための法制度のあり方を解説するが、それを理解するために知っておくべき「法学」や「法」についての基礎知識をはじめに提供しておくことにする。

　「法学」とは、法と法現象に関する学問一般の総称である。「法」とは、社会生活を規律する準則としての社会規範の一種である。社会規範には、法、道徳、倫理、社会慣習などさまざまなものがあるが、法と他の社会規範の最も大きな違いの一つは、法の場合、国家の強制力によって法が定める規範の実現が保障されているという点にある。法には、憲法、法律、政令等の成文法だけでなく、慣習法、判例法、条理等の不文法も含まれる。文書の形式を備えている成文法としては、主権者たる国民が作る「憲法」、国会が定める「法律」、都道府県・市町村が定める「条例」、行政機関が定める「命令」などがある。法律と命令を合わせて「法令」と呼ぶ。「判例」とは裁判所が具体の事案において示した判断のことであり、「判例法」とは個々の判例の積み重ねにより作り出される法をいう。裁判所は、法を具体的事案に即して解釈し、これを具体的事案に適用して法的判断を下す。法の解釈・適用は、行

政官庁などにより日常的に行われているが、これを最終的に確定できるのは裁判所だけである。

　日本では成文法が中心となっているが、事実上、判例、とりわけ最高裁判所（最高裁）の判例には、大きな拘束力がある。裁判所は、公権力のうち、法的紛争を解決する権限である「司法権」を担っている。法的紛争は通常まず地方裁判所（地裁）に持ち込まれる。当事者がその判決に不服があれば高等裁判所（高裁）に控訴し、高裁の判決にも満足できないときは、最高裁に上告することができる。法的紛争には、民事訴訟と刑事訴訟があり、その手続は民事訴訟法と刑事訴訟法という法律に従って行われる。民事訴訟は私人が対等な地位において営む生活関係の中で生じる紛争や利害の衝突を、裁判によって解決・調整するための手続のことである。刑事訴訟は、犯罪の存否、刑罰を科すことの可否を確定し、科すべき具体的刑罰を定める手続のことである。刑事訴訟では、検察官が刑罰を科すべきことを請求し、被告人・弁護人が防御を行い、裁判所が判断を下す。

　裁判所が下す判断には、「判決」（口頭弁論に基づき下す裁判）と「決定」（口頭弁論を経なくても下すことができる裁判）がある。判決は「判」、決定は「決」と略記する。最高裁には一つの大法廷（裁判官15人）と三つの小法廷（裁判官5人）がある。「最大判」は最高裁大法廷判決、「最判」は最高裁小法廷判決のことである。「最大決」は最高裁大法廷決定、「最決」は最高裁小法廷決定のことである。判例は、「判例集」という刊行物に掲載される。最高裁の判例集は、民事と刑事に分かれており、前者を「民集」、後者を「刑集」と略記する。「高民集」は高等裁判所民事判例集、「下民集」は下級裁判所民事判例集のことである。

　本章でジャーナリズムと法について学ぶにあたっては、各論点に関係する成文法と判例に加えて、学説（法学者の意見）も知っておく必要がある。学説は法そのものではないが、法解釈等において大きな役割を果たしているからである。

　以下では、まず、ジャーナリズムと法の基礎となる表現の自由について、その価値や保障の内容を確認する。保障の内容として具体的には、取材・報道の自由とアクセス権について解説する（なお、表現の自由の保障には放送の

自由も含まれている。放送の自由については第7章の「はじめに」および第1節を参照）。次に、ジャーナリズムの法的限界を明らかにする。ジャーナリズムに法的限界があるとはいえ、報道関係者には、ジャーナリズムが果たす任務への配慮から、一般国民とは異なる特別扱いが認められることがある。そこで、表現の自由の一般的な限界について概説した上で、ジャーナリズムの法的限界として代表的な論点、具体的には、法廷取材の限界、証言強制・資料提出強制、個人情報保護、国家秘密・特定秘密の保護の問題を取り上げる。

1 表現の自由

1-1　表現の自由の価値

　日本国憲法21条は、「集会、結社及び言論、出版その他一切の表現の自由はこれを保障する」と定めて表現の自由を保障している。憲法がなぜ表現の自由を保障しているのか、つまり表現の自由にどのような価値があるのかをめぐる議論の出発点となっているのが、アメリカで表現の自由の第一人者であったT. I. エマーソンの所説である。エマーソンによれば、表現の自由は、①個人の自己実現、②真理への到達、③政策決定への参加、④安定と変化の間の均衡という四つの価値に仕えている。①は、表現の自由が、個人の人格の発達にとって不可欠だということである。②は、表現の自由が、知識を増大させ真理を発見する最良の方法だということである（一般に「思想の自由市場」論と呼ばれている）。③は、表現の自由が、公開の討論の過程を通じて国民が社会における決定に参加することを可能にするということである。社会における決定の中でも、主権者たる国民が政治的決定を下すため、表現の自由は中核的な役割を果たしている。このため、表現の自由には、表現活動を通じて国民が政治的意思決定に関与するという、民主主義に資する社会的な価値（自己統治の価値）があるともいわれる。④は、自由な討論こそが合理的な判断を可能にし、順応性のある、安定的な社会を実現する方法だということである。もし討論が抑圧されると、不満が蓄積して社会が不安定になるし、重大な争点から公衆の注意がそらされ、社会の直面している真の問題が隠蔽されてしまう。アメリカだけでなく、日本においても、表現の自由が

これら四つの価値に仕えていると考えられている。

1-2　表現の自由と知る権利

　日本国憲法21条は「一切の表現の自由」を保障しているため、表現の自由は、言論、出版に限らず、放送やインターネットによる表現にも及ぶ。

　表現の自由は、18世紀末の近代市民革命とともに誕生した人権宣言の中で、思想や情報を発表し、伝達する自由として保障された。表現の自由は、本来、思想や情報の「受け手」の存在を前提としていたが、19世紀の市民社会までは、「送り手」の自由を保障しておけば、受け手の自由をとくに問題にする必要はなかった。ところが、20世紀になると、大量の情報を一方的に流すマスメディアと、その受け手である一般国民との分離が顕著になった。その上、社会において情報が持つ意義も飛躍的に増大した。そこで、表現の自由を一般国民の側から再構成し、表現の受け手の自由（聞く自由、読む自由、視る自由）を保障するため、それを「知る権利」として捉える必要があると考えられるようになった。また、20世紀以降、国家が、消極国家・夜警国家から積極国家・福祉国家へと転換したことで、国家の処理する事務が飛躍的に増大し、それに伴い、国家、とりわけ行政部門に情報が集積する傾向が顕著になった。このため、国家に対し積極的に情報の公開を要求できる権利としての知る権利を情報公開法により具体化することの重要性も高まっている。情報公開制度は、誰でも利用することができるが、マスメディアによる調査報道のための有効な手段として活用されている。20世紀末にインターネットが急速に普及したことで、現在では、インターネットを利用すれば、一般国民でも手軽に情報を発信することが可能になり、マスメディアと一般国民の分離という問題は、ある程度は解消されたと見ることもできる。とはいえ、知る権利の観点は、現在でも重要性を失ってはいない。

1-3　取材・報道の自由

　表現の自由には、マスメディアの取材・報道の自由も含まれている。
　最高裁は、博多駅事件（最大決昭和44年11月26日刑集23巻11号1490頁）[1]において、「報道機関の報道は、民主主義社会において、国民が国政に関与する

につき、重要な判断の資料を提供し、国民の『知る権利』に奉仕するものである。したがって、思想の表明の自由とならんで、事実の報道の自由は、表現の自由を規定した憲法21条の保障のもとにあることはいうまでもない」として、報道の自由が憲法21条の保障に含まれることをはっきりと認めた。これに対し、取材の自由については、「報道機関の報道が正しい内容をもつためには、報道の自由とともに、報道のための取材の自由も、憲法21条の精神に照らし、十分尊重に値するものと言わなければならない」とした。

表現の自由はもともと思想や意見の表明を保障するものと考えられていたため、かつては、事実を伝えることは表現の自由の保障に含まれないという考え方もあった。しかし、報道のためには編集という知的な作業が行われ、送り手の意見が表明されるという面があるし、報道は国民の知る権利に奉仕するという重要な意義を持っている。このため、現在では、判例も学説も、報道の自由は表現の自由の保障に含まれると考えられている。

これに対し、取材の自由についての考え方は判例と学説で異なっている。学説では、報道は、取材・編集・発表という一連の行為により成立するものであり、取材は報道にとって不可欠の前提であるから、取材の自由も報道の自由の一環として憲法21条によって保障されているという考え方が支配的である。ところが、最高裁は、取材の自由について、報道の自由と異なり、前述の通り、「十分尊重に値する」と述べているにすぎない。これまで取材の自由に対する制約が争われた事件で、最高裁が、問題とされた制約を合憲と判断することが多かったこともあり、最高裁は、報道の自由と取材の自由の保障の程度に差異があり、後者の保護の程度は前者より弱いと考えていると

---

1) 1968年1月、アメリカ原子力空母の佐世保港寄港反対運動に参加するため、博多駅に降り立った約300名の学生らを機動隊が強制的に排除しようとして衝突が生じた。学生側は、機動隊員の行為は特別公務員暴行陵虐罪にあたるとして告発したが、不起訴になったので、それを不服として不審判請求を行った。福岡地裁は、被告人を特定するため、福岡の四つのテレビ局に対し事件の状況を撮影した取材フィルムの提出を命じたが、テレビ局側が取材の自由の侵害だとして最高裁まで争った。最高裁は、取材の自由が憲法21条の精神に照らし、十分尊重に値するとしても、公正な裁判の実現という憲法上の要請があるときは、ある程度の制約を受けることがあるとし、この事件の取材フィルム提出命令は憲法21条に違反しないと結論づけた。

見られている。

1-4　アクセス権

　表現の自由の内容として、マスメディアに対するアクセス権が主張されることがある。アクセス権とは、情報の受け手である一般国民が、情報の送り手であるマスメディアに対して、自己の意見を発表する場の提供を要求する権利を意味する。具体的には、反論文の掲載請求、意見広告の掲載請求、紙面・番組への参加請求等が考えられる。

　アクセス権の主張の背景には、マスメディアが資本主義の発達とともに強大な社会的権力となり、それにふさわしい社会的責任を負うべきだという考え方がある。アメリカではすでに1947年の「プレスの自由委員会」の報告書『自由で責任あるプレス』において、こうした考え方が示された。1960年代になると、少数のマスメディアが報道をほぼ独占したことによって、情報の送り手と受け手が分離してしまい、それぞれの立場の互換性が失われてしまった状況において、情報の受け手に情報の送り手となる機会を与えるべきだという見解が有力に主張されるようになった。

　ただし、憲法が保障する表現の自由は、一般国民が公権力による侵害に対抗するための防御権であり、一般国民とマスメディアの関係に直接に適用することはできない。このため、マスメディアによる侵害から個人の名誉権・プライバシー権を保護する必要があるとしても、表現の自由から直接に具体的なアクセス権を導き出すことはできないと考えられている。判例も、サンケイ新聞事件において意見広告に対する反論文の掲載請求を認めなかった（最判昭和62年4月24日民集41巻3号490頁）。この事件では、サンケイ新聞に掲載された、共産党を批判する自民党の意見広告について、共産党が、表現の自由や人格権に基づいてサンケイ新聞に対し反論文の掲載を請求した。最高裁は、表現の自由は私人間には適用されないとした上で、人格権に基づく請求についても、反論権の制度が、民主主義社会において極めて重要な意味を持つ新聞等の表現の自由に対し重大な影響を及ぼすものであって、たとえ新聞による情報の提供が一般国民に対し強い影響力を持ち、その記事が特定の者の名誉ないしプライバシーに重大な影響を及ぼすことがあるとしても、

「不法行為[2]が成立する場合にその者の保護を図ることは別論として」、反論権の制度について具体的な成文法がないのに、裁判所が、反論権を認めることに等しい反論文掲載請求権をたやすく認めることはできないとした。

共産党は、フランスで生まれ、ヨーロッパ諸国で普及している反論権の制度を手がかりに、日本でも意見広告で批判されたことに対する反論文の掲載が認められるべきだと主張した。反論権の制度によれば、新聞の記事に取り上げられた者が、その記事の掲載により名誉毀損の不法行為が成立するかどうかとは無関係に、自己が記事に取り上げられたというだけの理由によって、新聞社に対し、その記事に対する自己の反論文を無修正で、しかも無料で掲載することを求めることができる。名誉毀損やプライバシー侵害の被害者にとっては、機を失せず、同じ新聞紙上に自己の反論文の掲載を受けることができ、原記事に対する自己の主張を読者に訴える途(みち)が開かれるというメリットがある。しかしながら、この制度が認められると、新聞社にとっては、原記事が正しく、反論文は誤りであると確信している場合でも、あるいは反論文の内容がその編集方針によれば掲載すべきでないものであっても、その掲載を強制されることになる。また、反論文の掲載のために本来ならばほかに利用できたはずの紙面を割かなければならなくなる等の負担を強いられる。最高裁は、これらの負担が、批判的記事、ことに公的事項に関する批判的記事の掲載を躊躇させ、表現の自由を間接的に侵す危険につながるおそれも多分にあると指摘した。

なお、日本ではアクセス権を、表現の自由との関係で論じているが、フランスやドイツでは、人格権に基づいて反論権が制度化されている。日本では、放送法9条に訂正・取消放送の制度があり、番組による権利侵害の被害者は放送事業者に訂正・取消放送を求めることができる。ただし、放送事業者は、調査の結果、放送した事実が真実でなかったことが判明した場合、訂正・取消の放送をする義務があるが、調査をしても、放送した事実は真実であった

---

2) 不法行為とは、故意または過失によって他人の権利を侵害し、これによって他人に損害を生じさせる行為をいう（民法709条）。表現行為による名誉毀損・プライバシー侵害が裁判で争われ、不法行為の成立が認められると、表現者は被害者に対して賠償責任を負う。

との確信を変えるに至らなかった場合には訂正・取消の放送をする必要はない（最判平成16年11月25日民集58巻8号2326頁）。訂正・取消放送の制度は、この点で、ヨーロッパの反論権の制度とは明らかに異なっている。

2　ジャーナリズムの法的限界

2-1　表現の自由の限界

　日本国憲法は、基本的人権を、法律によっても、さらに憲法改正によっても、侵してはならない権利として、絶対的に保障する考え方をとっている。しかし、個人は社会との関係を無視して存在することはできないので、人権もとくに他人の人権との関係で制約されることがある。日本国憲法は、人権ごとに個別に制約の根拠を定めるのではなく、人権には「公共の福祉」による制約があることを一般に定める方式をとっている（12条、13条）。

　表現の自由についても、憲法21条によって保障されているからといって、いかなる制約も許されないという意味ではない。そこで、公権力による制約が許されるか否かを裁判所がどのように見極めたらよいかが問題となる。判例は、人権制約の合憲性を、対立する利益の比較衡量によって判断しているのに対し、学説は、アメリカの判例理論に基づいて体系化された「二重の基準論」によるべきだと考えている。それによると、憲法によって保障された人権のカタログの中で、精神的自由は立憲民主政の政治過程にとって不可欠の権利であるから、経済的自由に比べて優越的地位を占める。したがって、人権を制約する法律の合憲性を審査するにあたって、裁判所は、経済的自由の制約に比べて、精神的自由の制約について厳格に審査しなければならない。現在、日本の学説では、二重の基準論の下で、人権制約立法の合憲性審査のため、①「厳格な審査」、②「厳格な合理性の審査」、③「（単なる）合理性の審査」という、厳格度の異なる3種の審査を用いるべきだとされている[3]。①の厳格な審査は、裁判所が人権を制約する根拠を厳しく問うことに特徴がある。これに対し、③の合理性の審査による場合、人権制約立法について明

---

[3] 渋谷秀樹（2017）『憲法〔第3版〕』有斐閣、714頁以下参照。

らかな不合理性の存在が立証されない限り結論は合憲となる。②の厳格な合理性の審査の厳格度は、両者の中間とされる（「中間審査」とも呼ばれている）。

　表現規制について見ると、政治的言論や報道に対する表現内容規制は①の審査により、表現内容中立規制（表現の時、場所、方法等の規制）には②の審査によるべきだと考えられている。①の審査は、真にやむをえない利益のため、必要最小限度の手段が用いられており、目的と手段の間に必要不可欠の関係があることを要求する。②の審査は、重要な利益のため、手段についてより制限的ではない代替手段がなく、目的と手段の間に実質的関連性があることを要求する。二重の基準論によれば、裁判所は、表現規制の場合、規制の違憲性を推定した上で、規制の目的と手段を厳しく審査しなければならない。ただし、日本の裁判所は、表現規制の合憲性審査に際し、学説が考えるほど厳格な審査を行っておらず、学説と判例の間に大きな相違が生じているという問題がある。

2-2　法廷取材の限界

　憲法82条は裁判の公開を定めている。裁判の公開とは、公平な裁判の実現のため、誰にでも裁判の傍聴を認めることである。ただし、日本では法廷におけるカメラ取材が厳しく制限されている。戦後すぐの時期には、法廷での取材は広く認められていた。ところが、公安事件や学園闘争事件など対立の激しい事件において、当事者が法廷内で騒いだり、傍聴人が証人にプレッシャーをかけるために一斉にメモをとるなどといった事件が相次いだ。そこで、裁判所は、法廷内の秩序維持を重視するようになり、法廷内の傍聴人のメモ行為や報道関係者の取材行為に厳しい制約が課せられるようになった。現在、刑事事件でも民事事件でも訴訟規則により、法廷における写真の撮影、録音、放送については裁判所または裁判長の許可が必要とされている。最高裁と日本新聞協会が1991年に取り決めた「法廷内カメラ取材の標準的な運用基準」によれば、法廷内のカメラ撮影は、裁判官の入廷開始時からとし、裁判官全員の着席後開廷宣告前の間の2分以内とされ、刑事事件の場合、撮影は被告人の在廷しない状態で行うと定められている。このため、テレビによる裁判報道を見ると、開廷宣告前の法廷の様子が映像で放送され、開廷中の法廷で

の被告人の様子は、必要に応じて法廷画家が描いたイラストやCG技術を使って放送されている。

　法廷における写真撮影の制限については、その合憲性を認めた北海タイムス事件決定がある（最大決昭和33年2月17日刑集12巻2号253頁）。ただし、学説においては、憲法21条から法廷での取材の自由が導かれることを前提として、憲法82条によって公開を義務づけられた法廷という場において、マスメディアは原則として自由に取材を行うことができると考えるべきだという指摘もある。その場合、法廷カメラ取材の制限の合憲性は、取材の方法に対する制約として、前述した「厳格な合理性の審査」により判断される。立法目的は表現内容には直接かかわりのない重要なものとして是認でき、選択された規制手段について、当該立法目的を達成するため規制の程度のより少ない手段が存在しないといえるか、目的と手段の間に実質的関連性はあるかが問われる。法廷カメラ取材の制限は、法廷の秩序維持による公正な裁判の実現と、当事者の公正な裁判を受ける権利やプライバシー権の保護を目的としており重要なものである。ただし、制約の手段は、裁判所または裁判長の許可により、具体的には、前述した「運用基準」によっている。法廷カメラ取材を規制する必要があるとしても、事件の重大性等を考慮することなく、開廷前であっても被告人の撮影が一切認められないのは過剰な規制である。学説に基づくなら、法廷カメラ取材の制限は憲法21条に違反している疑いがある。

　なお、訴訟規則は、カメラ取材と異なり、法廷で傍聴人がメモをとることを禁止してはいない。しかし、1960年代後半から1989年まで、法廷の秩序維持を理由に裁判長の法廷警察権（裁判所法71条）により、法廷メモは原則禁止とされていた。法廷メモを再び解禁したのは、1989年3月8日の最高裁大法廷判決[4]だった。ただし、傍聴人の法廷メモが禁止されていた時期でも、

---

[4] 法廷メモ禁止を疑問視し、それを裁判で争ったのはアメリカ人弁護士のレペタ氏であった。東京地裁は、この弁護士から経済法の研究のために裁判を傍聴し、メモをとることを求められたが、メモを許可しなかった。しかし、最高裁は、法廷で裁判を認識し、記憶するためにメモをとることは「尊重に値し、故なく妨げられてはならない」という判断を示した（最大判平成元年3月8日民集43巻2号89頁）。ただし、この弁護士が求めた国家賠償は認められなかった。最高裁事務総局は、この判決後ただちに、全国の裁判所に最高裁判決の趣旨に従って傍聴人のメモを取り扱うよう通知した。

司法記者クラブ所属の記者には法廷の記者席でメモをとることが許されていた。最高裁は、傍聴人の法廷メモを認めた1989年の大法廷判決（レペタ事件判決）で、報道の公共性、報道のための取材の自由に対する配慮を理由に、それまでの記者の特別扱いには合理性があり、法の下の平等を規定した憲法14条に違反しないと判示した。

2-3　取材源の証言強制・取材資料の提出強制

　報道関係者は、法廷等において証言・資料提出を求められた場合、職業倫理としてこれを拒否する。情報提供者から得た情報の場合は、取材源を秘匿して情報提供者との信頼関係を維持するためであり、取材資料（取材活動を通じて収集した情報やそれを記録したノートや電子媒体、テレビの場合は映像を記録したビデオ、DVD等）の場合には、取材資料の目的外使用を拒んで報道の中立性や公正さを確保し、取材相手や視聴者との信頼関係を維持するためである。

　ところが、日本の刑事訴訟法と民事訴訟法は、医師や弁護士については守秘義務への配慮から証言拒絶権を認めているが、報道関係者の証言拒絶権についての明文規定はない。そこで、報道関係者は、取材の自由に基づいて、現行の刑事訴訟法と民事訴訟法の解釈により、証言拒絶権が認められると主張しなければならない。最高裁は、1952年の石井記者事件判決において刑事事件で新聞記者が取材源を秘匿するための証言拒絶権を認めなかった。刑事訴訟法の医師・弁護士等の証言拒絶権は限定列挙であり、ほかの場合に類推適用すべきでないとされた（最大判昭和27年8月6日刑集6巻8号974頁）。ところが、それから50年以上を経て、最高裁は、2006年の決定により、民事事件においてNHK記者が取材源を秘匿するための証言拒絶権を認めた（最決平成18年10月3日民集60巻8号2647頁）。民事訴訟法197条1項3号は「職業の秘密」についての証言拒絶を認めている。このNHK記者事件決定によれば、職業の秘密とは、「その事項が公開されると、当該職業に深刻な影響を与え以後その遂行が困難になるものをいう。……報道関係者の取材源は、一般に、それがみだりに開示されると、報道関係者と取材源となる者との間の信頼関係が損なわれ、将来にわたる自由で円滑な取材活動が妨げられることとなり、

報道機関の業務に深刻な影響を与え以後その遂行が困難になると解されるので、取材源の秘密は職業の秘密に当たる」。法廷に証人として出廷した記者は、「当該報道が公共の利益に関するものであって、その取材の手段、方法が一般の刑罰法令に触れるとか、取材源となった者が秘密の開示を承諾しているなどの事情がなく、しかも、当該民事事件が社会的意義や影響のある重大な民事事件であるため、当該取材源の秘密の社会的価値を考慮してもなお公正な裁判を実現すべき必要性が高く、そのために当該証言を得ることが必要不可欠であるといった事情が認められない場合」、原則として、取材源についての証言を拒絶することができる。

　刑事訴訟法には、民事訴訟法と異なり、「職業の秘密」のために証言拒絶を認める規定がない。そこで、現行法の下、刑事事件において報道関係者が取材源を秘匿するために証言を拒むことが法的にも許されるか否かが議論されており、学説でも意見が分かれている。ただし、実務では、報道関係者が法廷で証言を拒んでも、それ以上証言を求めず、事実上取材源については証言拒絶が認められている。刑事裁判と民事裁判の目的・性格の違いを強調して、刑事と民事で異なる結論をとるべきだという見解に対し、公正な裁判の実現という観点からは、刑事と民事にそれほどの相違はなく、刑事事件においても証言拒絶権は認められなければならないという見解も唱えられている。1952年当時、最高裁の取材の自由についての理解は、1969年の博多駅事件決定で示された理解とは異なっていたため、石井記者事件判決が今もそのまま妥当すると見るのは相当ではないという指摘もある。

　学説では、この問題は、判例よりも立法によって解決されるべきだと考えられている。例えば、ドイツでは刑事訴訟法と民事訴訟法が、医師・弁護士とともに報道関係者にも証言拒絶権を認めている。アメリカでも、31州とコロンビア特別区に取材源秘匿保護法（シールド法）が制定されている。

　前述の通り、報道機関が取材のために収集した資料（取材メモ、ICレコーダー、ビデオ、DVD等）は報道のためのものであり、それを報道以外の目的で使用することは許されないと考えられている。取材資料を公権力に提供することについては、報道機関が一般市民の目から見て公権力の「手先」になったという印象を与えてしまい、将来の取材に対して協力を得にくくなる

可能性がある。法廷における証言の場合、報道関係者が証言を拒めば、取材源が明らかになることはないが、公権力が取材資料の提出を強制する場合、報道の中立性に対する信頼を損なうだけでなく、取材資料から取材源が明らかになることで、情報提供者と報道関係者の信頼関係を壊してしまうおそれもある。そこで、報道機関は、公権力からの任意による提供の要請を拒むだけでなく、刑事訴訟法に基づく裁判所の提出命令や検察・警察の差押えについても裁判を通じて抵抗してきた。

　ところが、最高裁は、前述した博多駅事件決定において、テレビ局の取材の自由と公正な裁判の実現を比較衡量した結果、裁判所のテレビフィルム提出命令を合憲とした。その後、検察・警察によるテレビ局のビデオテープの差押えも、同様の判断により合憲とされた（日本テレビ事件決定：最決平成元年1月30日刑集43巻1号19頁、TBS事件決定：最決平成2年7月9日刑集44巻5号421頁）。しかし、アメリカやドイツでは、報道機関の編集部に対する強制捜査は原則として禁止されている。日本でも、取材資料の提出強制は、それが証拠として必要不可欠な場合に限定して許容されるべきである。

2-4　個人情報保護

　ジャーナリズムは、個人情報保護との関係でその限界が問題となる。日本では、1990年代末、住民基本台帳法の改正により住民票コードを導入したことや、欧州連合の個人情報保護指令が第三国への個人データの移転について、当該第三国が個人情報を十分に保護していることを条件としたことなどが契機となって本格的な個人情報保護制度を整備しようという機運が高まった。数年の準備期間を経て、2003年5月23日、個人情報保護法が成立した（2005年4月1日施行）。これにより、行政機関だけでなく、民間部門にも個人情報を保護するための法的義務が課された。

　憲法13条の幸福追求権に基づいて新しい人権として承認されたプライバシー権は、近年では、「自己に関する情報をコントロールする権利」（自己情報コントロール権）としても理解されるようになっている。この権利は、本来は公権力に対抗するための権利であるが、個人情報保護は公権力の担い手との関係だけでなく、企業や団体との関係でも問題となる。その意味で、自己

情報コントロール権は「誰に対しても主張できる全方位的権利」と理解されるようになっている。個人情報保護法は、自己情報コントロール権を具体化するため、個人情報の本人に、民間部門の企業や団体がいかなる自己情報を保有しているかを確認する権利、記載の誤りの訂正を求める権利などを認めた。

　ただし、民間部門の場合、個人情報保護の要請と、企業の職業遂行の自由、報道機関の報道の自由、宗教団体の信仰の自由、研究機関の学問研究の自由などの保障を調整する必要がある。そこで、民間部門の個人情報を保護する義務は、報道、著述、学術研究などの分野について適用除外が認められた（制定時50条1項。その後の改正により現行66条1項）。この適用除外に関連して個人情報保護法は「報道」を定義した。報道とは、「不特定かつ多数の者に対して客観的事実を事実として知らせること（これに基づいて意見又は見解を述べることを含む。）をいう」。現行憲法下で報道を定義した立法はこれが初めてである。

2-5　国家秘密・特定秘密の保護

　報道機関の取材の自由や国民の知る権利も、「国家秘密」との関係では制約を受ける。国家秘密には、広く公務員がその職務の過程において入手した、国民に非公開の国内事項に関する情報をいう場合と、そうした職務上の秘密のうちとくに軍事または外交上の情報で、その公開が国家の安全を傷つける情報をいう場合とがある。日本では従来から国家公務員法が公務員に守秘義務を課し、その違反は懲戒および刑事制裁の対象とされてきた。国家公務員法にいう「秘密」とは、非公知の事実であって、実質的にもそれを秘密として保護するに値すると認められるものである。また、2013年12月13日には、「その漏洩が我が国の安全保障に著しい支障を与えるおそれがあるため、特に秘匿することが必要なもの」を「特定秘密」として手厚く保護するため、特定秘密保護法（正式には、「特定秘密の保護に関する法律」）が制定された（2014年12月10日施行）。この法律の別表は、「防衛に関する事項」（1号）、「外交に関する事項」（2号）、「特定有害活動の防止に関する事項」（3号）、「テロリズムの防止に関する事項」（4号）という四つの事項について、さらに詳しく、例えば、「自衛隊の運用又はこれに関する見積もり若しくは計画若

しくは研究」というように23の項目を列挙している。「特定有害活動」とは、いわゆるスパイ活動や核兵器等の輸出・輸入等の活動を指す。特定秘密の漏洩行為と取得行為には最高で10年の懲役刑が、漏洩や取得に対する共謀、教唆、扇動には最高5年の懲役刑が科される。過失による漏洩、未遂、国外犯も処罰される。最高10年という懲役刑については、国家公務員法の守秘義務違反が最高1年の懲役刑とされているのと比べて重すぎると批判されている。

　取材の自由と国家公務員の守秘義務との関係は、沖縄密約事件[5]で争われた。最高裁は、外務省職員から秘密の電信文案を入手した記者を秘密漏洩そそのかしの罪で有罪としたが、一般論として、記者が公務員に職務上の秘密を取材することについて、「真に報道の目的からでたものであり、その手段・方法が法秩序全体の精神に照らし相当なものとして社会観念上是認されるものである限り」、取材活動は「正当業務行為」として違法性が阻却されると判示した（最決昭和53年5月31日刑集32巻3号457頁）。

　特定秘密保護法の場合、特定秘密の保護が国民の知る権利や報道関係者の報道・取材の自由に萎縮効果を及ぼすことが懸念され、強い反対の声があがった。そこで、前述した沖縄密約事件決定を手がかりに、特定秘密保護法22条に、「①この法律の適用に当たっては、これを拡張して解釈して、国民の基本的人権を不当に侵害するようなことがあってはならず、国民の知る権利の保障に資する報道又は取材の自由に十分に配慮しなければならない。②出版又は報道の業務に従事する者の取材行為については、専ら公益を図る目的を有し、かつ、法令違反又は著しく不当な方法によるものと認められない

---

[5] 1972年3月、衆議院予算委員会で、横路孝弘議員（当時、日本社会党）は、沖縄返還をめぐる日米交渉に関する秘密の電信文案を暴露し、日米間で密約が結ばれていたと佐藤栄作内閣を追及した。この電信文案は、毎日新聞の西山太吉記者が外務省の女性事務官から入手し、その事実関係については紙面化していた。この追及がきっかけとなり、女性事務官は秘密漏洩罪、西山記者はそれをそそのかした罪で起訴された。東京地裁は、女性事務官を有罪（確定）、西山記者を無罪とした。検察の控訴を受けて、東京高裁は西山記者を有罪とし、最高裁も西山記者が男女関係を利用し、「個人としての人格の尊厳を著しく蹂躙した」と認定して、西山記者の有罪が確定した。この結論については批判が強い。なお、2000年になって、アメリカ公文書館で発見された文書により、事件当時問題とされた密約の存在が明らかになった。

限りは、これを正当な業務による行為とするものとする」という規定が設けられた。ただし、この規定によって、報道・取材の自由に対する萎縮効果の懸念がすっかり解消されたわけではない。仮に報道関係者は訴追されなかったとしても、取材源の身元を割り出す目的で捜査当局が報道機関を捜索し取材資料を差し押さえたり、法廷で取材源を明らかにするよう報道関係者が証言を求められたりすれば、取材の自由が侵害されるおそれがある。特定秘密保護法の制定によって、前述した、報道関係者の証言拒絶権を立法的に解決する必要性が高まったといえる。

なお、情報公開法によれば、「何人も、この法律の定めるところにより、行政機関の長に対し、当該行政機関の保有する行政文書の開示を請求することができる」（3条）。前述の通り、情報公開制度は、報道関係者の取材方法として広く活用されている。ただし、情報公開法5条3号は、不開示事由の一つとして、「公にすることにより、国の安全が害されるおそれ、他国若しくは国際機関との信頼関係が損なわれるおそれ又は他国若しくは国際機関との交渉上不利益を被るおそれがあると行政機関の長が認めることにつき相当の理由がある情報」を挙げている。行政機関に対する情報開示請求について不開示と決定するためには、まず「おそれ」があると「行政機関の長が認める」ことが必要で、さらに、それについて「相当の理由」が必要である。この種の情報を請求者に開示するか否かの判断には高度の政策的判断が伴い、また、国防、外交上の専門的判断を要するという特殊性が認められる。それゆえ、不開示決定が情報公開・個人情報保護審査会や裁判所で争われることになっても、行政機関の長の第一次的判断を尊重し、その判断が合理性を持つ判断として許容される限度内のものであるかどうか、判断の合理性を審理すべきであると考えられている。ただし、学説からは、この場合も、情報公開・個人情報保護審査会や裁判所は、不開示決定についての行政機関側の主張をうのみにしてはならないと指摘されている。

なお、情報公開・個人情報保護審査会の委員は、秘密とされた情報が含まれる行政文書を実際に見て判断する権限がある（インカメラ審理）。これに対し、裁判所の裁判官は、インカメラ審理の権限がないため、当該行政文書を見ることなく、行政側の説明に基づいて不開示事由の有無を判断しなければ

ならないという問題もある。

　特定秘密保護法の適正な運用を図るため、重層的な仕組みが整備されたが、その実効性には疑問もある。現行制度において特定秘密に指定された行政文書に含まれる情報を実際に見て、それが本当に特定秘密として保護する必要のあるものかどうかを第三者として監視することができるのは情報公開・個人情報保護審査会の委員だけである。

　民主党政権（当時）は、情報公開訴訟において開示請求者の知る権利を実効的に保護するため、インカメラ審理を裁判官にも認める内容の情報公開法改正を提案したが、改正は実現しなかった。特定秘密保護法の制定によって、ここでも情報公開法改正の必要性が高まっているといえるだろう[6]。

おわりに

　本章では、ジャーナリズムと法について、まず、ジャーナリズムと法の基礎となる表現の自由について、その価値や保障の内容を確認した。次に、ジャーナリズムの法的限界を明らかにした。ジャーナリズムにも法的限界があるとはいえ、ジャーナリズムが期待される権力監視などの任務を果たすためには、報道関係者に一般国民とは異なる特別扱いが認められることがある。そこで、表現の自由の一般的な限界について概説した上で、ジャーナリズムの法的限界として代表的な論点、具体的には、法廷取材の限界、取材源の証言強制・取材資料の提出強制、個人情報保護、国家秘密・特定秘密の保護の問題を取り上げた。

　なお、本章では言及することができなかったが、表現の自由が果たす公共的役割が名誉毀損法制において重要な意味を持っている。ある人の社会的評価を低下させる表現行為は、「名誉毀損」にあたり、損害賠償等の民事責任だけでなく、犯罪として刑事責任を問われる可能性がある。日本では、刑法230条の2第1項を手がかりに、刑事名誉毀損だけでなく民事名誉毀損の場

---

[6]　鈴木秀美（2016）「表現の自由と民主主義の維持─取材の自由や知る権利をめぐる問題を中心として」『憲法問題』27号、42頁以下参照。

合にも、名誉毀損的表現が、①公共の利害に関する事実に係り、②もっぱら公益を図る目的でなされた場合、③事実の真否を判断し、真実であることの証明があったときは免責される。また、④真実性の証明ができない場合でも、行為者がその事実を真実であると誤信し、誤信したことについて、相当の理由があるときは、法的責任を問われない。これら四つの免責要件は、名誉権と表現の自由を調節するためのものと理解されている。①の「公共の利害に関する事実」とは、不特定多数の人々に知らせその批判にさらすことが公共のために役立つようなものをいう。名誉毀損の免責要件は、一般人にも適用されるが、その恩恵を被るのは多くの場合、ジャーナリズムを担う報道関係者である（この論点について詳しくは、第7章の第2節を参照）。

（鈴木秀美）

参考文献
青井未帆ほか（2015）『逐条解説　特定秘密保護法』日本評論社。
池田公博（2008）『報道の自由と刑事手続』有斐閣。
宇賀克也（2016）『個人情報保護法の逐条解説〔第5版〕』有斐閣。
宇賀克也（2016）『新・情報公開法の逐条解説〔第7版〕』有斐閣。
エマースン、T. I.（1972）『表現の自由』小林直樹・横田耕一訳、東京大学出版会。
金澤薫（2012）『放送法逐条解説〔改訂版〕』情報通信振興会。
駒村圭吾（2001）『ジャーナリズムの法理』嵯峨野書院。
小向太郎（2015）『情報法入門〔第3版〕――デジタル・ネットワークの法律』NTT出版。
渋谷秀樹（2017）『憲法〔第3版〕』有斐閣。
鈴木秀美・山田健太編著（2011）『よくわかるメディア法』ミネルヴァ書房。
鈴木秀美・山田健太編著（2017）『放送制度概論――新・放送法を読みとく』商事法務。
曽我部真裕（2013）『反論権と表現の自由』有斐閣。
曽我部真裕・林秀弥・栗田昌裕（2015）『情報法概説』弘文堂。
西山太吉（2007）『沖縄密約――「情報犯罪」と日米同盟』（岩波新書）岩波書店。
松井茂記（2003）『情報公開法〔第2版〕』有斐閣。
松井茂記（2013）『マス・メディア法入門〔第5版〕』日本評論社。
松本和彦（2014）『日独公法学の挑戦――グローバル化社会の公法』日本評論社。
山田健太（2014）『法とジャーナリズム〔第3版〕』学陽書房。

第4章

世界の報道の自由

はじめに

　いま手元にスマートフォンをお持ちであろうか。あるいは手近なところにPCはあるだろうか。もしいずれかがあるならば、グーグルの検索ボックスに次のような言葉を入れてみてほしい。

　Freedom of the Press

　おそらく次ページに掲げるような世界地図が現れるはずだ。アメリカの国際団体「フリーダムハウス」が作成している *Freedom of the Press* の地図である。世界各国の「報道の自由度」がどのような状況に置かれているかを示したものだ。

　本書は、これからメディアやジャーナリズムについて学ぶ人のために書かれているので、本章も主に大学学部生の人々が読んでいることを想定して議論を進めていくことにしたい。その上でまず強調したいのは、もしジャーナリズムに興味があるのなら、ぜひ、このページに示されている豊富な情報を丹念に漁ってみてほしいということだ。

　報道機関は、民主主義社会の重要なインフラであり、「報道の自由度」は、それぞれの社会において民主主義がどれだけ健全に機能しているか否かをはかる重要なバロメーターであるといわれている。このページでは毎年世界各国の報道機関を取り巻くさまざまな事件や出来事を踏まえながら前年度1年間の「報道の自由度」を評価している。つまり、いま世界の報道の現場で何が起きているのか、世界各国の民主主義や政治的統治の形をめぐってどんな事件や変動が起きているのか、こうしたことを一望できるという点において、この世界地図は大変興味深いものなのである。このウェブサイトを訪れてさ

図1　報道の自由度 (2017)

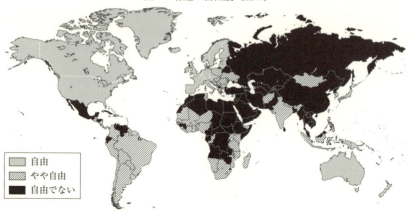

凡例：自由／やや自由／自由でない

出典：Freedom House.org のサイトをもとに作成。

まざまな情報を漁っていけば、興味深い事実や意外なデータに次から次へと出会うことができるだろう。そして、その経験はジャーナリズムを学ぶ者にとって必ずや有益な示唆をもたらすものとなるはずである。

さて、こうした「報道の自由度」に関するグローバル・データがジャーナリズムを取り上げる話題の中で一般的に言及されるようになってきたのはごく最近のことといってよい。フリーダムハウスが本格的な調査を開始し、公表し始めたのは2002年以降のことであるし、類似の調査をほぼ同じ時期に開始し、公表するようになった「国境なき記者団」の発表する「報道の自由度ランキング」[1] が日本で頻繁にニュースとして取り上げられるようになってきたのは、日本の順位が下落し始めた2011年以降のことである。

これ以前、「報道の自由」を含む日本のジャーナリズムの諸問題を批判する一般的なやり方は、もっぱらアメリカ、イギリスの先進的、模範的な報道の事例を紹介しながら日本の現状を対比させ、日本の報道界の後進性に苦言を呈するというものであった。とりわけ敗戦後の日本に自由民主主義社会に

---

[1] 国境なき記者団がグローバル・ランキングを公表し始めたのも2002年である。21世紀に入ってすぐに同じタイミングで二つの団体が報道の自由度に関するグローバル・ランキングを作成し始めたのはなぜなのか。この点については関係者への聞き取り調査を行っていずれ明らかにさせたい。

おける報道とはいかなるものかを指導したアメリカから日本が受けた影響は著しく大きいものであり、ジャーナリズムを志す者にとってアメリカはある種の「聖地」のような扱いを受けてきたといってよい。

　ニクソン大統領を辞任に追い込んだワシントン・ポスト紙のウォーターゲート事件に関する報道は、いまでも調査報道の最も有名な伝説的事例として紹介されるし、アメリカ社会の優れた報道に授けられるピューリッツアー賞は世界で最も権威あるジャーナリズムの賞として言及されることが多い。ウォルター・クロンカイトやテッド・コペルのようなかつての名物キャスターたちの活躍に心動かされてテレビの世界を志した人々もいれば、文学の手法をジャーナリズムの領域に取り込んだニュー・ジャーナリズムの名作から大きな影響を受けたノンフィクション作家たちもいる[2]。そしていまなおハフポスト（HUFFPOST）、バズフィード（Buzz Feed）などネット時代の新しいジャーナリズムの形を模索する動きも力強く、これら先進的な試みは野心溢れる日本のジャーナリストたちを刺激し続けている。

　今後も、アメリカにおける先進的事例を参考にしながら日本のジャーナリズムについて考える方法は残り続けることであろう。現に、多くの先進的事例を生み出す創造的活力がアメリカ社会に存在する以上、今後とも大いに、ジャーナリズム先進国アメリカに学ぶ必要があるだろう。しかし、自らを映し出す「他者」という鏡がアメリカのみに限定され、固定されていることは本当はあまり健全ではない。アメリカのジャーナリズムについての考え方のみが唯一の正解ではないだろうし、我々はもっとさまざまな国や地域にも目

---

[2]　アメリカをお手本とするジャーナリズム論は枚挙に暇がないが、いくつか代表的なもの、近刊で読みやすいものを紹介しておこう。まず立花隆（1984）『アメリカジャーナリズム報告』文春文庫、藤田博司（1991）『アメリカのジャーナリズム』岩波新書、下山進（1995）『アメリカ・ジャーナリズム』丸善ライブラリーなどがよくまとまっている。立花隆は田中角栄の金脈報道で日本の調査報道の金字塔を打ち立てた人物でもあり、一読に値する。近刊では国谷裕子（2017）『キャスターという仕事』岩波新書が興味深い。またノンフィクション作家の沢木耕太郎は、アメリカのニュージャーナリズムの手法を強く意識しながら自らの作品をつくりあげていったといわれている。アメリカのニュージャーナリズムに関する研究としては、玉木明（1992）『言語としてのニュー・ジャーナリズム』學藝書林がある。

を向けながら、ジャーナリズムの多様な問題の形について理解を深めていく必要がある[3]。

　本章の目的は、こうした問題意識を前提としながら、ジャーナリズム論においてグローバル・データをもっと積極的に活用していくためのリテラシーを磨くことにある。競争社会に生きる我々は、どんなランキングであっても、順位は上位であるほど望ましいということを無意識に思っている。しかし、実際のところ、「報道の自由度」に関する順位が上がったとか下がったということがそもそも何を意味しているのかということを我々はそれほど深く理解しているわけではない。

　自由民主主義の制度が定着している先進国においては、たしかに「報道の自由度」は民主主義の健全さを測定するバロメーターであると考えてよいだろう。しかし「アラブの春」の苦い経験を通して目の当たりにしたように、権威主義的な国家において「報道の自由」が急激に進んで民主化が進むことは、政治秩序の空白をもたらし、最悪の場合は深刻な内戦状態を帰結することもありうる。単純に順位が上がることがよいとはいえないはずである。

　それでは、グローバル・データを用いながら「報道の自由」についてどのように考えていけばよいか。本章ではこの点に関する議論を始めるための基礎知識の解説を行うことを目的とする。以下、マス・コミュニケーション論、ジャーナリズム論における古典的な学説、「プレスの自由に関する四理論」を取り上げて紹介し、さらに四理論以後の重要な理論として近年注目を集めてきた「メディア・システムの比較研究」も紹介してみたい。その上で、フリーダムハウスの提供する年次報告がどのような内容であるかを具体的に紹介し、最後にこれらの議論を踏まえた上で今後の研究課題について言及することにしよう。

---

[3]　この点に関しては、例えばJ. カラン、朴明珍編（2003）を参照されたい。また山本（2015）は、メディア研究の大半が先進国を事例に行われているため、「ジャーナリストへの暴力」といった重大な主題を正面から扱ってこなかったことを興味深く論じており、示唆に富む。

1　プレスの自由に関する四理論

　最初に紹介したいのは、「プレスの自由に関する四理論」（以下「四理論」と表記）である。これはシーバート、ピータースン、シュラム（1956）の3名の米国の研究者が、政治とメディアの関わりに関する古今東西の多様な考え方を四つの理論「権威主義理論」「自由主義理論」「社会的責任理論「ソヴィエト共産主義理論」に整理・分類した議論である。1956年に刊行され、いまなお「政治とメディア」、「報道の自由」について考える世界中の研究者によって議論の出発点として言及されることの多い古典である。

　この四理論を取り上げるのは、この議論が50年代当時における最も代表的なグローバルなジャーナリズム理論であったと評価できるからだ。著者らは大胆にも古今東西の「政治とメディア」に関するあらゆる理論が四つに整理できると結論づけた。つまり地球上の「政治とメディア」に関する思想地図が四つのカテゴリーによって色分けできると彼らは考えたのである。ここではその整理・分類がいかなるものであったのかを確認しておきたい。

　なお四理論の著者らはあらゆるメディアを総称する用語として「プレス」を用いているが、これは今日の感覚では「メディア」と言い換え可能な言葉である。また本章が扱うのは主として報道の自由であるので、原則的に「プレス」という言葉は第一に「報道」という言葉に、場合によっては「メディア」という言葉に置き換えて用いることにする。

1-1　四理論の概要
　まず四つの理論についてその概要をまとめてみよう。

【権威主義理論】
　「政治とマスメディア」に関して歴史上最初に登場した理論は、権威主義理論である。これは、国家に奉仕し、政府の政策を支持することこそが報道機関の主要目的であると考える立場である。マスメディアが登場する以前、大部分の国家でこうした権威主義的前提がほぼ自動的に採用されていたと推察されるし、今日においても数多くの国家で同種の権威主義的原則が適用さ

れているように見受けられる。

　このパートを担当したシーバートがもっぱら焦点を当てているのは、活版印刷技術の登場後間もない16〜17世紀の西欧、とくにイギリスのテューダー王朝、スチュアート王朝時代の事例である。そこでは少数の指導的地位にる賢人たちのみが物事を正しく判断する力を持っているとされ、人々を指導するためにメディアは利用されるべきだと考えられた。また新聞メディアは王室のものであり、新聞には国王の政策を支持する義務があると考えられていた。

【自由主義理論】
　欧米の近代化の過程において権威主義理論と抗争し、これを打ち倒して登場してきたのが自由主義理論である。この立場においては、市民が政策について考え議論するプロセスを助けることこそが報道機関の主目的であるとされる。
　自由主義者は人間を理性的存在とみなし、政治指導者が市民を教え導くことなど無用であると考える。それどころかむしろ、人間の幸福追求という自由主義者らの最重要目的の最大の障害になるのはしばしば政治権力そのものである。したがって、政府の活動をチェックし、その活動の是非を批判的に判断するための情報提供こそが報道機関には求められるのだ。
　このパートを担当したシーバートが主として重視しているのが17世紀から19世紀にかけて活躍したジョン・ミルトン、トマス・ジェファーソン、ジョン・スチュアート・ミルら英米の思想家たちである。中でもミルトンが主張した「思想の自由市場」(＝自由で開かれた言論環境が確保されれば、必ずや正しい考え方が勝ち残る)は、自由主義理論を象徴する考え方といってよい。

【社会的責任理論】
　自由主義理論の発展的改良版として四理論の著者らが独自に設けた新しいカテゴリーが、社会的責任理論である。
　20世紀に入って巨大化したメディア企業が引き起こす諸問題が広く認識されるようになった。もはやメディアは「思想の自由市場」を保障する存在で

はなく、情報の流れをしばしば歪めてしまうもう一つの巨大な権力である。加えて、二つの世界大戦を経験したことで、社会科学における人間観は大きく変化した。もはや近代初期の自由主義者が抱いたような「理性的」な人間像を前提に物事を考えることは難しく、自由な言論環境さえ与えられれば自ずと最善の回答が得られるという「思想の自由市場」的な考え方には限界があると思われるようにもなった。「自由で責任ある」報道をいかにして実現できるかが困難かつ重大な課題として意識されるようになったのである。

こうした「自由で責任ある」報道を求める議論は、第二次世界大戦直後の1940年代、アメリカ、イギリスで盛んに行われた。四理論の著者らはこうした同時代の議論に強く影響を受ける形で研究を進めたのである。

【ソヴィエト共産主義理論】

四理論が世に問われた1950年代、国際社会は東西冷戦による緊張が高まっていた。冷戦は軍事的な領域において争われただけではない。まず何よりも西側の自由主義と東側の共産主義という異なる思想のいずれが人間をより幸福にすることができるかが争われた。これはジャーナリズム論の領域においても例外ではなかった。西側と東側のジャーナリズム思想のいずれが優れているかが強く意識されたのである。

このパートを担当したシュラムによると、ソヴィエト共産主義理論においては、報道機関の主たる目的がソ連の社会主義体制の持続と発展に貢献すること、共産党の独裁に貢献することと考えられた。そこにおいては共産党の独裁体制を批判することがタブー視された。だが、（少なくとも1950年代の）ソ連のジャーナリストたちは自らを「不自由」であるとは必ずしも考えていなかった。なぜなら人間を真の意味で解放し、「自由」にするのは共産主義の思想であると信じられていたし、共産党は、人民大衆を代表して、その思想を実現する闘いの先頭に立つ存在であると信じられたからである。

1-2　自由主義と権威主義

以上のような「四理論」の整理・分類の重要なポイントは、四つの理論をそれぞれ等しく異なるものとして分類するのではなく、事実上二系統に分類

している点にある。著者らは自由主義理論の改良版として社会的責任理論を、ソヴィエト共産主義理論を権威主義理論から派生したものとみなしていた。つまり突き詰めれば、政治とメディアの議論は自由主義と権威主義という二つの立場に集約することができると彼らは考えたのである。

この基本認識は、冷戦終結後の世界で改めて「報道の自由」の問題を考え直す上でも依然として示唆に富むものだ。そしていま、ソ連崩壊後の世界で、自由主義的ジャーナリズム論と権威主義的ジャーナリズム論がどのような形で対峙しているのかについて我々は問い直す必要がある。

四理論の著者らは第二次世界大戦後の国際社会において、権威主義理論に対する自由主義理論の圧倒的優位が明白になったことを繰り返し指摘している。国連を舞台に基本的人権に関する思想が熱心に議論されるようになり、人々の表現の自由、さらには報道の自由を公の場で正面から否定することが難しい空気が生まれた。権威主義的な国家においても憲法で言論・表現の自由を認め、法制度の体裁としては自由主義的な原則に配慮を示すことが普通になってきた。こうして公然とその思想的正当性を訴えることができなくなった権威主義理論は思想としての生命力を失ったとみなされた。四理論の著者らは、自由主義的ジャーナリズム思想にとって唯一深刻な思想上のライバルは共産主義理論のみであり、権威主義理論は事実上勝敗が決した相手であり、現在進行形の真剣に研究する対象とはみなさなかったのである。

しかし、いまこうした状況認識のまま世界の「報道の自由」について語ることは適切とは思えない。権威主義的原則は、中国が大国化し、イスラム原理主義が台頭する世界を生きるわれわれにとって喫緊の切実な考察対象である。とりわけ日本を追い越して世界第二の経済大国となった隣国中国の存在は極めて大きい。日中は太い経済的絆で結ばれながら、政治的な価値観では大きく隔たっている。中国の報道統制やネット規制は日中の政治的価値観の違いを最も如実に印象づけるものといってよい。だが、経済のグローバル化は政治体制の相違を超えて地球上の人間をますます強く結びつけるようになっているので、ひと昔前と比べて、我々は権威主義的原則によって国家が運営され、言論が統制される国の出来事をはるかに身近な自分自身の問題として考えなければならないのだ。

2 メディア・システムの比較研究

　米ソ二大国が対峙していた冷戦期、最も人々の関心をひいたのは、東と西の思想の間にある差異であった。これは当然であろう。だが、冷戦が終結し自由民主主義の思想が勝利を収めた後の世界においては、自由民主主義社会内部の多様性や差異に目が向き始めるようになる。かつて「西側」としてひと括りにされていた国々の間にある差異が、論ずるに値するものとして注目されるようになってきたのである。

　冷戦終了に伴い「四理論」はもはやその大きな役割を終えたと指摘し、メディア・システムの比較研究を本格化させることを訴えつつ大きな注目を集めてきたのがダニエル・ハリンとパオロ・マンシーニの研究である（Hallin and Mancini 2004）。彼らは四理論をメディア・システムの比較研究の先駆的業績とみなすことが可能であるとの認識を示しつつも、それがジャーナリズムの規範的な思想レベルの比較・検討に終始して、実態としてのメディア・システムをほとんど比較・分析することなく終わっていると批判している。

　彼らの議論の最も興味深い成果は、従来「欧米メディア」として一括されてきたものの内実が実は多様であったことを示した点にある。四理論において西側の自由主義的ジャーナリズム思想として一括されてきた国や地域の実際の姿が多様であったことを示したのである。

　とりわけ興味深いのは、世界的に見てジャーナリズムの規範像として最も強い力をふるってきた米国型ジャーナリズムを、北大西洋地域を中心に発展してきた一つのモデルとして捉え直したことだ。ハリンらはアメリカ、イギリスが発展させてきたモデルが最も洗練された内容を誇ると認めながらも、これを欧米のスタンダードとみなすのではなく、「欧米メディア」内部にはこれとは峻別されるべき重要な差異が見られることを指摘したのである。

　彼らはまずヨーロッパと北米地域に広がる18カ国を研究対象として抽出し、これら対象国のメディア・システムが持つ特徴を一つ一つ洗い出した。その結果、これら18カ国が三つのグループ群に分類可能であることを発見した。分類の結果は、必ずしも予期されていなかった規則性を示していた。すなわち、地理的に近接する3グループに大きく分かれたのである（表1）。

表1 メディアシステムの3分類

	地中海 (分極化された多元主義) モデル	北欧・中欧 (民主的コーポラティズム) モデル	北大西洋 (リベラル) モデル
	フランス、ギリシャ、イタリア、ポルトガル、スペイン	オーストリア、ベルギー、デンマーク、フィンランド、ドイツ、オランダ、ノルウェー、スウェーデン、スイス	イギリス、アメリカ合衆国、カナダ、アイルランド
新聞産業	発行部数=小規模 エリート志向型	発行部数=大規模 早くから大衆紙が発達	発行部数=中規模 早くから商業的大衆紙が発達
政治的パラレリズム	政治的パラレリズム=高い 外的多元主義 論評中心型ジャーナリズム	外的多元主義 歴史的に政党紙が強い 中立的商業紙への変化	中立的商業紙 ニュース中心型ジャーナリズム 内的多元主義
プロフェッショナリズム	弱い メディアの道具化	強い	強い
国家の役割	国家の強い介入	国家の強い介入 (報道の自由を守るための介入)	市場優位

出典：Hallin and Mancini (2004): p.67より。表の内容は一部省略。

　それが「地中海」、「北欧／中欧」、「北大西洋」の三つである。それぞれのグループが示す特徴をハリンらは「分極化された多元主義」、「民主的コーポラティズム」、「リベラル」と形容しており、こうした特徴を、「新聞産業」、「政治的パラレリズム」、「プロフェッショナリズム」、「国家の役割」の四つの基準に沿って明らかにした。

　このうちわれわれが通常、「欧米メディア」としてイメージしてきたのは、北大西洋グループの「リベラル」モデルであったといえる。すなわち、高いプロフェッショナリズムを誇り、報道現場や言論領域への国家の介入を拒否し、あらゆる社会集団から高い独立性を保ち、論評よりも事実の報告に重きを置くタイプのメディアであった。日本社会で意識されるジャーナリズムの規範像は、おおむねこのモデルを前提としており、このリベラルモデルとの

ズレが多くの場合、日本のジャーナリズムの後進性を暗示していると考えられてきた。

　だが、こうしたリベラルモデルは、欧米社会の中においてでさえ、必ずしも共有されているわけではなかった。第一に、スペイン、ポルトガル、ギリシャなど欧州の中でも民主化が比較的遅かった国家群を含む地中海モデルにおいては、そもそも報道のプロフェッショナリズムが弱く、メディアが外部の政治勢力や社会集団の政治的道具として利用される傾向が強い。

　第二に、北欧、中欧に見られる民主的コーポラティズムモデルは、国家の果たす役割が小さければ小さいほど望ましいというリベラルモデル型の考え方と明確に異なっている。これらのグループでは、市場競争の結果、経営難に陥った報道機関を国家が積極的に財政支援して助けるという、例えばアメリカなどでは通常考えにくい政策が実施されてきた。その目的はメディア市場の寡占化が進み言論の多様性が失われることを防ぐことにあった。つまり民主主義を守るためにあえて国家が介入するという選択が取られるのである。

　リベラルモデルを相対化する作業が、リベラルデモクラシーの形が多様でありうるという見識に裏づけられていることに注目する必要がある。オランダやベルギー、オーストリア、スイスといった言語や宗教による亀裂が社会の中に深く走る社会では、アメリカ、イギリスで発達したような「多数決型のデモクラシー」とは異なるタイプのデモクラシーが発達してきた。オランダ出身の政治学者のレイプハルトが「多極共存型デモクラシー」という概念によって論じたように、それぞれの言語や宗教の各セクターから代表を送り出して、代表同士が協調しながら政治的意思決定を行うという合意形成を重視するデモクラシーである。

　ハリンらの議論は、こうした比較政治学の研究成果から浮かび上がる自由民主主義内部の多様性という視点を前提としている。表に示すリベラルモデルの内的多元主義と北欧・中欧の民主的コーポラティズムモデルの外的多元主義との区別はこうした多数決型デモクラシーと合意型デモクラシーを区別しようとする議論を反映したものと考えられる。

　なおここで頻出する多元主義という用語は、政治的意思決定を行う際に、影響力を行使する主体が一極に集中するよりも、多元的に分散することを望

第4章　世界の報道の自由

ましいとする考え方（およびそのような社会のこと）である。そして、内的多元主義、外的多元主義という言葉は、多元性を担保する異なる方法が存在することを示している。

内的多元主義の場合、報道機関は社会のあらゆる勢力から独立し、中立的な立場を保ち、論争的な問題についてはできるだけ多様な意見を公正に取り上げることによって多元主義を実現しようとする。これに対して外的多元主義の場合は、個別のメディアが特定の言語集団、宗教団体、政治勢力の関心や利害を強く反映することを否定しない。個別メディアは外部の勢力から独立せず、中立でもないが、そうした特定勢力の関心を強く反映したメディアが多様に存在することで社会全体として言論の多様性が保障されることになるのだ。

なお、表に登場する政治的パラレリズムという概念は、この二つの多元主義の区別と深く関わるものであり、メディアの活動が外部の政治勢力、社会集団の利害とどの程度強く密接に結びついているかを表す概念である。例えば、政党機関紙の場合、政党と新聞の活動が一体化しているため、政治的パラレリズムは非常に高い。他方で、どんな政治勢力からも独立している新聞であるなら、政治的パラレリズムは低いということになる。

ハリンらの研究を受けて、近年メディア研究者の間で、欧米諸国を越えて中近東やアジア、アフリカ地域にも彼らのモデルを適用することが可能か否かが盛んに論じられてきた。彼らの研究は、メディア・システムの比較研究をグローバルに展開していく上での一つの重要な突破口となりつつあるのだ。

だが、こうした試みに対してハリンら自身は非常に慎重な態度を取っている。似通った文化的背景を持つ18カ国を選定して行った比較研究の成果を、政治的にも文化的にもまるで異なる国、地域に当てはめていくことは、研究方法としてはあまりに乱暴であるからだ。欧米先進国を対象に行われた比較研究の成果が、途上国や権威主義的な政治体制の国々にどの程度の示唆を持ちうるのか、この点をめぐってはいまなおさまざまな議論が続けられている。

3　フリーダムハウスにおける「報道の自由」

　冒頭で触れたフリーダムハウスの調査に目を向けることにしよう。日本ではフリーダムハウスよりも、フランスに本拠を置く「国境なき記者団」が作成する「報道の自由度ランキング」のほうがよく知られている。というのも、近年日本のランキングが著しく順位を下げていることがニュースとして頻繁に取り上げられるようになったからだ。

　2017年6月現在、最新の順位は、国境なき記者団が72位、フリーダムハウスが48位と、二つの調査が示す日本の「報道の自由度」ランキングは大きく異なっている。なぜ、このような食い違いが生じるのかは慎重に検討する必要があるが、さしあたってここではスコアをつける基準に大きな違いがあるという点だけ指摘しておけばよいだろう。国境なき記者団のほうがチェック項目が多く、多岐にわたる諸問題を細かく点数化しようとしているので、先進国における変化をより敏感に反映しやすい調査デザインとなっている。他方でフリーダムハウスのほうが、ジャーナリストが物理的な暴力被害にあう、報道機関が政府の検閲を受けるなど、自由民主主義の原則を逸脱するような重大で深刻な事態に対する評価がより大きな比重でスコアに反映されるようになっている。つまり先進国と途上国の言論環境の差が大きくスコアに反映されやすい調査デザインとなっている。

　率直にいって、フリーダムハウスのスコアのつけ方のほうがよりオーソドックスで常識的な考え方に従うものであるといってよい。そのため研究の進め方としては、まずフリーダムハウスの評価方法について理解を深めた上で、国境なき記者団の「報道の自由度」の評価方法がどれくらいの評価基準を追加しているかを検討するほうが得策である（いずれの評価方法もそれぞれの団体のHP上で確認できるので参照されたい）。

　紙幅の都合もあるので、本章ではあくまでもフリーダムハウスの調査に絞って、「報道の自由度」の調査方法について検討し、最新レポート *Freedom of the Press 2017* の内容を概観してみよう。

　まずフリーダムハウスは、「法的環境」「政治的環境」「経済的環境」の3領域を区別して、それぞれの領域に報道の自由度を評価するための数値化さ

れた指標を設けている。例えば政治的環境は次のような具体的指標によって評価されている。

1. ニュースやメディアの情報内容がどの程度政府や特定の党派的利害によって左右されているか？（0-10ポイント）
2. 取材源へのアクセスが統制されているか？（0-2ポイント）
3. 検閲が存在するか？（0-4ポイント）
4. ジャーナリストが自己検閲を行っているか？（0-4ポイント）
5. 人々は報道にアクセスできているか、また提供されるニュースや情報に多様な視点が確保されているか？（0-4ポイント）
6. ローカルメディアや海外メディアのジャーナリストが嫌がらせを受けることなく取材してニュースを報道できているか？（0-6ポイント）
7. ジャーナリスト、ブロガー、メディア企業が自らの活動の結果として国家権力や他のアクターから違法な脅迫や物理的暴力を受けているか？（0-10ポイント）

各国のスコアはこれらの指標にしたがって計算される。表2を見ていただければよく分かると思われるが、自由度が大きいと判定される国ほどスコアの数字は小さく、また自由度が小さいと判定される国ほどスコアは大きくなる。

2017年のレポートでは、グローバルランク1位がノルウェーでスコアは8ポイント、それに対してワースト1位（＝198位）が北朝鮮でスコアが98ポイントとなっている。上位は軒並みヨーロッパの中小規模の国が並ぶのに対し、下位は全体として中央アジアの国々が目立つ。

図1の世界地図は、ウェブ上でカラーで見るとトータルスコアが0から30までの報道の「自由がある」国が〈緑〉、スコア31から60までの「部分的自由」しかないとされる国々が〈黄〉、スコア61以上の「自由がない」国々が〈紫〉の色によって示されている。現状世界で報道の自由がある〈緑〉の国や地域に住む人々は、世界全体の13％に過ぎない。42％の人が「部分的に自由」の〈黄〉、45％の人々が「自由がない」〈紫〉の場所に暮らしている。

表2　報道の自由度ランキング

トップ10			ワースト10		
ランク	国名	スコア	ランク	国名	スコア
1	ノルウェー	8	198	北朝鮮	98
2	オランダ	11	198	トルクメニスタン	98
2	スウェーデン	11	197	ウズベキスタン	95
4	ベルギー	12	195	クリミア	94
4	デンマーク	12	195	エリトリア	94
4	フィンランド	12	193	キューバ	91
7	スイス	13	193	赤道ギニア	91
8	ルクセンブルグ	14	190	アゼルバイジャン	90
9	アンドラ	15	190	イラン	90
9	アイスランド	15	190	シリア	90
9	リヒテンシュタイン	15			

出典：*Freedom of the Press 2017*（Freedom House.org）をもとに作成。

　緑のエリアが先進国に集中していること、黄色や紫が途上国や紛争地域に広がっていることが一目瞭然であろう。「報道の自由」が十分にあるという事実は、経済的な豊かさや政治的安定と密接に関わっていることがうかがえる。
　フリーダムハウスの活動目標は、この90％近くを占める「自由」ではないエリアに、報道の自由を広め、浸透させていくことにある。しかし、フリーダムハウスが調査結果を公表してきたこの15年ほどの間に、世界全体の報道の自由度は一貫して下落傾向にある。対象国全体の平均スコアは2004年の46ポイントを起点に、中東地域の民主化が劇的に進んだ2011年（アラブの春）を例外として下がり続け、2016年はこれまでで最悪のスコア（49.4）記録を更新した。
　さて、フリーダムハウスの報告では5年間のスコアの変動幅の最も大きな国に注目する分析がしばしば利用される。1年の変化では見えてこない社会変動の傾向性が5年単位の変化からは読み取れる場合があるため、非常に興味深い。ここでは直近の5年間（2012-2016年）に限定してスコアが最も悪化

したのはどのような国であったのかを確認しておきたい。悪化の幅が大きかった上位の国は、トルコが-20ポイントでトップであり、以下ナウル（-18）、リビア（-18）、タイ（-15）、エジプト（-15）、セルビア（-13）、ブルンジ（-13）、南スーダン（-10）と続いている。

変動の大きなトルコのスコアの動き方を確認してみると、現在のエルドアン大統領らが設立した公正発展党（AKP）が政権を奪取した2002年（＝58ポイント）から2005年には48ポイントにまで大きく改善している。だが、2008年以降徐々にスコアが悪化し始め、2014年にはとうとうスコアが60ポイントを突破（62）して、報道の「自由がない」国となった。

スコア悪化の原因は、エルドアン政権が政権に批判的なジャーナリストに対し取締りを強化してきたことにある。直近の出来事に注目するならば、2016年3月、トルコ最大部数を誇る新聞ザマン紙が、テロ組織とのつながりが疑われるという理由で政府管理下に置かれ、それまで政権に批判的であった報道から一転、政府のPR記事ばかりが掲載されるようになった。6月には、「テロ組織の宣伝をした」という容疑で国境なき記者団トルコ事務所代表を含む3名が逮捕された。これら3名は少数民族クルド系の日刊紙オズギュル・ギュンデムを支援するため、同紙の「1日編集長」を務めたことで上記のような容疑をかけられることになったという[4]。

2016年7月軍部によるクーデター未遂事件が発生した後には、裁判所がジャーナリスト42人を拘束する決定を出し、さらに同月のうちにエルドアン政権は新聞やテレビなど計131社（新聞45社、通信3社、テレビ16局、ラジオ23局、出版29社、雑誌15社）を閉鎖する政令を出した[5]。そして2017年4月、憲法改正をめぐる国民投票が実施された。その狙いは改憲によって議院内閣制を廃止して大統領権限を強化することにあったが、その結果は賛成51.41％、反対48.59％となり、僅差で賛成が上回った。

エルドアン政権は、国民投票による正当な手続きを踏まえた憲法改正であることを大々的に主張したが、この主張を額面どおりに受け取ることなどで

---

4) 朝日新聞2016年6月21日夕刊より。
5) 朝日新聞2016年7月29日朝刊より。

きるだろうか。政権に対する批判層を徹底して弾圧し、排除した上での国民投票であった。報道機関の批判機能を奪い取り、政権の宣伝の道具としてのみ報道機関は利用された。国民投票という民主的な手続きも政権が権力基盤を固めるための道具として利用されたに過ぎない。政府を批判する言論の自由が奪われた状況下においては、民主的な投票の仕組みはその本来の機能を担うことができないのだ。報道の自由度が民主主義の健全さを測るバロメーターであるということをこれほど分かりやすく示してくれる例はないだろう。トルコの政治体制がどのように変化していくのかは今後も目が離せない。

おわりに

　グローバル・データを積極的に活用しながら「報道の自由度」の問題に注目してみようというのが本章の目的であった。最後に、今後の研究課題について手短に言及しておこう。
　第一に、本章では「報道の自由度」をランキング化するという行為そのものの妥当性について本格的に検証を加えることはできなかった。だが、この批判的検証作業はぜひとも必要である。例えば、ランキング上位にはヨーロッパの中小国が多数ランクインしているが、人口の規模の差異を一切考慮に入れずにランキングをつくることは一体どれほど妥当なのだろうか。
　2017年のグローバル・ランキングベスト10に入っているヨーロッパの小国の人口規模を見ると、ランキング9位のアンドラの人口は7万人、同じく9位のリヒテンシュタインの人口は4万人にも満たない。こうした日本の市町村レベルの規模の国を他の数千万、数億の人口規模の国家と同一に扱ってランキングをつけることは本当に適切なのだろうか。なお上位10カ国のうちで人口が1000万を超えているのはオランダ（1694万人）とベルギー（1129万人）のみであり、オランダ以外のすべての国（1位ノルウェー519万人、2位スウェーデン979万人、4位デンマーク567万人、同じく4位フィンランド548万人、7位スイス828万人）はいずれも東京の人口（約1300万人）よりも少ない。
　もちろん、人口規模というファクターがどの程度「報道の自由度」を左右するものであるのかについては慎重な検証が必要である。ワースト10のラン

キングを見ると赤道ギニアのような小さな国家（84.5万人）も入っているため、人口が小さいほど「報道の自由度」が高くなる傾向があるとは単純にいえなさそうだ。しかし、それでもやはり、人口13億を超える中国のような巨大国家と（EU全体でも人口は7億4000万）、人口7万人の国を同じ「国家」という概念で括ってランキングをつくるという行為には無理があるといわざるを得ない。このデータを積極的に活用するにあたっては、例えばせめて人口500万人以下の小規模国家を除いたランキングを別につくってみるなどの作業を行う必要があるだろう。

　第二に、「報道の自由度」ランキングは、当然ながら「報道の自由度」が大きければ大きいほど素晴らしいことであるという前提に立って作成されている。しかし、「報道の自由」というものが、なぜ重要な価値を持つのかという点については徹底した考察を加える必要がある。

　例えば、「報道の自由度」が大きい国は、それだけ国民の幸福度が大きいという仮説を想定する場合、この仮説は妥当であろうか。この仮説を検証するための調査を行い、その結果、もし「報道の自由度」の大きさが国民の幸福度の増大と低い関連性しか持たないことが分かったとするならば、「報道の自由度」に対して一体なぜそれほど固執しなければならないのかをわれわれは考えてみる必要に迫られるだろう[6]。報道の自由度の増大が善き社会を生み出し、その善き社会において国民の幸福度も増大するという前提があれ

---

[6]　筆者が担当する慶應義塾大学メディア・コミュニケーション研究所の研究会で、この仮説を検証した学生がいる。中園董「報道の自由と幸福」メディア・コミュニケーション研究所烏谷昌幸研究会編『三田論文集　現代の「報道の自由」を再考する』（第6章）、である。中園はフリーダムハウスの報道の自由度ランキングとコロンビア大学地球研究所が発表している「世界幸福度レポート」のランキングを調査・比較して、「報道の自由度」が低いにもかかわらず、国民の「幸福度」が高い国家群を抽出した。ランキングのギャップが100位以上ある国家群として以下の国々が抽出された。メキシコ、シンガポール、UAE、サウジアラビア、タイ、カタール、バーレーン、ベネズエラ、マレーシア、ウズベキスタンである。これは非常に興味深い分析の成果であり、我々はこれらの国家の幸福度がどのようなファクターによって支えられているかを研究することによって、リベラル・デモクラシーや報道の自由が国民生活の幸福度にどれほど関わりを持つかという重要なテーマについて考える糸口を得られると思われる。

ばこそ、われわれは「報道の自由度」の増減に関心を持つはずなのだから。

　今日、「報道の自由」の価値は自明ではない。なぜ「報道の自由」が大切なのかを丁寧に考え、説明することが求められている。これまで自由民主主義国家の模範と思われてきたアメリカにおいて、「報道の自由」の価値を否定するような言動を撒き散らす大統領が出現したことに象徴されるように、欧米先進国においては自由民主主義を支える諸制度が国民から広く信用を失いつつある。日本においても近年政府関係者や与党関係者から報道機関の活動の意義を否定するような言動が相次いでいる。「報道の自由」というスローガンに強い懐疑の眼を向けて来る人々を前に、いかにしてその重要性を説明することができるかが深刻に問われる時代となっているのだ。

　第三に、こうした困難な時代において、我々は改めて、人間にとって、「自由」とは何なのかを考える必要があるだろう。共産主義者たちは真に平等な社会の実現を求めて壮大な実験を行った。社会学者の見田宗介は、その壮大な実験の失敗から学び取るべき教訓として、どんな理想社会であっても、現代においては人間の「自由」を抑圧しないような形でその社会の実現が構想されなければならないと論じている。この見田の問題提起に応えるように、哲学者の竹田青嗣は、『人間的自由の条件』（2004）、『人間の未来』（2009）において、近代西欧哲学が生み出してきた成果を丁寧に辿り直しながら、改めて人間にとって「自由」とは何かについて徹底した考察を展開している。

　見田にしても、竹田にしても、彼らは人間にとって「自由」とは何かということを根本に立ち返って、自分の言葉で丁寧に語り直そうとしている。その真摯な言葉には深く心打たれるものがある。おそらく現代人にとって「自由」という主題は、ある世代、ある時期に語り尽くしてそれで終わりという流行性、一過性のものではない。何度も何度も新しい世代が自分たちの言葉で考え直し、語り直していく必要があるテーマなのだ。

　さて、われわれの目の前には「報道の自由度」を可視化した一枚の世界地図がある。ここからどんな「自由」に関する考察を紡ぎ出していくことができるだろうか。世界地図を眺めてデータを漁ってみた人は、思想家たちが挑戦してやまない「自由」論の領域についてもぜひ興味を持ってほしい。

（烏谷昌幸）

参考文献

カラン、J. = 朴明珍編（2003）『メディア理論の脱西欧化』杉山光信・大畑裕嗣訳、勁草書房。

シーバート、F. S. = ピータースン = T. A.、シュラム、W.（1956）『マス・コミの自由に関する四理論』内川芳美訳、東京創元社。

竹田青嗣（2010）『人間的自由の条件――ヘーゲルとポストモダン思想』（講談社学術文庫）講談社。

竹田青嗣（2009）『人間の未来――ヘーゲル哲学と現代資本主義』（ちくま新書）筑摩書房。

林香里（2011）『〈オンナ・コドモ〉のジャーナリズム――ケアの倫理とともに』岩波書店。

見田宗介（1996）『現代社会の理論――情報化・消費化社会の現在と未来』（岩波新書）岩波書店。

山本信人（2015）「ジャーナリストへの暴力」『メディア・コミュニケーション』慶應義塾大学メディア・コミュニケーション研究所紀要、No.65: 1-15。

Hallin, Daniel C. and Paolo Mancini（2004）*Comparing Media Systems: Three Models of Media and Politics*, Cambridge University Press.

第2部

デジタル化がもたらす変化を学ぶ

第5章
デジタルメディアとニュースの政治社会学

はじめに

　NHKは1985年から5年おきに「テレビと日本人」と呼ばれる調査を行ってきた。この調査は30年にわたって、テレビの果たすさまざまな役割が日本社会の中で高く評価されてきたことを示してきた。ところが2015年の調査ではメディア研究者やメディア業界の人々にとって注目される結果が示された（木村・関根・行木 2015）。20代から40代を中心にテレビの視聴時間が減少し、テレビに対する肯定的な評価も低下傾向を示したのである。一方で、インターネットの利用時間がこれらの世代では急増している。また、速報性や詳報性といったジャーナリズムに関わる機能でも、テレビの評価は停滞ないし減少傾向が見られるのに対し、インターネットの評価は高まっている。一連のデータが本格的な「テレビ離れ」を示すものなのかどうかは議論が分かれるところであるが、インターネットやスマートフォンに代表されるデジタルメディアの存在感が2010年代に入って一層増していることを示すものである。日本社会において、メディア環境が大きく変化し始めたといえる。

1　メディア環境の変化と日本社会

1-1　インターネットの発達と普及

　ここで改めてインターネットの発達と普及について、日本の状況を中心に確認しておきたい。インターネットの起源は米国防総省が1960年代に開始したARPA-netプロジェクトとされる。その後、インターネットの私的利用、商業利用が可能になったのは1990年代である。World Wide Webが開発され、

閲覧用のブラウザが登場することにより、一般の人々が利用できる環境が整備されていった。日本でも1993年に商用サービスが開始されている。

当然ながら、当初、多くの人々にとってインターネットは「未知」の技術であった。それに特定のイメージを付与していったものの一つは、米国クリントン政権が提唱した「情報スーパーハイウェイ構想」である。ここではインターネットは新たな産業・経済政策を推進するキーワードとみなされるようになった。もう一つは1995年の阪神・淡路大震災である。震災のような災害時に有効活用されることにより、インターネットの潜在力の高さが大きく報道され、一般の人々に共有されることになった。第三は、パソコンの基本ソフト「windows 95」の登場である。簡単な操作でパソコンを通じてのインターネット利用が可能になり、「インターネット」という名前は一般の人々の間に浸透した。

だが、「技術立国」のイメージに反して、日本社会におけるインターネットの普及は低い水準にとどまり、1997年末の人口普及率は10％に満たなかった。日本社会におけるインターネットの本格的普及は21世紀以降であり、2000年末に人口普及率が37.1％、2005年末に70.8％に達した（総務省 2015）。2017年現在は80％程度である。2000年代前半の普及を支えた要因は、一つはADSLやFTTHによるブロードバンド・サービスが低価格で提供されるようになったためである（大石編 2013）。もう一つは、携帯電話を通じたインターネット利用である。1999年にNTTドコモがサービスを開始し、日本独特のネット利用環境を形成することとなった。その後、スマートフォンやタブレットPCなど、携帯端末を用いたネット利用はより多様化した。

インターネットの本格的な普及を経て、メディア環境は2010年ごろから大きく変化してきた。それは「ソーシャルメディア」と呼ばれる新たなサービスが次々と登場し、利用者が増加していったことによる。例えば動画共有サービスを提供するYouTubeは2005年に開設された。2007年には日本語サービスが開始され、また、同年には国内の動画共有サービス「ニコニコ動画」もサービスを開始している。簡易ブログTwitterとソーシャル・ネットワーキング・サービスFacebookはともに2008年に日本語サービスを開始した。

ソーシャルメディアの特徴は、UGCと「ソーシャル・ネットワーク」の

構築にある。UGCとは、「User Generated Content」の略で、ユーザー（あるいは消費者）が自ら作成するコンテンツのことである。新聞やテレビを通じたマス・コミュニケーションでは情報を一方向的に消費する「受け手」であった一般の人々が、自らコンテンツを作成し、広く公開することができるようになった。また、ソーシャルメディアの多くは、そのメディアの利用、あるいは情報の伝達や共有を通じて社会的なネットワークの構築を可能にしている。つまり、一般の人々は、新聞やテレビといったマスメディアを介さずに、情報やコンテンツを生産・流通させ、新たな社会関係を広げていくことができるようになったのである。

1-2　新しいメディア環境の捉え方と「技術決定論」

　それでは、以上のようなメディア環境の変化はメディア論やマス・コミュニケーション論、そしてジャーナリズム論の観点からどのように捉えることができるだろうか。

　しばしば批判されるのは、「技術決定論」的な捉え方である。技術決定論とは、社会の特徴やその変化を技術的要因によってのみ理解・説明しようとする考え方である。とくにこの技術決定論はインターネットやデジタルメディアをめぐる議論の中でしばしば語られる。佐藤俊樹は『社会は情報化の夢を見る』の中で、「技術と社会の両方を同時に語る魔法の言葉（マジック・ワード）」によって新たな社会の到来を説く情報社会論を批判した（佐藤 2010）。なぜならば、こうした「魔法の言葉」は、技術と社会の関わりを単線的な因果に見せてしまうからである（同: 296）。つまり、技術決定論は、メディア技術の「新しさ」「革新性」を過度に強調した結果、より複雑な政治的、社会的、経済的、文化的諸要因との関連性を軽視、あるいは無視する傾向にある。

　技術決定論の問題は、社会のさまざまな問題や困難が、特定の（メディア）技術の発達や普及によって解決されると主張する点にある。以下では、「ソーシャルメディアの普及による民主主義の発達」という今日しばしば見られる議論を例にこの点を検討する。

　アカデミズムやジャーナリズム、そして政治の世界では近年、デジタルメ

ディアを活用した政治参加や世論形成が注目されるようになった。そして実際に第8章で詳しく論じられているように、2010年前後はソーシャルメディアを活用した大規模な抗議活動や政治参加が海外や国内で顕在化した（Castells 2012; 山腰 2014）。

　こうした状況を踏まえ、「ソーシャルメディアの普及による民主主義の発達」が期待とともに語られるようになった。現代社会は大衆民主主義ともいわれる。「大衆」は、次のような性質を有した集団を指す。第一に、相互につながりを持たない不特定多数から構成される。第二に、公的な事柄の解決に自発的に関わることのない受動的な存在である。そして第三に、多数派に対して同調的であり、結果として社会の価値観の画一化に寄与する。つまり、本来人々が多様な価値観を持って能動的に参加することが期待される民主主義が、人々の大衆としての性格のために十全に機能していないと批判されてきたのである。そしてマス・コミュニケーションという過程がそうした傾向を助長してきたとされる。なぜならば、マス・コミュニケーションは不特定多数に向けて同一のメッセージを一方向的に伝達するからである。大衆は政治に無関心な大衆文化の「消費者」と、メディアが提供する政治的見世物の熱狂的な「観客」との間を揺れ動く。したがって、こうした大衆民主主義という状況とそれを可能にするマス・コミュニケーションの機能が問題視されてきた。それとともに、大衆民主主義状況を打開し、人々の自発的・能動的な政治参加の可能性がさまざまな視点から論じられてきたのである。

　ソーシャルメディアはまさに、こうした状況を打開するためのツールとみなされた。なぜならば、ソーシャルメディアは双方向型のコミュニケーションを可能にし、政治コミュニケーションの中で人々の「対話」や「熟議」を活性化させると考えられたからである。

　こうした議論の典型として、2013年の公職選挙法改正による「ネット選挙解禁」を挙げることができる（山腰 2013）。この法改正の過程では、選挙戦におけるインターネットの解禁により、日本の政治が大きく変わることが期待された（あるいは喧伝された）。日本の選挙では、若者層を中心に投票率が低く、また、政策論争が活性化しないことが問題視されてきた。このネット選挙の解禁により、ソーシャルメディアに親しむ若者層の政治参加意識を高

め、双方向型のコミュニケーションにより有権者と候補者、あるいは有権者同士の対話の活性化をもたらすと主張されたのである。

　しかし、ネット選挙解禁後の2013年7月に実施された参議院選挙は投票率が戦後三番目に低く、若者層の投票率も低い水準にとどまった。加えてソーシャルメディアは有力政党の広報の役割を担い、いわば従来型のマス・コミュニケーションとしての機能を主として果たしていた。つまり、「新しいメディアの普及→新しい政治コミュニケーションの活性化→民主化の進展」という単純な図式でデジタルメディアの発達と普及を捉えることの問題点をこの事例は示している。

1-3　「マスメディア対ソーシャルメディア」の二項対立図式

　ジャーナリズムにとって、より重要なのは「マスメディア対ソーシャルメディア」という二項対立図式的な捉え方の存在である。この二項対立図式によってジャーナリズムを理解する場合、次の二つの見解が示される。第一に、新聞やテレビを中心としたマスメディアによって担われる従来型のジャーナリズムに多くの問題点が存在し、そうした問題がジャーナリズムに対する人々の不信感や不満を増大させているとされる。そして第二に、ソーシャルメディアによるジャーナリズムあるいは新たな情報伝達の手法がそうした問題を解決すると主張される。さらに、旧来型のジャーナリズムに代わる新しいジャーナリズムが民主主義の可能性を広げるとされる。したがって、この二項対立図式には技術決定論的な視点が内在しているといえる。

　このような二項対立図式はソーシャルメディアの発達と普及により、社会の中で広まってきた。例えば2011年に当時の橋下徹大阪府知事・市長は自らのTwitterアカウントを開設し、情報発信を開始した。そしてしばしば新聞やテレビといった主流メディアに対する批判を展開した[1]。すなわち、主流メディアは「編集」を通じて発言の一部を切り取り、歪めてしまうというも

---

1) 例えば2013年5月に従軍慰安婦をめぐる発言について、橋下大阪市長は主流メディアによって自分の意見の一部が切り取られていると批判し、囲み取材を拒否した。その一方で自らの考えをTwitter上で繰り返し投稿した。

のである。こうした批判はインターネットでは自らの意見や考えが「編集」されることなく、つまり「歪曲」されることなく一般の人々に正確かつ直接的に伝達できるという認識に基づいている。そして一般の人々の間でも政治家たちの一連の主流メディア批判を支持する中で、上記の二項対立図式もまた受け入れられていったのである。

　この二項対立図式は同じく2011年の東日本大震災および福島原発事故の報道をめぐる議論の中でも登場した。福島原発事故をめぐっては、政府や東京電力の発表情報に依存した主流メディアの初期報道が厳しく批判された。すなわち、新聞やテレビは「正しい」「本当の」情報を伝達していないとみなされたのである。それに対してソーシャルメディアは一般の人々が主流メディアの伝えない情報にアクセスするためのオルタナティブ（代替的）な手段とみなされた。

　無論のこと、新聞やテレビの政治報道や原発事故報道にはさまざまな問題点があり、それらは厳しく検証される必要がある。しかし、そうした問題点がソーシャルメディアの活用によって解消されるという二項対立図式もまた、多くの問題を抱えることになる。ソーシャルメディアの技術的特性だけでジャーナリズムの諸問題が解決するわけではないからである。また、ソーシャルメディアもまた、さまざまな問題が指摘されつつある。2017年現在、それはフェイクニュースや「トランプ現象」といった形で顕在化しつつある。

　したがって、技術決定論および二項対立図式を回避しつつ、デジタル化がジャーナリズムにどのような影響を与えるのかを考える必要がある。そこで以下では第一に、ニュースの生産・伝達・消費過程にデジタル化がどのような影響を与えているのかを概観する。そして第二に、ジャーナリズムを取り巻く政治的・社会的変化とメディア環境の変化との関連性に注目する。

2　ニュースの生産・伝達・消費過程の変化

2-1　ニュースの新たな流通経路

　それでは、ニュースの生産・伝達・消費過程におけるデジタル化の影響を検討してみたい。とはいえ、まず留意すべきは、インターネットが発達し、

人々がモバイル端末を積極的に利用するようになった一方で、伝統的なニュースの生産過程そのものが根本的に変化したとはいえない点である。例えば「Yahoo! ニュース」の政治や社会に関する記事の多くは既存の新聞社や通信社が配信していることが多い。ソーシャルメディアで話題となる政治的・社会的な出来事に関する情報も、引用・参照元を見ると、もともとは新聞社や通信社、テレビ番組のニュースであることが多い。ニュースの生産は、依然としてプロフェッショナルのジャーナリストが組織的に取材・編集を行いながら営まれている。

　既存のニュースメディアによるニュースのネット配信の歴史は古い。日本におけるインターネット黎明期の1995年に読売新聞、朝日新聞、毎日新聞の三大紙は自社のニュースサイトを開設している。なお、Yahoo! ニュースのサービス開始は1996年である。また、NHKが自社のサイトでニュースを配信し始めたのは2000年である。その後、携帯端末の普及に伴い、2010年の日経新聞を嚆矢として、新聞の電子版を有料配信するサービスが始まった。日経新聞電子版の有料会員は2017年時点で50万人に達している。

2-2　ニュースの生産過程への影響

　デジタル化の進展は、ニュースの生産過程にどのような変化をもたらしたのであろうか。伝統的なニュースメディア組織に所属するジャーナリストたちの意識調査のデータを参照しながらこの点を検討したい。まず、日本大学の「2013年版ジャーナリスト調査」によると、ジャーナリストたちが社会環境の変化として「大きな影響がある」と認識する要因は多い順に「日常生活へのインターネットの普及」(57.7%)、「個人情報保護法の制定」(56.6%)、「制作現場のIT化」(40.3%)であり、全12項目中のトップ3にインターネットの影響が挙げられている（大井ほか 2014: 255）。一方、伝統的なニュースメディアとWeb関連メディアとの関係については、「両者は別々の機能を担い、併存する」という回答が40.7%であり、「両者は相互に補完し合う」が23.8%となっている。つまり、ネットメディアと伝統的なニュースメディアは競合関係にあるとは意識されていないことが分かる。むしろ、自分たちの日常業務、すなわちニュースの生産過程そのものの変化を重視しているの

である。

　この点は、ほかの調査からもうかがえる。やや古いが、2008年の「日韓ジャーナリスト意識調査」によると、日本の記者たちは現場のIT化の結果、「ネット掲載用の記事が増加した」(52.1%)、「締切がなくなった」(50%) とし、さらに「ネットを利用した情報収集の増加」(63.8%)、「速報の重要性の増加」(79.8%) といった取材環境の変化も感じているという（金 2009: 77-78）。このように、IT化は現場の記者たちにストレートニュースを中心とした速報のための取材・記事作成の負担の増加をもたらしていることが分かる。

2-3　UGCの活用

　一方で、デジタル化の進展が新たな報道の可能性をもたらすケースも見られる。その一つが、UGCの活用である。
　デジタル化とモバイル化は、一般の人々が「目撃」した出来事を撮影することを容易にした。さらに、そのようにして撮影した動画や写真はソーシャルメディアにアップロードされるようになった。
　例えばYouTubeに2004年のスマトラ沖地震によって生じた津波の映像が投稿されている。これは、たまたま「現場」に居合わせ、事件や出来事を目撃した個人が撮影・投稿したものである。このことは、出来事が生じた後、「現場」に駆けつけるプロフェッショナルのジャーナリストよりも早く、一般の人々がその出来事を記録し、伝達することができるようになったことを意味している。
　こうした事件や出来事の一般の「目撃者」による撮影が日本で注目を浴びたきっかけの一つは、2008年に発生した秋葉原の連続殺傷事件であった。黙々と携帯をかざして事件現場を撮影する一般の「目撃者」たちの存在が事件の衝撃とともに（やや批判的に）報じられた。その後、2011年3月の東日本大震災では一般の人々が撮影した津波や被災地の状況がYouTubeにアップロードされ、これらの出来事を世界に広く伝える役割を果たした。
　2010年代後半の今日では、主流メディアの多くはこうした動画や音声、写真を積極的に用いている。つまり、今日のプロフェッショナルなニュースの生産過程において、一般の人々が撮影・投稿した映像が素材として活用され

ている。そして「目撃者」たちが記録した映像や音声は主流メディアが引用・参照することでより広範な社会全般に伝達され、さまざまな影響を与えているのである。

2-4 ビッグデータと調査報道

　ニュース生産におけるデジタル技術の活用は UGC にとどまらない。ジャーナリズムが担う重要な役割の一つである調査報道でもデジタル技術を用いた新たな手法が模索されている。調査報道は、「隠れた、あるいは隠された公的な出来事や争点を掘り起こして明るみに出す」ジャーナリズムの手法である (Zelizer and Allan 2010: 61)。調査報道は通常、多くの権力資源を有する個人や集団、組織、すなわち権力者や権力組織の不正や汚職を追及する。そしてその際に公的な組織や人物によって発表された情報だけでなく、公文書や内部告発などを活用した独自取材を行う点に特徴がある。米国においてニクソン大統領の辞任につながった「ウォーターゲート事件」を究明したワシントン・ポストによる調査報道がその代表である。日本でも、朝日新聞による「リクルート事件」報道をはじめ、多くの優れた調査報道が存在する。

　ジャーナリストたちはインターネットやデジタル技術をビッグデータの発掘や分析、または内部告発のチャンネルを広げるために活用しようとしている。こうしたデジタル社会における調査報道のあり方を問い直すきっかけとなった存在がウィキリークスである。ウィキリークスは2006年に設立された非営利メディアである。高度な暗号化技術を有し、インターネット上で情報提供者が身元を伏せながら電子データを提供できる告発受け皿システムを構築した（橋本 2011: 12）。そして国家や巨大企業の秘密を暴露することが社会の公益となると主張し、内部告発情報をインターネット上で公開してきた。とくに2010年11月から米国の外交公電約25万件の公開を開始したことで注目を集めるようになった。

　ジャーナリズムの観点から注目されるのは、ウィキリークスが諸国の主流メディアと提携した点である。ウィキリークスは外交公電をニューヨーク・タイムズ（米）、ガーディアン（英）、ルモンド（仏）、朝日新聞（日）などに提供した。各紙は提供された情報をもとに取材や分析を行い記事を作成した。

つまり、各国の主流メディアはウィキリークスを情報源の一つとして扱い、提供された情報はそれぞれの編集作業を通じて吟味されたのである。この出来事は、デジタルメディア環境における新たな調査報道の可能性を示すものであった。しかしウィキリークスは代表のスキャンダルや資金難により活動が停滞し、2011年9月には米外交公電のすべてを未編集のままネット上で公開した。こうした行動はジャーナリズムの世界では受け入れがたく、情報源としてのウィキリークスに対する信頼性を著しく低下させることになった。

　このような経験を踏まえつつ、各国の主流メディアはデジタルメディア環境における調査報道の新たな可能性を追求している。例えば2016年には「パナマ文書」報道が注目された。パナマ文書とは、中米のパナマの法律事務所から流出した内部文書のことであり、世界各国の要人や企業がタックスヘイブン（租税回避地）を利用して税金逃れや資産隠しに関与していた実態を示す情報が記載されているとされる。2.6テラバイトにおよぶ「ビッグデータ」としての文書はまず南ドイツ新聞にもたらされ、その後、ワシントンにある国際調査報道ジャーナリスト連合を中心に各国の主流メディアが協力する形で分析と取材が行われている。日本からもいくつかの新聞社、通信社、放送局が加わった。例えばNHKは社内に分析班を設け、取材結果を「NHKスペシャル」で報道した。

　このように、従来型のニュース生産の中にデジタル技術がさまざまな形で組み込まれつつあることが分かる。

3　政治・社会変動とジャーナリズム(1)
——「メディアの公共性」のゆらぎ

3-1　新自由主義とニュースメディア

　デジタルメディアとジャーナリズムの関係を考える上では、ニュースの生産過程だけでなく、より広範な政治的・社会的文脈の中に両者を位置づけて捉えることが重要である。換言すると、ジャーナリズムの今日的な変化を捉える際にはデジタル化のみならず、それと密接に関連した政治的・社会的諸要因に注目することが求められる。その際に留意すべきは、デジタル技術の発達と普及はグローバル化、新自由主義の台頭といった政治・社会変動と連

動してきた点である。

　本節では新自由主義を中心に検討したい。「新自由主義」とは、「小さな政府、民営化、規制緩和などを掲げた市場原理主義に基づく政策および思想」のことである（山腰 2012）。この定義からも明らかなように、新自由主義は当初、経済の世界で語られていた政策・思想であった。しかし新自由主義は次第に政治や社会の領域の中にも浸透してきた。すなわち、政治的な「改革」、あるいは教育や文化といった日常生活を規律化する論理へと発展してきたのである（Couldry 2010）。

　したがって、新自由主義は社会のさまざまな変化の過程を意味づける論理として機能してきたと考えることができる。例えばグローバル化は今日、この新自由主義の観点から意味づけられている。つまり、グローバル化とは国際的な金融資本主義への対応、企業の国際的な展開、あるいは他国との競争のために公的なセクターを民営化すること、などと理解される。そしてデジタル化という過程もまた、新自由主義の論理から意味づけられ、理解されているのである。

　新自由主義の潮流は1980年代ごろから先進産業諸国を中心にグローバル化の趨勢と連動しながら発展してきた。それは同時に通信の自由化や規制緩和が進展した時代でもあった[2]。そして今度は通信の自由化・規制緩和に基づいたインターネットの普及とデジタル技術の発達が新自由主義の台頭、そしてグローバル化の流れを加速化させてきたのである。例えばIBM、マイクロソフト、アップル、グーグルといった企業が台頭し、そうした企業が開発する製品やサービスが「グローバルスタンダード」を形成してきた過程を見れば了解されよう。

　新自由主義の台頭、そしてそれと連動したデジタル技術とインターネットの発達はジャーナリズムにどのような影響を与えたのであろうか。

　まず、冒頭で参照した新聞やテレビなど「伝統的」なニュースメディアの存在感の低下が挙げられる。米国では2000年代ごろから多くの地方紙が発行

---

[2]　例えば日本では、中曽根康弘政権が新自由主義的な改革の一環として1985年に電電公社を民営化し、NTTが誕生した。また、このときに通信の自由化も実現した。

部数や広告収入の減少により倒産した。しかし、影響は「経営難」にとどまらない。市場原理主義に基づくグローバルな企業買収・系列化が進んだ結果、「メディアコングロマリット（メディア複合企業体）」が登場した。例えばオーストラリアに起源を持つ「ニューズ社」はその最盛期においてはイギリスの大衆紙サンや高級紙タイムズ、アメリカの映画会社フォックス、経済紙ウォールストリート・ジャーナルなどを買収し、さらにフォックスニュースというケーブルネットワークを拡大させ、一大ニュース帝国を築いた。

メディアコングロマリットは印刷メディア、放送メディア、そしてインターネットサービスやその他娯楽産業を傘下に収める傾向にある。こうした動向は、ニュース生産過程に市場原理主義の発想がますます影響を与えることにつながる。例えばニュースの娯楽化、コストのかかる調査報道や国際報道の縮小、速報の重視などである。

3-2　公共放送から公共サービスメディアへ

一見すると「市場」の論理とはほど遠い公共放送も、一連の政治社会変動とメディア環境の変化の影響を受けつつある。2017年現在、日本の公共放送NHKは番組のインターネットによる同時配信に取り組む方針を打ち出している。こうした「放送と通信の融合」はイギリスのBBCなどの公共放送ですでに導入されている。

近年、ヨーロッパの公共放送は従来型の「放送」からあらゆるデジタル・プラットフォームに対応した「公共サービスメディア」への転換を図ってきた（大石・山腰・中村・田中編 2016）。これは若者のテレビ離れなどによる公共放送の存在感の低下、メディア環境の変化、さらにはグローバル化といったさまざまな変化に対応しつつ「公共の利益」を実現しようというものである。

一連の変化の中で注目すべきは新自由主義の影響である。本来的に公共放送は国家からも市場からも独立した立場から「公共の利益」の実現を志向する組織であった。しかしながら、1980年代以降、さまざまな公共セクターの民営化が進められ、国によっては予算が削減される公共放送も出てきた。あるいは受信料収入が減少するといった問題が深刻化した。こうした状況を背

景として公共放送から公共サービスメディアへの転換を主張する議論が正当性を獲得していくが、留意すべきは、その議論の中に市場原理に基づく新自由主義の論理が組み込まれている点である。つまり、本来は「市場」の論理から自由なはずの公共放送に対しても、マーケティングの手法が導入され、あるいは市場や視聴者からの「ニーズ」が重視されるようになってきた。例えばNHKは視聴者第一主義を掲げ、視聴者を「消費者」とみなす改革を進めてきた。また、BBCはBBCワールドという子会社を作り、BBCのコンテンツを世界的に販売し、多くの利益をあげている。

ジャーナリズム組織としての公共放送は、民放(商業放送)や国営放送では実現が難しい取材や調査報道に取り組んできた経緯がある。社会の変化とデジタル化に対応する中、市場原理主義が公共放送(公共サービスメディア)に組み込まれることで、こうした公共放送が取り組んできたジャーナリズムが難しくなる点が懸念される。

4　政治・社会変動とジャーナリズム(2)
　　――デジタルメディア時代のポピュリズム

4-1　デジタルメディアとポピュリズム

より広範な政治的・社会的文脈の中に今日のデジタルメディアとジャーナリズムを位置づけて捉える上で、もう一つ重要なテーマが「ポピュリズム」である。2016年は英国のEU離脱、アメリカ大統領選挙でこの問題が注目され、さらに2017年においてもトランプ大統領の政治手法やヨーロッパ各国の排外主義的な政治指導者の選挙戦に関心が高まっている。

このポピュリズム政治もまた、新自由主義やグローバル化の動向と密接に関わっているが、本章において注目するのはメディアとの関係である。デジタル化はポピュリズム政治とジャーナリズムの関係に新たな展開をもたらした。

近年、最も示唆に富む事例は先にも挙げた2016年のアメリカ大統領選挙である。アメリカ国内の主流メディアは当初、トランプ候補の過激な発言を大きく取り上げたが、基本的には泡沫候補の一人として扱っていた。トランプが共和党の正式な候補となった後は、その発言や姿勢を批判した。とくに米

国内のほとんどの新聞は対立候補である民主党のヒラリー・クリントンを支持した。

こうした報道に対してトランプ陣営は主流メディアとの対決姿勢を打ち出し、自らのメッセージを発信する手段としてソーシャルメディアを活用する戦略を取った。その結果、トランプ陣営は勝利したのだが、これを「ソーシャルメディアの勝利／マスメディアの敗北」という構図で捉えることは、やや単純化しすぎているといえよう。以下では「ポピュリズム」とは何かを踏まえた上で、ポピュリズムとメディアとの関係をより深く検討する。

4-2　ポピュリズムとニュースメディアの現代的展開

ポピュリズムの正確な定義は存在しないものの、1980年代ごろから顕在化してきた現代的なポピュリズムは次の特徴を持つ。第一に、二つの勢力に分断された社会という構図を提示する。第二に、社会や政治が抱える問題を、一方の勢力に起因するものとして、善悪二元論の対立図式に位置づける。第三に、自らが民衆と共に敵対勢力と戦うという「勧善懲悪の物語」を提示し、現状に不満を抱く多様な層の支持を調達する。そして第四に、こうした戦略を展開する上でメディアを活用する。

留意すべきは、現代的なポピュリズムはそもそも、グローバル化に対応するために新自由主義的な政策を推進してきた点である。1980年代の英国のサッチャリズム（権威主義的ポピュリズム）や、2000年代の日本の小泉構造改革が典型的である。小泉純一郎首相のとったポピュリズム的手法は「劇場型政治」といわれている。自民党総裁でありながら、自民党族議員や官僚を「抵抗勢力」として、そして自らを一般国民を代表する「改革勢力」として位置づけ、「構造改革」を「勧善懲悪的ドラマ」として演出した点が特徴である（大嶽 2006: 2）。

ジャーナリズム論の観点から重要な点は、新聞やテレビといったマスメディアが小泉政権の構造改革を支持し、積極的に「劇場」を提供した点である。日本でも1980年代以降、新自由主義的な「改革」が進められてきたが、マスメディアは基本的にこうした路線を支持してきた。そして1990年代にバブルの崩壊や冷戦の終結、さらに「55年体制」の崩壊によって従来の戦後日本社

会が揺らぐと、マスメディアは旧来型の自民党政治や官僚組織に対する批判をより強めるようになった。つまり、日本のニュースメディアにとって「改革」は、公共事業や護送船団方式、族議員や官僚政治といった従来の政治手法を日本の停滞や危機を招いた原因として批判する際の、有力なシンボルとなり、自民党政権や既得権益に対する「勧善懲悪」の物語のための格好の論理となったのである。そしてマスメディアは、世論とともに（あるいは世論の立場から）従来型「政治」を「悪」と見立てて批判するという善悪二元論に基づく二項対立図式を提示していたのである。この点において、マスメディアもまた、ポピュリズムの二項対立図式を積極的に構築していたといえる。

しかし、近年のポピュリズム政治の展開で状況は変化した。つまり、既存の主流メディアもまた、「抵抗勢力」「既得権益」の一部とみなされ、ポピュリストの政治家やそれを支持する世論から批判を受けるようになったのである。背景には、既存の主流メディアに対する世論の不信感が存在する。また、デジタルメディアが政治家が世論に直接語りかける手段としてだけでなく、「オルタナティブ」なニュースメディアとして台頭してきた点である。つまり、「マスメディア対ソーシャルメディア」というメディア環境をめぐる二項対立図式は、ポピュリズム政治における善悪二元論・勧善懲悪の物語に基づく二項対立図式へと発展してきたといえよう。

アメリカ大統領選でも明らかになったように、ネット上のニュースメディアは「フェイクニュース」など、さまざまな問題をはらんでいる[3]。しかしながら、既存の主流メディアはこうしたポピュリズムの流れに対して有効な対抗手段を打ち出せないでいる。

おわりに

メディア環境、そして政治・社会が急速に変化する中、ジャーナリズムの

---

3) 例えば2016年アメリカ大統領選では、「ローマ法王がトランプ候補を支持」「クリントン候補がイスラム過激派組織に武器を売却」といった事実とは異なる情報がネット上に流通し、ソーシャルメディアなどを通じて広く共有された。

可能性はどこにあるのだろうか。本章で見てきたように、その答えは、「デジタル化によって新しいジャーナリズムが実現する」「従来型のジャーナリズムは衰退する」といった技術決定論、あるいは「マスメディア対ソーシャルメディア」の二項対立図式のような単純なものではない。

　デジタル化の進展とともに、市民参加型のジャーナリズムの可能性が積極的に語られるようになった。ブログやTwitterが新しいジャーナリズムをもたらす、というものである。無論のこと、一般の人々がニュースの生産過程に積極的に関与することにはさまざまな可能性が存在する。しかしながら、2006年に注目されながらサービスが開始された「オーマイニュース」日本版が3年ほどで頓挫したことが典型的なように、日本ではこうした試みが十分に根づき、発展しているとはいい難い。

　アメリカでは主流メディアの経営が深刻なほど悪化する中で、ネット上に新たなニュースメディアが登場しつつある。とはいえ、「プロパブリカ」のように、それらはかつて新聞社や放送局に所属していた「プロフェッショナル」なジャーナリストが担い手となる場合が多い。

　今後のジャーナリズムを展望する上でも、従来型のニュース生産がどのように成り立ち、いかなる機能を果たしてきたのか、そしてどのような制約や限界を持っているのかを踏まえて考える必要がある。また、本章で論じてきたように、ジャーナリズムは政治的・社会的文脈の中に位置づけて考えることが重要である。例えばポピュリズム政治を促進してきたのが主流メディア自身であったことを批判的に検証する必要があるだろう。

　2017年現在、新たなメディア環境と政治状況が連動しつつフェイクニュース、「ポスト・トゥルース」が問題となっている。こうした状況下においてはむしろ「プロフェッショナル」が十分な役割を果たすことが重要である。それはこれまでの制度化・組織化されたニュース生産の文化の何を継承・発展し、どこに改善の余地があるかを問うことと結びつく。

　かといって、従来型のメディア「だけ」が正当なジャーナリズムであると考えることもまた、二項対立図式の別の側面にほかならない。既存のメディアの経営モデルが揺らぐ中で、ネットを基盤としたプロフェッショナルなジャーナリズムがいかに可能かを問うことが重要である。また、メディアの

「融合」が進む中で、既存のニュースメディアと新たなデジタル環境におけるニュースメディア、既存のメディア同士のコラボレーションをジャーナリズムの観点から検討していくことも今後課題となるであろう。

(山腰修三)

参考文献
大井眞二ほか(2014)「2013年版『日本のジャーナリスト調査』を読む―日本のジャーナリズムの現在」『ジャーナリズム&メディア』第7号:247-279頁。
大石裕編(2013)『デジタルメディアと日本社会』学文社。
大石裕・山腰修三・中村美子・田中孝宜編(2016)『メディアの公共性―転換期における公共放送』慶應義塾大学出版会。
大嶽秀夫(2006)『小泉純一郎 ポピュリズムの研究―その戦略と手法』東洋経済新報社。
金忠植(2009)「ネット時代の編集局改革―日韓ジャーナリスト意識調査から」『Journalism』2009年7月号:73-85頁。
木村義子・関根智江・行木麻衣(2015)「テレビ視聴とメディア利用の現在―『日本人とテレビ・2015』調査から」『放送研究と調査』2015年8月号:18-47頁。
佐藤俊樹(2010)『社会は情報化の夢を見る―[新世紀版]ノイマンの夢・近代の欲望』(河出文庫)河出書房新社。
総務省(2015)『情報通信白書 平成27年版』。
橋本聡(2011)「欧米メディアとウィキリークス―調査報道に与えた影響とは(特集「ウィキリークス時代」の衝撃)」『Journalism』2011年4月号:12-19頁。
山腰修三(2012)『コミュニケーションの政治社会学―メディア言説・ヘゲモニー・民主主義』ミネルヴァ書房。
山腰修三(2013)「『ネット選挙』の捉え方―政治コミュニケーション論から批判的に考える」『三田評論』No.1171:28-33頁。
山腰修三(2014)「デジタルメディアと政治参加をめぐる理論的考察」『マス・コミュニケーション研究』第85号:5-23頁。
Castells, Mannel (2012) *Networks of Outrage and Hope: Social Movements in the Internet Age*, Polity.
Couldry, Nick (2010) *Why Voice Matters: Culture and Politics after Neoliberalism*, Sage.
Zelizer, Barbie and Allan Stuart (2010) *Keywords in News and Journalism Studies*, Open University Press.

第6章
ニュース普及過程の変容とジャーナリズム

はじめに

　1945年4月12日の午後3時35分（東部標準時）、アメリカのルーズベルト大統領が脳卒中で亡くなった。そしてこのことは、約1時間半後、電信とラジオで全米に伝えられた。このニュースは人々の間にどのように広まったのであろうか？　ミラー（Miller 1945）はこの素朴な疑問の答えを求め、大学生143名を対象に簡単な調査を行った。ミラーはおそらく、当時の中心的なニュースメディアであったラジオの威力を予想していたのであろう。しかし、結果はまったく予想外のものであった。このニュースを「ラジオから知った」と答えたのは、わずか11.2％に過ぎず、85.3％の圧倒的多数の回答者は、対人コミュニケーション、すなわち「口コミから知った」と答えたのである。
　ニュースは、ニュースメディアから人々へ「直接的に」、「1段階で」伝わるだけでなく、ニュースを知った人を経由してまだ知らない人へ「間接的に」、「2段階で」広まっていく。そしてむしろ、後者の部分が大きかったという、この意外な結果が、多くの研究者の関心を刺激したに違いない。アメリカ社会学会のジャーナル *American Sociological Review* に載ったたった5ページの研究ノートから、その後何十年間も続く、ニュース普及過程研究（news diffusion study）が始まった。
　この章では、まず、そのニュース普及過程研究を通じて、どういうことが明らかにされたのかについて確認しておきたい。そしてインターネットが、ニュース普及のチャンネルとして存在感を高めていくにつれて、ニュース普及過程がどのように変化し、それによってジャーナリズム実践がどのような変容を迫られているのかについて考えてみたい。

1　ニュース普及のパターンとその影響要因

　ミラーの調査では、ほかにも興味深い事実が明らかにされた。何からニュースを知ったかによって、人々のその後の行動が異なっていたのである。対人コミュニケーションでニュースを知らされた122名の人は、合計で172名にこのニュースを伝えていたのに対し、ラジオで知ったたった16名の人が、合計で111名もの人々にこのニュースを知らせていた。1人当たりの平均人数で比べると、1.4対7という違いである。ラジオから知った人が、5倍もの人々に、「口コミ」でそのニュースを広めていたのである。ニュースメディアとしてのラジオに対する人々の高い信頼がもたらした結果であろう。「ラジオが伝えていることだから事実に違いない」と、人々は思ったのかもしれない。

1-1　「口コミ」によるニュースの普及

　ミラーは、ラジオによる「迅速な伝達」が、このような違いを生んだとも述べている。これはどういうことなのか？　なぜ「迅速な伝達」が口コミによるニュースの拡散を刺激するのであろうか？

　これについて青池（2012）は、二つの側面からそのメカニズムを分析している。一つは、早い段階でニュースを知った人々における「非認知者の広範な存在」である。ラジオからニュースを知った人々は、比較的早い段階でそのニュースを知ったことになり、周りに、まだそのニュースを知らない「非認知者」を容易に見つけることができるということである。これに対し、口コミでニュースを知らされた人々は、比較的遅い段階でそのニュースを知ったことになり、周りに、まだそのニュースを知らない人が少ないということになる。これが、結果的に、両者の間の「ニュース拡散力」の違いを生むと見ることができる。さらに、ラジオからニュースを知った人々が、自分は「早期認知者」であるとの認識を持つことができるとすれば、まだ知らない人々が多いはずだという認識から、ニュース拡散への動機づけが強まることもありうる。

　青池（2012）が指摘するもう一つの要因は、「対人コミュニケーションの

有効性感覚」というものである。まだニュースを知らない人にそれを伝えると、ニュースの内容によっては、びっくりしたり、衝撃を受けたりする相手の「反応」を目撃することができる。また、相手は、そのニュースを教えてくれたことに対し、感謝したり、尊敬の念を表したりすることもあるかもしれない。このような相手の反応は、伝達者にとっては、一種の「報酬（reward）」として認識され、自分が行ったコミュニケーションが有効であったというポジティブな感覚を得られるのである。このことが、ニュース拡散への動機づけを強めるもう一つの要因になると考えられる。

1-2　ニュースバリューと普及

　ミラー以後のニュース普及研究でも、大きな事件や事故に関するニュースが研究の対象とされることが多かった。例えば、アメリカにおいては、ケネディ大統領暗殺事件や、湾岸戦争の勃発、スペースシャトルの爆発、同時多発テロに関するニュースの普及過程が調べられてきた。

　このような衝撃的で重大な出来事を伝えるニュースは、普及速度が速く、より「口コミ」で広がることが、いくつもの研究において繰り返し確認された（Hill and Bonjean 1964）。まず、普及速度に関しては、表1にまとめられているように、より重大だと思われる出来事のニュースが、より短い時間の間に、より多くの人々の間で広まっている様子が分かる。例えば、ケネディ大統領暗殺事件のニュースは、報道されてから90分の間に94.7％の人々に広まっているのに対し、アイゼンハワーの発作のニュースは、同じ時間内に31％の人々にしか広まっていないのである。

　なぜこのような違いが生じるのであろうか。一つは、出来事の「ニュースバリュー」（詳しくは第1章参照）判断によって報道の仕方が変わるからである。ニュースバリューが高いと判断された出来事は、より目立つ紙面に、より大きく掲載されたり、放送ニュースにおいては、より長い時間をかけて伝えられたり、より頻繁に繰り返されたりする。さらに、ニュースバリューの高い出来事は、より多くのメディアがニュースとして取り上げ、伝えるであろう。したがって、その結果として、単位時間当たりに、より多くの人々がそのニュースに触れる可能性が高くなっていくのである。

表1　各出来事についてのニュースの普及速度　　　　　　（％）

出来事	ニュース報道からの経過時間（分）					
	15	30	45	60	75	90
ケネディの暗殺（209人）	66.5	83.7	88.5	92.8	93.3	94.7
ルーズベルトの死（139人）	61.9	82.7	90.6	93.5	95.7	98.7
人工衛星 Explorer I の打上げ（251人）	—	40.0	—	43.0	—	45.0
アイゼンハワーの発作（218人）	—	20.0	—	26.0	—	31.0
アラスカの州昇格（275人）	—	5.0	—	6.0	—	7.0
アイゼンハワーの再選出馬表明（93人）	10.0				39.0	

出典：Hill and Bonjean（1964）；青池（2012）：245頁より再引用。

　もう一つの理由は、ニュースを共有する人々のコミュニケーション行動にある。ニュースバリューの高い出来事に関するニュースは、人から人へ、対人コミュニケーションを通じて広まる傾向があるからである。例えば、ケネディ大統領暗殺事件のニュースに関するスピッツァーとスピッツァー（Spitzer and Spitzer 1965）の調査では、55％の人々がそのニュースを対人コミュニケーションから知ったと答えており、レーガン大統領暗殺未遂事件のニュース普及を調べたガンツ（Gantz 1983）の研究では、45％の人々の最初情報源が対人コミュニケーションとなっていた。

　一方、ドイチュマンとダニエルソン（Deutschmann and Danielson 1960）が調べた三つのニュース、すなわち、アイゼンハワー大統領の発作、人工衛星 Explorer I の打上げ、アラスカの州昇格に関するニュースの普及においては、順番に18％、18％、6％の人々だけが対人コミュニケーションからそれぞれのニュースを知ったという結果になっている。

　このように、ニュースバリューの高い、重大な出来事になると、そのニュースをほかの人に知らせようとするコミュニケーションが活性化し、その結果、ニュースの普及速度がさらに速まるという可能性が出てくるのである。

1-3　報道された時刻と場所の影響

　私たちの日常生活は、時間軸に沿ってパターン化されている。性別や年齢、職業など、個人の人口社会学的属性によってももちろん異なってくるが、多

くの人々は夜の遅い時間帯になると活動を休止し、眠りにつく。そして朝になると目覚め、それぞれの活動を始めるのである。眠っている間は、メディアを利用しないし、ほかの人とコミュニケーションをとることもない。一定の時間帯に、職場や学校への移動が起こり、その場所で一定の時間を過ごす。そしてまた一定の時間帯に、今度は帰宅するためにまた移動するのである。このように、時間帯は我々の活動を規定し、その活動は、その時間帯に私たちが留まる場所を規定する。

今でこそ、どこにいてもインターネットにつながる環境ができているため、移動中や外出先でも、ニュースをチェックできるが、それができなかった時代には、場所という要因がニュースへの接触に大きな影響を与えていた。場所によって、物理的に、そしてまた社会的に、ニュースへの接触可能性や接触手段が異なってくるからである。

こういうことから、研究者たちは早くから、ニュースの普及過程に対する「時間帯」と「場所」の影響に注目していた。

ニュースが伝えられた時間帯がそのニュースの普及過程に与える影響を検証するためには、異なる時間帯に伝えられた複数のニュースを比較する必要がある。しかし、ニュース普及研究は、一つのニュースだけを対象に行われることがほとんどであったため、時間帯の影響を見るには複数の研究結果を比較検討するメタ研究を行う必要があった。

青池（1986）は、1940年代から1970年代までに行われた12件のニュース普及研究を、それぞれのニュースが伝えられた時間帯別に整理し、ニュースの最初情報源が時間帯によってどのように異なるかを分析している。その分析の結果、「朝は、新聞やラジオを通して、ニュースを最初に知った人々が多く、昼間（すなわち、大部分の成人にとっては、勤労時間帯）においては、インターパーソナル・コミュニケーションによって、ニュースを最初に知った人が多く、そして、夜は、テレビが重要な情報源となっていた」（295頁）ことが明らかになっている。

場所の影響についても多くの研究が調べている。例えば、レーガン大統領暗殺未遂事件のニュースを対象にしているガンツ（Gantz 1983）の研究では、「自宅」にいた人の71％がテレビやラジオの放送媒体から知ったのに対し、

「職場」にいた人の69％が対人的なコミュニケーションによって知ったとしている。湾岸戦争開戦のニュースを対象にしたガンツとグリーンバーグ（Gantz and Greenburg 1993）の研究でも、ニュースを知ったときにいた場所が自宅か、自宅外かによって、最初情報源がテレビなのか、ラジオや人づてなのかに分かれることが報告されている。

　このように、ニュースを「知ったときに」いた場所が、ニュースの普及過程に一定の影響を与えていることが、多くの研究によって明らかにされてきたわけであるが、実は、ここには注意しなければならない一つの問題がある。それは、ニュース普及研究においてその影響が調べられてきた「場所」は、ニュースを「知ったときに」いた場所であるということである。ニュースの普及過程に関連して調べられるべきより重要な場所は、ニュースを「知ったときに」いた場所ではなく、ニュースが「伝えられたときに」いた場所のはずである。ニュースが「伝えられた」まさにその時点に、人々がどこにいたかが、ニュースメディアへの接近可能性に対する場所の影響を明らかにする上で必要だからである。

2　インターネット時代のニュース普及過程

　1990年代中頃から始まったインターネットの商用利用によって、ニュースメディアにも大きな変化が起きた。新聞社や通信社などはいち早くニュースが読めるウェブサイトを開設した。その後、検索サービスを提供するポータルサイトを中心に、複数の報道機関のニュースをまとめて閲覧できるようにするサービスが人気を呼んだ。そして2000年代の中頃からSNSが登場すると、報道機関は公式のアカウントを開設し、自社のウェブサイトに誘導するためのリンク付き見出し情報を投稿しはじめた。2010年代に入ってからは、スマートフォンの広範な普及を背景に、主にモバイル端末利用者向けの「ニュースまとめアプリ」がいくつも現れ、複数の異なる報道機関や情報サイトからのニュースや読みものを、文字どおり「まとめて」端末に送り届けてくれるサービスの利用が広まった。

2-1　最初情報源としてのインターネット

　このような、ニュースの伝達と受信をめぐるメディア環境の変化は、ニュースの普及過程にどのような影響を与えたのであろうか？　ニュース普及の研究者たちにまず注目されたのは、新聞やテレビなど、従来のマスメディアが担っていたニュース伝達の役割が、どのぐらい、ウェブサイトやポータルサイトなどのインターネット上の「新生マスメディア」に移行したのかということであった。

　ロジャーズとセイデル（Rogers and Seidel 2002）は、アメリカで起きた同時多発テロ事件のニュースを対象に普及過程を調べているが、このニュースの最初情報源がインターネットであった人は全体の2％に過ぎなかったと報告している。一方で、放送媒体は、テレビとラジオを合わせて59％を占めていた。日本で行われた川浦（2009）の研究を見ると、2008年に起きた「秋葉原無差別殺傷事件」のニュースは、ポータルサイトやSNSなどを合わせたインターネット系のニュースメディアが最初情報源の20％を超えている。一方で、テレビも単独で50％を超える占有率を見せていた。もう一つ、注目すべき点は、ニュースについてさらに詳しく調べたり、確認するための「付加的情報源」としてインターネットの利用が広がっていたことである。川浦（2009）の調査では、ニュースサイトだけでなく、インターネットの掲示板や動画共有サイト、ブログなども利用されていることが明らかになっているが、その比率を合わせると40％前後にもなっている。付加的情報源としてのテレビの利用は70％に上っていた。2008年に「オバマ大統領当選」のニュース普及を調べた川浦・川上（2009）の調査でも、最初情報源としてインターネットを挙げた人は全体の22.7％になっている。テレビは54.2％で、いずれも川浦（2009）の結果と同程度の占有率を示している。

　「金正日死亡」ニュースの普及過程を調べた李・鈴木（2013）の調査では、ポータルサイトやニュースサイト、SNS上の報道機関のアカウントを合わせたインターネット上のニュースメディアが、30％近く（29.7％）まで占有率を伸ばしている。それに対し、テレビは43.3％と、最初情報源としての比重を少し下げていることが明らかになった。さらに、付加的情報源としての占有率においては、インターネットが40％にまでその比率を伸ばし、テレビ

の54.7％に迫っている[1]。モバイル端末の普及により、インターネット上で提供されるマスメディア情報へのアクセス可能性が高まっていること、そして、検索が容易で、利用のタイミングを自分で統制できることなどが、付加的情報源としてインターネットの利用を押し上げている要因であろう。

李・鈴木（2013）の分析で分かった興味深い点の一つは、ニュース普及の初期段階におけるインターネットの役割である。時間帯別に、最初情報源の占有率を細かく分析してみると、ニュースが伝えられた直後においてはテレビが圧倒的に最初情報源として利用されているが、その後はテレビよりもインターネットの利用率が高くなっていたのである。

ニュースバリューの大きさにもよるが、テレビでは一つのニュースだけを何時間も継続して放送することはあまり行われない。テレビというメディアにとって時間は、最も大事な資源であり、それには限りがあるからである。字幕や画面分割などを用いて、複数の異なる情報を「並行的」に伝えることも可能ではあるが、そうすると視聴者の注意が複数の情報に分散されてしまうため、多くの場合テレビでは、一つの情報を「排他的」に伝えることが慣習になっている。したがって、テレビではあるニュースが伝えられるタイミングを逃してしまうと、情報を得ることができない。その点インターネットは、いわゆる「プール（pool）型」での情報提供が主流であるため、利用者が利用のタイミングを決められる。このようなメディア特性や慣習の違いが、上記のようなニュース普及の初期段階におけるテレビやインターネットの占有率の変化を引き起こしているのかもしれない。そして、普及の初期段階におけるこのようなインターネットの占有率増加が、初期段階におけるニュースの普及速度を速めていると李・鈴木（2013）は考察している。

一方で、未公表のデータであるが、2016年の「トランプ大統領当選確実」のニュースについて筆者が行ったウェブ調査（15〜69歳、549名対象）におい

---

1) 川浦（2009）、川浦・川上（2009）は、ともに大学生を対象とした調査であるが、李・鈴木（2013）は、調査会社のパネルから無作為抽出した15〜59歳の人々を対象とした調査であるため、直接の比較には注意が必要である。一般に、大学生のインターネット利用度が比較的に高いことを考慮に入れると、李・鈴木（2013）におけるインターネットの占有率は、大学生におけるそれより低く現れている可能性があろう。

ては、最初情報源としてテレビを挙げた人は59.4％、インターネットを挙げた人は30.6％であった。このニュースが、多くの人々がまだ帰宅前であろう平日の午後4時30分頃に伝えられたことを考えると、インターネットの占有率がもっと高くなってもおかしくないのであるが、そうはならなかったのである。ニュースが伝えられたときにいた場所の影響など、詳細に分析してみる必要があるが、いずれにしても、ニュースの最初情報源としてのテレビの力はまだ衰えていないことを示す結果であるといえよう[2]。

2-2　ニュース共有インフラとしてのインターネット

　インターネットは、ニュースについての対人コミュニケーションをも変化させている可能性がある。とくにTwitterのようなSNS上で行われるニュース共有は、コミュニケーション相手の規模や関係性、コミュニケーションの非同期性などの側面でいくつかの特徴がある。

　対面状況での、もしくは電話などのメディアを介した状況でのニュース共有は、1対1、多くても数名の相手に対して行われるのが普通である。それに対してTwitter上におけるニュースの共有は、フォロワーの数に応じて、多い場合には数百、数千人のフォロワーを相手にしてなされることもある。このような共有相手の多さは、コミュニケーションの成功や失敗に伴う報酬やリスクの知覚に影響を及ぼし、共有するニュースの選択に影響を与える可能性がある。1人または少人数の人を相手にする場合と、例えば数千に上る規模のオーディエンスを相手にする場合とでは、コミュニケーションの動機も、プレッシャーも異なってくるからである。

　コミュニケーション相手の規模だけでなく、その関係性の次元でも、従来の対人的なニュース共有と、Twitter上のニュース共有は異なる可能性がある。Twitterをどのように利用しているかにもよるが、Twitter上のフォロワーには、友人や知人だけでなく、オンライン上だけで交流している相手が

---

[2]　しかし、同じ時期に、筆者の授業に出ている大学生だけを対象に調べた調査では、インターネット上のニュースメディアからこのニュースを最初に知ったと答えた学生が、全体の44％に上っていた。一方テレビは14.3％だったのである。

含まれている場合があるため、Twitter 上の投稿は、準公共的な空間における発言としての性格を帯びることになるからである。

一方、非同期的オンラインメディアとしての特性上、コミュニケーション相手との物理的な距離や時間帯の影響はニュースを共有する行為に関してはほとんど現れないと考えられる。

オンラインメディアにおけるニュース共有の意向を調査した研究からも、従来の対人的なニュース共有とオンラインメディアにおけるニュース共有がいくつかの側面で異なっていることが示されている。

大学生と大学院生を対象に、オンライン上でのニュース共有意向に影響する要因を検討したマーほか (Ma et al. 2014) は、人々は、自分が面白いと思ったニュースだけでなく、他者との相互作用や他者間の相互作用を促進してくれそうなニュースをより共有しようとする傾向があることを見出している。一方、ニュースの信頼性評価は、ニュース共有意向との間に関連がなかった。信頼できるニュースだからといってより共有しようとするわけではないということである。しかし、大学生を対象にして行われた別の調査 (Lee and Ma 2012) では、ソーシャルメディア上でニュースを共有することの「娯楽的効用」とニュース共有意向との間に有意な関連は見られなかった。

ディディとラホーセ (Diddi and LaRose 2006) は、大学生に対する調査から、オンラインニュースの消費が現実逃避欲求や娯楽欲求と関連していることを示しているが、新聞、放送、ケーブルテレビニュース、コメディアンが司会を務める深夜の時事トークショーなども含め、娯楽欲求が有意な相関を持っていたのは、オンラインニュースのみだったのである。

このような研究の結果が示しているのは、SNS 上のニュース共有が、娯楽的な動機に規定されている可能性である。たとえ信頼性の落ちる記事でも、参加者の間で楽しいやりとりができ、盛り上がることができれば、共有しようとする傾向があるということである。そして、ほかのメディアではそうでなくても、SNS などのオンライン上でニュースを見る場合には、何か面白いことを求める心理があるということである。

2-3　Twitter上におけるニュースをめぐるコミュニケーションの特徴

　日本のTwitter上では、ニュースをめぐってどのようなコミュニケーションが行われているのか。まず指摘できることは、Twitterが一つの報道チャンネルとして機能しているということである。主な報道機関は、それぞれTwitter上に公式のアカウントを開設し、記事の見出しと記事の本文へのリンクを、1日数十件も投稿している。さらに最近は、Twitterのメニューの一つとして「ニュース」という項目が設けられ、フォローしているか否かにかかわらず、さまざまな報道機関の投稿を見ることができるようになっている。自社のウェブサイトに用意されている記事本文に誘導するための手段としてではなく、Twitterそのものが速報を行うメディアとして使われることもよくある。

　新聞やテレビニュースでは、専門家や有識者のコメンテーターがニュースについて解説をしたり、意見を述べたりすることがあるが、それと同じようなことがTwitter上でも行われている。「金正日死亡」のニュースを題材に、ニュースをめぐるコミュニケーションについて調べた李（2014）によれば、知名度の高い社会学者や軍事アナリスト、参議院議員などが、このニュースについての意見や解説、感想などを投稿していた。ただ、新聞やテレビのニュース番組では、報道機関側が選別し、依頼し、そしてその依頼を受け入れたコメンテーターの意見が伝えられるのに対し、Twitter上では、「自発的」に発言しようとした専門家の意見が投稿されるというところに重要な違いがあろう。

　Twitterでは、リツイート（retweet）という機能によって、ニュースがリレーされ、瞬時に広範囲に拡散する現象がよく観察されるが、そこではどのような内容のニュースが広められているのであろうか。李（2015）は、日本のTwitter上でどのようなニュースがよりリツイートされる傾向があるのかを分析している。

　彼が分析対象としたニュースは、フォロワー数の多い代表的な報道機関のアカウントである「NHKニュース」（@NHK_news）、「朝日新聞」（@asahi）、「Yahoo!ニュース」（@YahooNewsTopics）から無作為に選んだ60項目である。彼は、この60項目のニュースツイートを、研究の目的を伏せたまま大学生43

名に見せ、重要性、話題性、意外性、面白さ、身近さなど12の側面から評定をさせた後、その評定値と各ニュースツイートの「リツイート度合」[3]との間にどういう関連性があるかを分析した。

　分析の結果、リツイート度合との間に有意な相関が見られたのは、ニュースの面白さ、分かりやすさ、話題性、意外性、嬉しさ、「笑える」度合、「多くの人が興味を持つ」度合であることが判明した。とくに「笑える」度合は、リツイート度合と最も強い相関（$r = .448$, $p < .01$）)を持っていた。すなわち、笑えるニュースであると判断されればされるほど、Twitter上ではよりリツイートされ、拡散される可能性が高くなるということである。その一方で、「知っておくべき」、「早く広めるべき」、「ためになる」ニュースであるという評価とリツイート度合との間には有意な相関が見られなかった。

2-4　ジャーナリズム実践における変化

　インターネット、とくにモバイル通信環境の拡充やスマートフォンの普及は、ニュースの生産過程にも少なからず変化をもたらしている。その変化の一つは、ニュース素材のクラウドソーシング（crowdsourcing）である。例えば、どこかで竜巻が発生すると、それをスマートフォンで撮影した人が画像や映像をTwitterに投稿し、それがニュースの制作に使われる。また、ある問題や争点に対して人々がどのように思っているのかを把握する際にも、Twitter上の投稿が使われたりする。Twitterに投稿されたツイートを放送中ずっと字幕として流しているニュース番組もあるくらいである。このように、ニュース生産のさまざまな局面において、一般の不特定多数から提供される情報や素材が使われるようになってきたのである。当然ながら、不特定多数から集められる情報には、正確ではないもの、ある意図のもとで作られたものなどが含まれている可能性があるし、クラウドソーシングに見せかけて、ニュースの制作者側がヤラセや自作自演を行う危険性も存在する。また、

---

[3]　リツイート数は、フォロワー数に影響される可能性があるため、フォロワー10万人当たりのリツイート数に平均化して用いた。さらに、各報道機関アカウントのフォロワーの間にリツイート傾向の差が存在している可能性を考慮し、標準得点化した「リツイート度合」として指標化している。

そのようなことからニュースに対する信頼性が低下することも考えられる。

　ニュースの生産過程に起きているもう一つの変化は、「ゲートジャンピング（gate-jumping）」という現象である（Blasingame 2011）。最近のものでは、アメリカのトランプ大統領のTwitter利用が分かりやすい例だろう。「メディア嫌い」として知られるトランプ氏は、自身のコメントを「ゲートキーパー」である記者たちを通じてではなく、直接、一般のTwitter利用者向けに発表し、逆にそれがニュースとして取り上げられ、報道されている。2017年イギリスのマンチェスターで起きた爆弾テロ事件の際には、警察が捜査の状況をTwitterで公表し、その情報を受けてメディアが報道を行うという光景が繰り広げられた。韓国では、大物政治家がFacebookに投稿した内容に基づいて、重要な政治ニュースが作られたりすることも頻繁に見られている。このように、SNSの普及によって、これまでは記者たちの主要な取材源だった人や組織が、記者という「関門」（ゲート）を飛ばし、直接オーディエンスとコミュニケーションをとることが増えている。これが「ゲートジャンピング」と呼ばれる現象である。こうなると、単純な事実情報の入手においては、報道機関よりも一般のSNS利用者が早いこともありうるし、事実情報だけであれば、わざわざ報道機関の報道を待つ必要もなくなってしまう。

　ハーミダ（Hermida 2010）は、「アンビエント・ジャーナリズム（ambient journalism）」という言葉で、このような状況を表している。「一億総ジャーナリスト化」とまではいわないまでも、一般の人々を含め、誰もが、身近なところで、ジャーナリズムを実践することができるようになっており、実際にさまざまな形で実践されている。それは、一般の人々によって、または職業的なジャーナリストや有識者によって、さらには、これまではニュースソースであることが多かった政治経済のエリートによって、重層的に行われている。そして、そういう意味でニュースは、決まったチャンネルを通じて伝えられる、遠いところで発生した出来事というものから、さまざまな空間で共有される、私たちの日常的で身近な「社会的経験」を含むものへと拡大しているのである。

　ニュースの受容過程においても、メディア環境の進展とともに、重要な変化が起きている。その一つは、ニュースの「個別受容」である。新聞やテレ

ビのニュース番組でニュースを見る場合、私たちは、一つの新聞、または一つの放送局が伝える「一連のニュース」を、一つの「束」として受け取ることが普通である。政治ニュースも、経済ニュースも、社会ニュースも、スポーツニュースも、例えば「朝日新聞」や「NHK」という一つの報道機関が、ある方針のもとで、取材し、選別し、編集し、配置したものを受け取り、見ているのである。それが、インターネット上のポータルサイトなどによって、複数の報道機関からのニュースが1件ずつ断片化され、掲示されるようになると、政治ニュースは「産経新聞」が作った記事で、スポーツニュースは「TBS」の報道で、という具合に、「報道機関」という単位ではなく、「個別のニュース」という単位で受容されるようになったのである。

さらに、最近においては、複数の報道機関のニュースから、独自の「アルゴリズム」に基づいて一連のニュースを選別し、それらを「束ねて」、送り届けてくれるアプリを利用したニュース受容も広がっている。その選別や収束の方針として用いられているアルゴリズムがいったいどのようなものなのかは明らかにされないことが多い。このようなニュース受容の中で個人は、より広い範囲の報道機関の「スタンス」に接触する可能性もあろう。自分では選ぶことのなかった報道機関のニュースに偶然、接触することもありうるからである。しかし一方で、それぞれの報道機関が標榜し、伝えようとしている価値観は、断片化した個別受容やアルゴリズムによる混合受容の中で、ますます認知されなくなり、共感を得にくくなっていくのかもしれない。

おわりに

この章では、ニュースの普及過程に関するこれまでの研究成果を踏まえ、メディア環境における変化とそれに伴って生じているニュースの普及過程およびジャーナリズム実践の変容について考えてみた。マスメディア時代におけるニュースの普及過程は、職業的ジャーナリストによるニュース生産の独占と報道機関による広範な伝達、そして対人コミュニケーションによる限定的な範囲での共有としてまとめることができよう。それに対して、インターネット時代におけるニュースの普及過程は、不特定多数のニュース生産への

参加、報道機関またはニュースソース自身による広範な伝達、そしてソーシャルメディアによる広範な共有として特徴づけられるかもしれない。このような変化は、単純な事実報道における報道機関の存在意義を低下させる一方で、情報の信頼性や公平性を担保するための、また、多様な視点からの分析や洞察を提供するための、専門職業的ジャーナリズムの必要性を高めているといえる。

これに加え、技術的な面では、大がかりな設備を用意しなくても、少なくとも「見かけ」上は既存の報道機関のそれに見劣りしない体裁の「ニュース」報道ができるようになったということ、そして、ページの表示回数に応じて広告収入が得られるシステムがすでに確立していて、報道メディアを持続的に運営していくための、自前の営業体制を作り上げる必要もなくなっているということが、群小メディアや個人メディアの参入を容易にしている。そして、紙面や番組というパッケージではなく、個別の記事単位でニュースが流通・消費・共有されるようになったということ、さらにこれらのことがすべて、IT技術をベースにしたシステムによって、低コストで、自動的に、迅速に、大規模のオーディエンスをターゲットにして行われるようになったという変化は、最近、深刻な問題になっている「フェイクニュース（fake news）」現象の背景になっているのかもしれない。

流言やデマの拡散に関する研究は、社会心理学分野において古くから行われてきたが、それらの知見を踏まえ、今後、ニュース普及研究においても、「ニュース」を偽装した流言やデマの拡散という新しい問題に取り組まなければならないだろう。

（李 光鎬）

参考文献
青池愼一（1986）「ニュース（News）のコミュニケーション・プロセス分析」青池愼一他『日常生活とコミュニケーション』所収、慶應通信：129-226頁。
青池愼一（2012）『ニュースの普及過程分析』慶應義塾大学出版会。
李光鎬（2014）「ツイッター（Twitter）上におけるニュースをめぐるコミュニケーション」『成城大学社会イノベーション研究』9、成城大学：1-16頁。
李光鎬（2015）「ツイッター上におけるニュースの普及—どのようなニュースを誰がリツ

イートするのか」『メディア・コミュニケーション』No.65、慶應義塾大学メディア・コミュニケーション研究所：63-75頁。

李光鎬・鈴木万希枝（2013）「メディア環境の変化とニュース普及過程の変容——金正日死亡のニュースはどのように拡まったか」『メディア・コミュニケーション』No.63、慶應義塾大学メディア・コミュニケーション研究所：63-75頁。

川浦康至（2009）「秋葉原無差別殺傷事件ニュース伝播に関する学生調査」『コミュニケーション科学』29、東京経済大学：191-210頁。

川浦康至・川上善郎（2009）「オバマ当選ニュース伝播に関する学生調査」『コミュニケーション科学』30、東京経済大学：47-65頁。

Blasingame, Dale (2011) "Twitter First: Changing TV News 140 Characters at a Time," *Proceedings of the 12th International Symposium on Online Journalism*.

Deutschmann, Paul J. and Wayne A. Danielson (1960) "Diffusion of Knowledge of the Major News Story," *Journalism & Mass Communication Quarterly*, 37(3): 345-355.

Diddi, Arvind and Robert LaRose (2006) "Getting Hooked on News: Uses and Gratifications and the Formation of News Habits among College Students in an Internet Environment," *Journal of Broadcasting & Electronic Media*, 50(2): 193-210.

Gantz, Walter (1983) "The Diffusion of News about the Attempted Reagan Assassination," *Journal of Communication*, 33(1): 56-66.

Gantz, Walter and Bradly S. Greenberg (1993) "Patterns of Diffusion and Information-seeking," in Bradly S. Greenberg and Walter Gantz (eds.) *Desert Storm and the Mass Media*, Hampton Press Inc.: 166-181.

Hermida, Alfred (2010) "Twittering the News: The Emergence of Ambient Journalism," *Journalism Practice*, 4(3): 297-308.

Hill, Richard J. and Charles M. Bonjean (1964) "News Diffusion: A Test of the Regularity Hypothesis," *Journalism & Mass Communication Quarterly*, 41(3): 336-342.

Lee, Chei Sian and Long Ma (2012) "News Sharing in Social Media: The Effect of Gratifications and Prior Experience," *Computers in Human Behavior*, 28(2): 331-339.

Ma, Long, Chei Sian Lee and Dion Hoe-Lian Goh (2014) "Understanding News Sharing in Social Media: An Explanation from the Diffusion of Innovations Theory," *Online Information Review*, 38(5): 598-615.

Miller, Delbert C. (1945) "A Research Note on Mass Communication: How our Community Heard about the Death of President Roosebelt," *American Sociological Review*, 10(5): 691-694.

Rogers, Everett M. and Nancy Seidel (2002) "Diffusion of News of the Terrorist Attacks of September 11, 2001," *Prometheus*, 20(3): 209-219.

Spitzer, Stephan P. and Nancy S. Spitzer (1965) "Diffusion of the News of the Kennedy and Oswald Deaths," Bradley S. Greenberg and Edwin B. Parker (eds.) *The Kennedy*

Assassination and the American Public: Social Communications in Crisis, Stanford University Press: 99-111.

第7章
放送・インターネットと表現の自由

はじめに

　放送も通信も、電気通信技術を利用して情報を伝達する点では共通している。ただし、インターネットが登場するまで、放送と通信による情報伝達には明らかな違いがあり、それぞれの情報伝達のあり方に応じた法的規律がなされてきた。本章では、インターネットの急速な普及を背景として、放送と通信の区別を前提としてきた従来の法制度がどのような課題に直面しているかを解説する（法学や法の基礎知識については、第3章の「はじめに」を参照）。

　放送は、放送事業者から公衆への情報伝達であり、表現行為の一形態である。放送による表現行為は、憲法によって「表現の自由」を保障されている（21条1項）。ただし、放送については、免許制による参入規制（電波法4条）、番組の内容規制（放送法4条）、民間放送の放送区域の県域への限定、マスメディア集中排除原則による複数局支配の禁止、公共放送としての日本放送協会（NHK）の設置（放送法15条）など、放送に固有の、さまざまな法的規律が存在している。その根拠とされてきたのは、放送用電波が有限・希少なためチャンネル数に限りがあることや、音声や動画による表現が印刷メディアには見られない強烈な影響力を視聴者に及ぼすことなどである。

　これに対し「通信」は、表現行為とは異なる1対1の情報の伝達である。通信とは、郵便・電信・電話・電子メール等によって情報を特定の相手に伝達することをいう。憲法は「通信の秘密」を保障し、通信によって伝達される情報内容の秘密を保護している（21条2項後段）。

　ところが、インターネットの登場によって、放送ではなくても、電気通信技術によって表現行為をすることができるようになった。放送は、放送局か

ら公衆への一方的な情報伝達であり、電波の特性から情報が到達する地理的範囲にも限界があるが、インターネットを用いれば、誰でも簡単に、匿名でも、世界に向けて情報を発信することができる。インターネットによる表現行為は、現行法では放送ではなく、原則として印刷メディアによる表現行為と同様に扱われることになる。

　インターネットが急速に普及するにつれて、放送と通信の区別を前提としてきた従来の法制度は見直しを迫られることになった。放送法の分野では、前述した放送に対する法的規律になお十分な根拠を認めることはできるのか、過剰な規制になっていないか、という問題が生じている。また、インターネットについては、これまでに「インターネット法」という分野が観念されるに至っている。日本では、1990年代後半から、インターネットを視野に入れて「高度情報通信社会」の実現に向けたさまざまな政策が展開されている。こうした中で、インターネットによる表現行為はさまざまな法的問題を提起しているが、本章では、そのうち名誉毀損とプライバシー侵害の問題を取り上げる。具体的には、まず、名誉毀損について確立された判例の考え方が、インターネットにもそのまま採用できるのかという問題を解説する。日本の判例は、アメリカと比べて名誉を表現の自由よりも重視する傾向が見られるが、インターネット上では、もっと表現の自由を重視すべきだという主張がある。また、インターネットによる名誉毀損について、プロバイダの負う責任の有無や範囲が裁判で争われた結果、日本では2001年にプロバイダの責任を制限し、権利侵害の被害者がプロバイダに発信者情報の開示を請求するための法律、いわゆるプロバイダ責任制限法（正式には、「特定電気通信役務提供者の損害賠償責任の制限及び発信者情報の開示に関する法律」）が制定されているので、この法律の仕組みも概観する（2002年5月27日施行）。次に、プライバシー侵害との関係で注目を集めているのが、インターネットで表示される検索結果の削除の問題である。いわゆる「忘れられる権利」をめぐって、この権利を認めるべきか否かが議論になっている。

1　放送と表現の自由

1-1　放送法4条と電波法76条の関係

　日本の放送法制は、放送業務（ソフト）について規律する「放送法」と放送のための電波利用の免許（ハード）について規律する「電波法」、さらに、それらを具体化している政令・省令によって構成されている。放送法と電波法が制定された1950年、アメリカの連邦通信委員会（FCC）を参考に、日本でも「電波監理委員会」が設置された。ところが、この委員会は2年後に廃止され、郵政大臣がその権限を引き継いだ（電波監理委員会に代わって郵政省に電波監理審議会が設置された）。2001年の省庁再編によって、郵政省は総務省に統合された。それ以来、総務大臣の下、総務省が情報通信政策の一環として放送法と電波法を所管している。

　放送法は、放送による表現の自由の確保を目的の一つとしており（1条）、「放送番組は、法律に定める権限に基づく場合でなければ、何人からも干渉され、又は規律されることがない」（3条）と規定して放送番組編集の自由を保障している。ただし、放送法には、番組編集にあたって、「公安及び善良な風俗を害しない」、「政治的に公平」、「報道は事実をまげない」、「意見が対立している問題については、できるだけ多くの角度から論点を明らかにする」という番組編集準則が定められている（4条1項）。日本では、2010年、ネットワークのブロードバンド化や放送のデジタル化の急速な進展を背景として、通信・放送に関係する法制度の全般的な見直しの結果として、放送法・電波法の制定から60年ぶりの大きな法改正が行われた。ところが、放送に対する番組編集準則による規制は維持された。

　番組編集準則のような表現の内容に対する規制は、表現の自由の観点から見ると新聞や雑誌だけでなくインターネット上の表現にも、およそ許されないものである（第3章の第2節参照）。そのせいからか、放送法には番組編集準則違反に対する直接の制裁は規定されていない。しかし、電波法76条1項によれば、「総務大臣は、免許人等がこの法律、放送法若しくはこれらの法律に基づく命令又はこれらに基づく処分に違反したときは、3箇月以内の期間を定めて無線局の運用の停止を命じ、又は期間を定めて運用許容時間、周

波数若しくは空中線電力を制限することができる」。ここで「無線局の運用の停止」とは、放送事業者にとって放送のために利用する電波の停止を意味する。地上波により放送を行っている既存の事業者は、放送局の「免許」を総務大臣から受けることにより（電波法4条）、同時に放送業務を行うことができる、いわゆるハード・ソフト一致の事業形態を採用しており、電波法における「免許人等」にあたる。

　これに関連して議論されているのが、政治的に偏った内容の放送や、いわゆる「やらせ」などのため事実と異なる内容の放送がなされたとき、放送事業者が番組編集準則に違反したという理由で、総務大臣が電波法76条を放送事業者に適用できるか否かである。これについて学説では、放送事業者の表現の自由に照らせば、番組編集準則に違反したことを理由に放送事業者に電波停止を命じることはできないとされている。ところが、総務省は、次のような例外的な場合には、電波法76条に基づいて電波停止を命じることができるとしている。それは、①番組が番組編集準則に違反したことが明らかで、②その番組の放送が公益を害し、電波法の目的に反するので将来に向けて阻止する必要があり、③同じ事業者が同様の事態を繰り返し、再発防止の措置が十分ではなく、事業者の自主規制に期待することはできないと認められることである（ただし、これまで放送事業者が電波停止を命じられたことはない）。また、総務省は、行政処分の前段階として、事前措置にあたる行政指導を行うことも許されるとしている。とはいえ、電波法76条の適用は慎重に行う必要があり、事前措置としての行政指導についても、度重なる警告にもかかわらず違反が繰り返され、自主規制に期待できないときにはじめて行われるべきだとされている。ただし、実際の運用を見ると、自主規制に期待できないとまではいえないような軽微な違反の場合にも総務省による行政指導が行われている[1]。

---

1) 総務省が放送法4条に関連して放送事業者に対して行った行政指導の一覧が、鈴木秀美・山田健太編著（2017）『放送制度概論』商事法務、366頁以下に掲載されている。

1-2　放送事業者の自律の尊重

　放送法は放送事業者の自律を尊重しており（1条）、番組編集準則に適った番組が放送されることを放送事業者の自律によって確保しようとしている。放送事業者は、番組編集準則を具体化するため、「番組基準」の策定を義務づけられている（5条）。番組基準を策定するのは放送事業者であるが、その際、放送法によって設置を義務づけられた放送番組審議機関（以下では、「番審」）に諮問しなければならない（6条、7条）。学識経験者によって構成される番審の役割は、放送番組の適正を図ることである。番審の委員は放送事業者が任命する。番審は、視聴者に代わって、放送事業者に対する批判機関となることを期待されており、その活動が公表されることにより、番組のあり方を公衆の批判に委ねるという仕組みになっている。このように法律により自主規制を促す手法を、「規制された自主規制」という。放送法の番組編集準則による番組規律は、国家の介入の程度がかなり低い点で先進国の中でも際立っている。

　それもあって、放送業界は、番審による批判機能を補い、自主・自律を図るため放送倫理・番組向上機構（以下では、「BPO」）を設立している。BPOには、「放送人権委員会」、「青少年委員会」、「放送倫理検証委員会」（以下では、「検証委」）が設けられている。このうち、2007年、関西テレビの番組不祥事をきっかけに設立された検証委は、「放送倫理上問題がある」と指摘された番組についての「審議」と、「内容の一部に虚偽がある」と指摘された番組の「審理」を行っている。検証委には、放送事業者の合意に基づき、ほかの二つの委員会よりも強い調査権限が与えられている。このため、検証委の発足時、「総務省の代行機関になる」という懸念もあったが、発足後10年間の活動を通じて、その懸念は払拭されたといってよいだろう。

　前述の通り、総務省の見解とは異なり、学説では番組編集準則に違反したことを理由に、電波法76条による運用停止はできないし、行政指導も許されないと考えられている。通説によれば、番組編集準則は、放送事業者の自律のための訓示的・倫理的規定であり、法的拘束力を持たない。2015年11月6日、BPOの検証委も、いわゆる出家詐欺を取り上げたNHKの番組「クローズアップ現代」についての意見の中で、通説に依拠して総務大臣がNHK

に対して行った行政指導を厳しく批判した。

　総務省の前身である旧郵政省も、かつては番組編集準則の遵守は放送事業者の自律によると説明していた。ところが、郵政省は1993年の椿発言事件（テレビ朝日報道局長が総選挙の報道にあたって、非自民政権が生まれるよう報道せよと指示したと発言し、放送法違反ではないかが問われた事件）に関連して、それまでとは異なり、番組編集準則に法的拘束力があるとの解釈をとるようになった。その後、とくに第1次安倍晋三政権の下、番組編集準則違反を理由とする行政指導が繰り返された。2007年、関西テレビの番組不祥事の際には、不祥事が再発した場合は電波法76条が適用されるという意味での「警告」が行われた。行政指導に強制力はないが、総務大臣から免許を受けている放送事業者にとって事実上の強い拘束力がある。総務省は、行政指導に際し、放送事業者に再発防止のための具体的措置やその実施状況についての報告を求めることもあり、実質的には改善命令になっていると批判されている。総務大臣の免許権限を背景に、総務省が放送法4条に関連して行う放送事業者に対する行政指導は、放送事業者の自律を尊重している放送法の趣旨に反するものである。

1-3　番組編集準則の合憲性

　放送の場合、これまでは、「多元的な情報源（報道機関）の間に自由競争の原則を支配させるだけで、国民の知る権利に応える情報多様性が確保される保障は必ずしもない」という理由[2]から、「周波数の希少性」と「放送の社会的影響力」を主たる根拠として、また、番組編集準則が倫理的規定であることも考慮に入れて、番組編集準則を合憲とする見解が支持されてきた。

　ただし、番組編集準則の合憲性を検討する際には、総務大臣が放送事業者を監督するという仕組みに内在する憲法上の問題に注意する必要がある。報道の最も重要な役割は権力監視であるはずなのに、報道機関でもある放送事業者が、その監視の対象である総務大臣による直接の監督に服し、総務大臣が個々の放送番組に介入できるとしたら、放送に権力監視の役割を期待する

---

2)　芦部信喜（2000）『憲法学Ⅲ〔補訂版〕』有斐閣、303頁。

ことは難しい。だからこそ、欧米先進国では、通常、放送の国家からの自由に配慮して、放送分野の規制機関は政府から独立した合議制の組織となっている。前述の通り、日本でも放送法と電波法が制定された1950年の時点で、電波監理委員会が設置された。ところが、この委員会は２年後に廃止され、郵政大臣がその権限を引き継いだ。それ以来、放送行政の公正さを確保するためには、規制機関を独立性のある合議制の委員会に戻すべきだという意見も根強い。

　「政治的公平」や「報道は事実をまげない」など、番組編集準則が用いている概念が不明確であるのに、その判断基準は放送法以下の法令によって設定されておらず、それを認定する手続も法定されていない。2016年２月、国会において高市早苗総務大臣（当時）が、放送法４条違反の場合、大臣は電波法76条に基づき放送局に停波を命じることができるという考え方を示し、その直後に「政治的公平」についての政府統一見解が公表された。そこでは、国論を二分するような政治課題について、一方の見解のみを支持する内容を「相当の時間にわたり繰り返す番組」は一つの番組のみでも政治的に公平とはいえないと例示された。しかし、「相当の時間」という概念も不明確で、例示としては不適切である。総務大臣が個々の番組の番組編集準則適合性を認定することになれば、恣意的判断がなされる危険があるし、放送に対して強い萎縮効果を及ぼすことになる。放送行政が総務大臣の権限とされているという前述した問題も考慮すれば、放送事業者の自律のための倫理的規定だと解釈しない限り、番組編集準則の合憲性を認めることは難しい。

　近年では、番組編集準則を違憲とする学説も有力になりつつある。その際には、表現の自由との関係で、新聞と区別して放送を例外扱いする根拠の有無を精査することが求められる。多チャンネル化などにより周波数の稀少性は解消され、インターネットを用いて誰でも情報発信が可能になっていることや、「放送」の影響力が証明されていないことなど規制根拠が疑問視され、放送を例外扱いすべきではなく、印刷メディアと同様に表現内容規制は許されないと主張される。前述した合憲説も、番組編集準則が倫理的規定であることを前提としている。裏を返せば、番組編集準則に法的拘束力があり、その適合性を大臣が認定するというのなら、番組編集準則は違憲であり、廃止

されなければならないという考え方が学説では多数を占めているとさえいえるだろう。

　視聴者の知る権利に応える情報多様性を確保するため、倫理的規定とはいえ、放送事業者の表現の自由を規制してきた番組編集準則は、近年では、政治や行政が放送に圧力をかけるための道具となっている。これまでのところ、番組編集準則違反を理由として電波法76条が放送事業者に適用されたことはないものの、総務省の解釈や行政指導の運用が見直されないとしたら、番組編集準則の廃止も視野に入れて法改正を検討しなければならないだろう。

2　インターネットと表現の自由

2-1　インターネット上の名誉毀損

　放送法に番組編集準則という内容規制が含まれているのと異なり、インターネットを用いた表現行為を内容の観点から規律する特別な法律はない。ただし、インターネット上の表現行為には、印刷メディアと同じく、刑法や民法などの一般的な法律が妥当する[3]。このため、インターネットによる情報発信によって他者の名誉を傷つけたら、名誉毀損として法的責任を問われる。そこで問題になるのが、インターネット上の名誉毀損に従来の判例法理をそのまま適用することができるか否かである。

　現行法は人の名誉（社会的評価）を保護している。表現行為によって他者の名誉を傷つける行為は名誉毀損となり、表現者は法的責任を問われる。名誉毀損は民法上の不法行為（709条、710条）になるだけでなく、刑法上の犯罪（230条）にもなる（ただし、刑法の名誉毀損罪は親告罪とされており、名誉

---

[3]　小向太郎（2011）「ネットワーク・コミュニケーションと表現の自由」駒村圭吾ほか編著『表現の自由Ⅱ』尚学社、284頁は、日本では、1996年1月、インターネット上で公開されたわいせつ画像に関して強制捜査が行われ、その後、訴追された結果、裁判所で有罪とされた事件（東京地判平成8年4月22日判例時報1579号151頁）をもって、「一般的に禁止されている情報発信については、インターネット上で公開された場合であっても法の適用があり、処罰等の対象になることが確認されたといってよい」と指摘している。

を傷つけられた本人が告発しなければ事件にはならない）。とはいえ、他者の名誉を傷つける行為でも、それが「公共の利害に関する事実に係り、かつ、その目的が専ら公益を図ることにあったと認める場合には、事実の真否を判断し、真実であることの証明があったときは、これを罰しない」という規定があり（刑法230条の2第1項）、「真実の摘示」は不処罰とされている。このように規定することにより、刑法上、表現の自由の保障と名誉保護の利益が調整されている。これに加えて、最高裁は、摘示された事実について真実性の証明がない場合でも、「行為者がその事実を真実であると誤信し、その誤信したことについて、確実な資料、根拠に照らし相当の理由があるときは、犯罪の故意がなく、名誉毀損の罪は成立しない」という考え方を採用している（最大判昭和44年6月25日刑集23巻7号975頁）。このような考え方は、「相当の理由」論とか真実相当性と呼ばれている。最高裁は、民法上の名誉毀損についても、同様の考え方を採用している（最決昭和41年6月23日民集20巻5号1118頁）。

　憲法学は、判例が「相当の理由」論を採用したことについて、最高裁が表現の自由に配慮したことを肯定的に受け止めた。しかし、それと同時に、アメリカの判例法理と比べると、表現の自由の保護がまだ十分ではないと批判した。アメリカでは、合衆国最高裁が1964年のニューヨーク・タイムズ対サリヴァン事件（New York Times Co. v. Sullivan, 376 U.S. 254）において、「現実の悪意」の法理を採用した。この法理によれば、公職者がその職務行為に関する名誉毀損に対して損害賠償を請求するためには、その表現が、虚偽であることを知っていたか、または虚偽であるかどうかを気にかけることなくなされたこと、つまり表現の行為者が「現実の悪意」を持っていたことを公務員の側が証明しなければならない。この法理は、その後の判例によって、公職者だけでなく公的人物にも及ぶこと、また、州が名誉毀損的表現に刑罰を科す場合にも妥当することが認められている。定評のある報道機関が公職者や公的人物の名誉を傷つけるような批判をあえてする場合、虚偽であると知りながら、または虚偽であるかどうかを気にかけることなく報道することなどありえない。また、裁判では証明責任が名誉を傷つけられた側にあるため、報道機関の側に現実の悪意があったことを証明するのは、よほど露骨な

場合でない限り難しいという面もある。合衆国最高裁がこの法理を採用したことにより、アメリカの報道機関は名誉毀損で訴えられる心配をすることなく権力を批判することができるようになった。

これに対し、日本の最高裁は、表現の自由に配慮して「相当の理由」論を採用したものの、「相当の理由」がどのような場合に認められるかについて一般的な判断基準を示しておらず、これまで事件ごとの具体的な事情に即して判断を下している。「相当の理由」という概念は、抽象的で解釈の余地が広いため、名誉毀損裁判の勝敗は裁判官の判断次第となっている。「相当の理由」論は、裁判所にとっては使い勝手がよいが、表現する側にとっては、名誉毀損的表現をすることで法的責任を負わなければならないか否か、裁判になった場合、その結果を予見することが難しいという問題がある。

これまでの判例を見ると、裁判所は、具体的事案において表現者が依拠した資料の確実性を精査し、表現の自由よりも、名誉毀損の被害者救済を重視する傾向がある。このため、研究者・実務家の中には、刑事・民事の名誉毀損法への「現実の悪意」の法理の導入など、「相当の理由」論とは異なる表現の自由にとって有利な基準を採用すべきだという主張がある。その上、名誉毀損行為に対する刑事制裁については違憲説も唱えられており、刑法230条は廃止して、名誉毀損を民事訴訟に一本化すべきだという提案もある。

このような議論を背景として、東京地裁は、インターネットの個人利用者が、ラーメンフランチャイズ企業に対して名誉毀損的表現をしたことについて、一般個人である加害者が、主として公益を図る目的の下、公共の利害に関する事実についてインターネット上で名誉毀損的表現をした場合、従来の判例法理を採用することは「相当ではなく、加害者が、摘示した事実が真実でないことを知りながら発信したか、あるいは、インターネットの個人利用者に対して要求される水準を満たす調査を行わず真実かどうか確かめないで発信したといえるときにはじめて同罪に問擬するのが相当」という新しい考え方を示して注目を集めた（東京地判平成20年2月29日刑集64巻2号59頁）。この事件で名誉毀損の加害者とされた男性は、自己のホームページにおいて、ヘイトスピーチを繰り返す宗教団体に関連する社会問題を告発する中、表現がエスカレートしてしまったという事情があった。東京地裁が示した新基準

は、前述した「現実の悪意」の法理を想起させるものであり、下級審とはいえ日本の裁判所が、インターネット上の表現の自由を刑罰から強く保護する姿勢を示したことは注目に値する。東京地裁が新基準の根拠としたのは、①インターネットの利用者が対等の立場で言論を応酬し合えるという表現行為としての特性と、②インターネット上の個人利用者の発信情報はその信頼性が低いということだった。ただし、東京高裁も最高裁も、東京地裁の新基準を認めず、従来の判例法理によって加害者を有罪とした（東京高判平成21年1月30日刑集64巻2号93頁、最決平成22年3月15日刑集64巻2号1頁）。

　一般個人による表現行為の可能性を広げたインターネットの登場は、従来の判例法理を見直す契機を生み出した。高裁・最高裁によって否定されたとはいえ、「相当の理由」論の運用を、表現の自由の観点から今後も注視していく必要がある。インターネット上の情報流通を阻害しないためには、少なくとも、個人利用者の表現行為について、表現者に要求される真実調査の程度を、報道機関よりも緩和する余地を認めるべきではないだろうか。また、表現行為を通じた権力監視を容易にするためには、インターネットに限らず、名誉毀損の一般的な判例法理を表現の自由を重視する方向で見直していくことも必要だろう。

　なお、自らは情報を発信してはいないが、利用者にインターネットへのアクセスを提供している接続業者（プロバイダ）も、利用者による違法な情報発信に対して法的責任を負う場合がある。ただし、プロバイダにあまり重い法的責任を負わせると、利用者の書き込みを削除するなどしてインターネット上に発信される情報を間接的に規制することになる（私的検閲の問題）。そこで、プロバイダが名誉毀損などの違法な情報発信に対して法的責任を負う場合や、プロバイダが違法な情報の削除義務を負う場合を明らかにするために、2001年、いわゆるプロバイダ責任制限法が制定された。

　この法律によれば、プロバイダは、利用者の情報発信によって権利の侵害が発生したことを知った場合、その情報を削除する義務を負う。この義務を果たさなかった場合、プロバイダは、違法な情報に対する法的責任を負わなければならない。この法律は、プロバイダが発信された情報を削除する場合にとるべき手続も定めた。プロバイダが法定された手続に従って発信された

情報を削除した場合、プロバイダは発信者から法的責任を問われない。さらに、被害者の請求に基づき、一定の条件の下で、プロバイダに発信者情報（発信者の氏名や住所）を開示させて、匿名で発信された情報による権利侵害の解決を加害者と被害者に委ねるための規定も設けられた。プロバイダが発信者情報の開示を拒んだ場合、被害者は、裁判所における仮処分の手続を通じて、プロバイダに発信者情報の開示を求めることになる。

　この法律によって、プロバイダは、削除等の侵害防止措置をとらないと権利侵害の被害者から責任を問われ、削除等の侵害防止措置をとることで発信者から責任を問われるというジレンマから一定の範囲で解放されることになった。ただし、法律の文言は抽象的であり、具体的事例への解釈・適用にあたってはプロバイダが困難な判断を求められる場合もありうる。このため、この法律が期待された役割を果たすことができるか、その実効性を疑問視する声もあがっている[4]。

2-2　インターネット上のプライバシー侵害

　「ひとりで放っておいてもらう権利」を意味するプライバシー権は、19世紀末のアメリカで、事実報道よりも読者の興味を引くセンセーショナリズムを売り物にする新聞に対抗するため、はじめは私法上の権利として唱えられ、その後、憲法上の権利としても理解されるようになった。プライバシー権は、現在、日本でも判例・学説によって、憲法13条の幸福追求権を根拠とする新しい人権として承認されている。プライバシー権は、当初、消極的権利としての性格が強く、個人の私的領域への他者の侵入を排除する権利であると考えられていたが、最近では、より積極的に「自己に関する情報をコントロールする権利」（自己情報コントロール権）としても理解されるようになっている。

　日本の裁判所は、「宴のあと」事件において初めてプライバシー権を認めた（東京地判昭和39年9月28日下民集15巻9号2317頁）。東京地裁は、三島由紀夫のモデル小説によるプライバシー侵害が争われたこの事件に関連して、プ

---

[4] 松井茂記（2014）『インターネットの憲法学〔新版〕』岩波書店、352頁以下。

ライバシー権を、「私生活をみだりに公開されないという法的保障ないし権利」と定義した。この判決によれば、表現行為によってプライバシーが侵害されたというためには、公開された内容が、①私生活上の事実または私生活上の事実らしく受け取られるおそれのあることがらであること、②一般人の感受性を基準にして当該私人の立場に立った場合、公開を欲しないであろうと認められることがらであること、③一般の人々に未だ知られていないことがらであること、が必要である。その上、プライバシー侵害が不法行為になるのは、プライバシー権が表現の自由に優位する場合であるため、両者の調整も必要となる。例えば、公人や公職の候補者については、その公的な存在、活動に付随した範囲および公的な存在、活動に対する評価を下すために必要または有益と認められる範囲では、その私生活を報道、論評することが許される。表現行為によるプライバシー侵害について、最高裁は表現の自由とプライバシー権を個別的に衡量することによって不法行為の成否を判断している。これに対し、下級審の中には、社会の正当な関心事を表現するもので、表現内容・表現方法が不当でない場合、プライバシー侵害の違法性が阻却されるという考え方を採用している判例もある（例えば、大阪高判平成12年2月29日判例時報1710号121頁）。

　インターネットの普及に伴いこの分野でとくに議論になっているのが、検索結果の削除の問題である。インターネットの利用者にとって、インターネット上を流通している膨大な情報の中から得たい情報を入手するために、検索サービスはなくてはならないものである。しかし、その便利さゆえに、検索サービスによって提供される情報が個人のプライバシーを侵害する場合、印刷メディアや放送とは異なる態様で被害をもたらすことになる。インターネットによっていったん発信された情報は、簡単にコピーし拡散することが可能であるため、本人が削除したいと思っても、そのすべてを把握し、インターネット上から消し去ることは難しい。そこで、考え出された対抗策が、検索事業者に対して、検索結果から情報の削除を求めることである。

　このような検索結果の削除の根拠として、近年、「忘れられる権利」という新しい権利が主張されている。この権利が注目を集めるようになった大きなきっかけは、2014年5月13日、欧州司法裁判所が、グーグルの検索結果の

削除を認める先決裁定を下したことだった[5]。同裁判所は、グーグルをEUデータ保護指令における個人データ管理者と位置づけた上で、一定の条件の下、検索結果からの個人データの削除を認めた。

　日本では、2017年1月31日、ある男性がグーグルに対して検索結果から過去に自分が逮捕された事実を含む情報の削除を求めた事件において、裁判所が検索結果の削除を認める場合を限定する最高裁決定が下された（最決平成29年1月31日民集71巻1号63頁）[6]。この決定によれば、裁判所は、グーグルがウェブサイトのURLやスニペット（webページの要約文）を検索結果の一部として提供する行為が違法となるか否かを、以下の諸事情を比較衡量して判断する。そこで考慮されるのは、提供される事実の性質・内容、URL等の情報が提供されることによって削除を求めている人のプライバシーに属する事実が伝達される範囲とその人が被る具体的被害の程度、その人の社会的地位や影響力、URLの先にある記事等の目的や意義、その記事等が掲載されたときの社会的状況とその後の変化、その記事等において当該事実を記載する必要性など、プライバシーに属する事実を公表されない法的利益と、URL等の情報を検索結果として提供する理由に関する諸事情である。この決定によれば、検索事業者に削除を求めることができるのは、比較衡量の結果、その事実を公表されない法的利益が優越することが「明らか」な場合に限られる。

---

[5]　この先決裁定について、中西優美子（2014）「GoogleとEUの『忘れられる権利（削除権）』」『自治研究』90巻9号、96頁以下、中村民雄「忘れられる権利事件」（2015）『法律時報』87巻5号、132頁以下、山口いつ子（2015）「EU法における『忘れられる権利』と検索エンジン事業者の個人データ削除義務」堀部政男編『情報通信法制の論点分析』（別冊NBL）153号、181頁以下、宇賀克也（2016）「『忘れられる権利』について」『論究ジュリスト』18号、24頁以下参照。

[6]　本決定について、髙原知明（2017）「最高裁　時の判例」『ジュリスト』1507号、119頁以下、鈴木秀美（2017）「インターネット検索サービスにおける表現の自由とプライバシー」『ジュリスト』1507号、101頁以下、棟居快行（2017）「検索エンジンと『忘れられる権利』の攻防」『法学教室』441号、46頁以下、宮下紘（2017）「忘れられる権利」『判例時報』2318号、3頁以下、曽我部真裕（2017）「『検索結果削除』で最高裁が判断」『新聞研究』789号、4頁以下参照。

この決定は、グーグルの検索サービスがプログラムにより自動的に行われるとしても、そのプログラムがグーグルの方針に沿った結果を得ることができるように作成されたものであるという理由で、検索結果の提供に「表現行為という側面」があるとした。また、検索サービスは、「現代社会においてインターネット上の情報流通の基盤として大きな役割を果たしている」ことを重視した。その結果、検索結果に含まれる個人のプライバシーに属する事実の削除が認められる場合が上記のように限定された。検索結果の削除が、インターネット上の情報流通を途中で遮断するものであることを考えれば、この決定が示した判断枠組み自体は妥当なものといえるだろう。
　本決定は、裁判実務だけでなく、検索事業者による自主的取り組みにも大きな影響を及ぼすことが予想される。本決定が採用した判断枠組みは、検索結果の安易な削除に対する歯止めとなるべきだが、裁判の場合、個々の事案において事実を公表されない法的利益が検索結果を提供する理由よりも「明らか」に優越するか否かについての判断は裁判官に委ねられる。判例の蓄積の中で、表現の自由に配慮した厳格な運用が確立されることを期待したい。

おわりに

　本章では、放送・インターネットと表現の自由に関連する重要論点を取り上げた。
　放送については、番組編集準則（放送法4条）による規制について、なお十分な根拠を認めることはできるのか、過剰な規制になっていないか、という問題を検討した。番組編集準則は、近年では、政治や行政が放送に圧力をかけるための道具となっていることから、総務省の解釈や行政指導の運用が見直されないとしたら、番組編集準則の廃止も視野に入れて法改正を検討しなければならないと指摘した。
　これに対し、インターネット上の情報流通については、表現の自由の保障と名誉権・プライバシー権の保護が衝突した場合の調整のあり方を検討した。インターネット上の名誉毀損・プライバシー侵害については、加害者（情報発信者）の責任だけでなく、プロバイダや検索事業者の責任も問題となる。

表現の自由を保護するためには、加害者側にとってもし裁判になっても勝訴できる場合が明確になっていることが重要になる。インターネットの登場には、新たな立法や判例を見直す必要性を生じさせることにより、表現の自由とは何かについての考察を活性化させる機能があり、さらに、その考察を通じて、現行法に内在している問題点を明確にし、従来の法制度や判例法理を今日的観点から問い直す契機を与えるという波及効果がある[7]。本章で取り上げた判例や立法は、インターネットとの関係で、いずれも表現の自由を尊重しようと試みてはいるが、それが表現の自由の意義に照らして十分なのかと問い直していく必要がある。

　最後に、本章で言及できなかった若干の論点を指摘しておく。NHKがテレビ番組のインターネットによる常時同時配信を行うことを目指しているが、追随を求められている民間放送は慎重な態度をとっている。放送法はNHKの常時同時配信を認めていないため、実現のためには法改正が必要となる。放送とインターネットの関係という観点から、インターネットも使った公共メディアへ転換するというNHKの方針の行方を注視していくべきである。

　このほか、インターネットで流通する有害な情報からの青少年保護については、2008年、携帯電話事業者にフィルタリングを義務づける法律、いわゆる青少年環境整備法（正式には、「青少年が安全に安心してインターネットを利用できる環境整備等に関する法律」）が制定された（2009年4月1日施行）。インターネット上の表現規制の場合、フィルタリングのように、アーキテクチャによる規制（物理的・技術的構造による規制）が法的規制の機能を代替したり、補完したりすることがある。インターネット上の青少年保護については、法的規制よりも、リテラシー教育の充実を図るとともに、アーキテクチャによる規制のあり方や自主規制の活用を検討していくべきだろう。

（鈴木秀美）

参考文献
芦部信喜（2000）『憲法学Ⅲ──人権各論(1)〔補訂版〕』有斐閣。
梓澤和幸（2007）『報道被害』岩波書店。

---

[7] 山口いつ子（2010）『情報法の構造』東京大学出版会、157頁以下参照。

小倉一志（2007）『サイバースペースと表現の自由』尚学社。
金澤薫（2012）『放送法逐条解説〔改訂版〕』情報通信振興会。
駒村圭吾ほか編著（2011）『表現の自由Ⅱ—状況から』尚学社。
小向太郎（2015）『情報法入門〔第3版〕—デジタル・ネットワークの法律』NTT出版。
鈴木秀美（2017）『放送の自由〔増補第2版〕』信山社。
鈴木秀美・山田健太編著（2011）『よくわかるメディア法』ミネルヴァ書房。
鈴木秀美・山田健太編著（2017）『放送制度概論—新・放送法を読みとく』商事法務。
鈴木秀美・山田健太・砂川浩慶編著（2009）『放送法を読みとく』商事法務。
総務省総合通信基盤局消費者行政課（2014）『プロバイダ責任制限法〔改訂増補版〕』第一法規。
曽我部真裕・林秀弥・栗田昌裕（2015）『情報法概説』弘文堂。
竹田稔（1998）『プライバシー侵害と民事責任〔増補改訂版〕』判例時報社。
成原慧（2016）『表現の自由とアーキテクチャ—情報社会における自由と規制の再構成』勁草書房。
長谷部恭男（1992）『テレビの憲法理論—多メディア・多チャンネル時代の放送法制』弘文堂。
松井茂記（2013）『マス・メディア法入門〔第5版〕』日本評論社。
松井茂記（2014）『インターネットの憲法学〔新版〕』岩波書店。
松井茂記・鈴木秀美・山口いつ子編著（2015）『インターネット法』有斐閣。
三宅弘・小町谷育子（2016）『BPOと放送の自由—決定事例からみる人権救済と放送倫理』日本評論社。
村上聖一（2016）『戦後日本の放送規制』日本評論社。
山口いつ子（2010）『情報法の構造—情報の自由・規制・保護』東京大学出版会。
山田健太（2016）『放送法と権力』田畑書店。
山田隆司（2009）『名誉毀損—表現の自由をめぐる攻防』岩波書店。

第 8 章

ソーシャルメディアと政治参加

はじめに

　ソーシャルメディアは私たちの生活の一部、あるいはそれ以上に日々の生活で不可欠なツールとなっている世代もある。

　ソーシャルメディアという言葉は2006年以降に定着した。2007年にアップル社が iPhone の販売を開始すると、翌年には Android が市場に出回り、いわゆるスマートフォンが社会に普及をはじめた。スマートフォンに合わせたアプリケーションも次々と開発された。

　ソーシャルメディアは、従来の産業メディアが独占していた一方通行の情報発信の環境を根本から変えることになった。インターネットを介するソーシャルメディアは、情報発信技術の民主化に伴い、誰もが参加できるコミュニケーションであり、双方向のコミュニケーションができる場を作り出した。この機能を社会に広げ定着させたのが、YouTube や Twitter、Facebook などのプラットフォームであった。いまではソーシャルメディアは個人の意見や情報発信のツールであり、意見を交換する場として、私たちの日常生活の一部となった。

　ではソーシャルメディアが生活に定着したことで、政治が変わったのであろうか、あるいは私たちが政治に関与する形と意識に変化があったのだろうか。本章ではこの点について考えてみたい。

1　ソーシャルメディアと政治

　ソーシャルメディアの登場と定着によって、私たちの政治意識のあり方や

政治参加の形は変わったのか。過去10年ほどの間、この点についてはさまざまな議論が積み上げられてきた。

1-1　政治のメディア化

　政治とメディアとの関係についてはこれまでも豊富な研究蓄積がある（蒲島・竹下・芹川 2010）。しかしその多くはソーシャルメディア登場以前の現象を対象としている。そのために政治とマスメディアというテーマは扱っているものの、ソーシャルメディアを正面から扱う研究は現在進行形で事例研究の蓄積が行われている。

　マスメディアと政治との関係では、1990年代以降は「政治のメディア化」が謳われるほど、メディアを利用する政治手法が展開された。すなわち政治のメディア戦略が定着したのである（谷口 2015: 126-149）。そこでは選挙における広報やマーケティングの手法の応用など、広報（PR）会社や広告会社が政党や政治家にメディア戦略を指南する関係が構築された。

　政治のメディア化は政治家が積極的にメディアに登場するだけではなかった。広報の専門家の指導のもとに、メディアでのイメージをつくる、表情や発言の仕方をつくるということに注意が行き届くようになる。また、世論調査での政治家や政党の支持率の動向も注視されるようになった。選挙期間中の定期的な世論調査の数字の変化に政治家や政党が一喜一憂するのも、政治のメディア化の帰結の一つといえる。世論調査の技術は向上し、世論調査が政治の動向を左右する事態が定着した。世論調査への影響を含めた選挙ビジネスは、その領域で先進国のアメリカのみならず日本でも定着した。それは新興民主主義国家でも類似の傾向をもたらすことになった。

　ソーシャルメディアが私たちの生活の一部となった2000年代後半には、こうした政治のメディア化という背景があった。ところが、ソーシャルメディアが政治家や政治政党によって積極的に政治利用されるには若干のタイムラグがあった。

　ソーシャルメディアが意図的に政治活用されたのは、2008年のアメリカ大統領選挙であった。この選挙において、民主党の候補者であったオバマ陣営がTwitterやFacebookというソーシャルメディアを積極的に活用した。ソ

ーシャルメディアを活用したオバマ陣営の選挙活動が成功裡に終わったことを受けて、2年後に行われた2010年の中間選挙で各陣営がソーシャルメディアを選挙運動に活用するスタイルが定着した。ソーシャルメディアが政治のスタイル、選挙のスタイルを変えたのである（前嶋 2010）。

　この流れは日本にも普及し、いまや政治家や選挙時の候補者がソーシャルメディアを発信の場として利用することは当たり前になっている。政治家個人がHPを開設することは当たり前となり、日常的にLINE、Twitter、Facebookで自身の政治活動を発信する。すなわち、ソーシャルメディアの活用は、選挙戦略という一時的な事案を越えて、政治活動の主要な一部となったのである。

1-2　二つの型のネットワーク

　ソーシャルメディアの登場によって政治のメディア化はその様相が変わった。

　1990年代から過去四半世紀にわたる政治のメディア化は、政治家がメディアを利用するという形であった。すなわち、政治家のメディア利用は垂直型の情報伝達が第一義的であった。ソーシャルメディアは、候補者や政治家と有権者・支持者とのインターフェイスとして活用された。しかしそれは、市民の間に共有される情報となることは少なかった。そのために選挙活動に典型的に見られる政治のメディア化は、ソーシャルメディアの登場という様変わりするメディア環境に政治が適応したということではあるが、全く新しい政治であるとはいい切れない面がある。

　ところがこのような状況において、2008年のアメリカ大統領選挙におけるオバマ陣営の選挙手法は画期的であった。オバマ陣営のソーシャルメディア戦略が奏功したことを受けて、2008年のアメリカ大統領選挙はソーシャル選挙と呼ばれたほどであった。

　オバマ陣営は、単なるインターフェイスとしてのソーシャルメディアの活用ではなく、ボランティアを中心に支持者相互における水平型のネットワーク作りを実行した。オバマ陣営のボランティアがTwitterで情報を発信し、それに対してオバマ陣営の動向に関心のある有権者はもちろんのこと、メデ

ィアもこぞってTwitterをフォローし、リツイートした。Twitterのフォロワー数を見てみると、オバマ氏の11万8000人に対して、共和党候補のマケイン氏は4942人であった。またFacebookでも、オバマ氏のサポーターは237万9102人であったのに対し、マケイン氏は62万359人であった。このようにオバマ陣営はソーシャルメディアを通した「動員」に成功し、大統領選挙での勝利を勝ち取ったのであった。

　オバマ陣営の選挙戦略からは何がいえるのだろうか。それは、ソーシャル選挙ではTwitterやFacebookが一種のフォーラムと化し、有権者の間での意見交換の場となったという新しい政治環境の登場である。選挙政治の手法にソーシャルメディアが活用され、水平型ネットワークの構築という新しい動員の形を構築した。このように、従来の制度化された政治や政治参加の仕組みとは異なる形、つまりソーシャルメディアを通して、市民は政治に対する意識を高め、政治参加を体験し実行する場面が多くなってきたのである。

1-3　メディアの中のソーシャルメディア

　2008年のアメリカ大統領選挙を皮切りに、ソーシャルメディアを活用した政治参加のあり方が登場した。とはいえソーシャルメディアはそれだけで自立しているわけではなく、従来型のマスメディアとの補完関係にある。このことは看過できない事実である。

　たしかに、21世紀に入りインターネットが生活の一部になったことで、紙媒体としての新聞の購読者数は激減した。そうした事態を受けて新聞社も指をくわえているばかりではなく、ネット配信へと事業形態の変更を図っている。テレビにしても、イギリス公共放送BBCが2004年に放送からネット配信へと事業の主軸を変えたことに象徴されるように、ネット配信は避けて通ることのできない時代の要請となった感がある。

　このように整理してみると、私たちが政治的な情報を獲得するときには、いまだにマスメディアの果たす役割は衰えを見せてはいないという現状が浮上してくる。アメリカやイギリスという先進の民主主義国家の有権者はいまだに政治に関する、あるいは選挙に関する情報の大半をテレビや新聞といった従来型のマスメディアから入手している。新興民主主義国家でも類似の状

況は見られる（山本 2015）。この事実は、日本で叫ばれているような従来型のマスメディアの衰退とは相容れない。グローバルなメディア環境としては、いまだに従来型のマスメディアの影響力は看過できない点を忘れてはならない。

　ではなぜテレビには影響力があるのだろうか。そのからくりを理解するには、テレビにおける二つの番組の違いを知る必要がある。政治関連のニュースというと報道番組を想像するかもしれない。ところが、テレビには報道番組とは別に、情報番組が存在する。近年、あたかもソーシャルメディアの隆盛に正比例するかのように、この情報番組が伝える政治情報の重要性が増している。日本ではワイドショー的な情報番組が繰り返し政治に関する情報を分かりやすく整理する。アメリカでは、ABC、NBC、CBSなどの三大ネットワークなどがコメディアンを登用したレイトナイト・ショー（深夜番組）で、政治風刺をしながら政治の情報を視聴者に提供する形が定着している。情報番組は報道ではないから重要ではないのではなく、情報番組だからこそ政治的な情報が視聴者に伝わりやすくなっている点は重要である。

　このような状況は、ソーシャルメディアの影響を受けたマスメディア側の対応の結果であるといえる。ソーシャルメディアが登場し選挙政治に影響を与えた当初は、ソーシャルメディアさえ利用すれば政治や政治参加の形は変わるかのような幻想があった。そのために従来型の新聞やテレビもソーシャルメディアを活用した双方向のコミュニケーションを試みるようになった。このこともマスメディアの重要性を持続させているのである。

　では、ソーシャルメディアはどのように市民に受け取られるようになったのか。偶然の一致かもしれないが、マスメディアが市民からの信頼を一定程度持続させているのに対して、2008年のアメリカ大統領選挙の衝撃から10年も経たないうちに、ソーシャルメディアへの信頼性は減少した。これは、多くの人々がソーシャルメディア上で展開される言論状況から学習したことが影響している。すなわち、ソーシャルメディアは自分好みの情報を入手し、自分と政治的、社会的な考え方の近い人々との意見交換に終始し、自分と相容れない考え方の人たちを非難する場となっていることに、嫌気がさしてきたことを反映しているのである。

もちろんそれでも自分とは異なる人々とのネット上での接触を避け、それを実社会でも実行している人々は存在する。そのことはソーシャルメディアが社会を分断したのではなく、社会の分断や分裂状況をソーシャルメディアが体現していると捉える必要がある。むしろそのような社会の分断や分裂がメディアに反映されればされるほど、感情に流されることなく冷静に、そして可能な限り客観的に情報を編集して報道するという従来型のマスメディアの存在感が増してきた。このようにソーシャルメディアはマスメディアを代替するものではなく、マスメディアを含めたメディアの中の一部として機能するようになったといえる。
　そこで本章では、政治家のメディア利用という観点ではなく、市民がある行動を起こすときにソーシャルメディアが活用された事案に目を向ける。それがソーシャルメディアによる市民の政治参加の形であると認識するからである。また本章で政治参加という場合、選挙での投票というような制度化された政治参加ではなく、制度化されていない政治参加に着目する。それはいい換えると、政治制度の外での政治参加、すなわち抗議運動や個人の意思表示の形への視座である。このような視点を提示するのは、ソーシャルメディアの定着によって、市民個々人の政治的な意思表明と情報交換や交流が活発になった現実に目を向けたいからである。
　しかし本章は、抗議活動におけるソーシャルメディアの影響や効果を詳細に紹介することはしない（伊藤 2012; 遠藤 2016）。ソーシャルメディアは人をつなぎ新しい公共圏をつくるという議論はあまりにも一方的でナイーブである。本章の末尾で議論するように、ソーシャルメディアやインターネットは社会や世界を分断する原動力ともなっていることを看過するわけにはいかない。

2　抗議運動の中のソーシャルメディア

　2010年代、世界各地で起こっている抗議運動では、ソーシャルメディアが重要な役割を果たしていることは周知の事実となった。抗議運動は自国の政権に対するもの、政策に反対するものから、国境を越えて連鎖するものまで、

さまざまな形態と広がりを見せるようになった。

　本節では、ソーシャルメディアが活性化させた抗議運動、そして政治参加の形としての抗議運動として、四つの事案を概観する。①2010年末から11年にかけての「アラブの春」と呼ばれたアラブ諸国での反政府抗議、民主化要求運動、②2011年にスペインでの抗議運動を皮切りに世界的に広まった「怒れる者たち」の運動および占領運動、③2011年の福島第一原子力発電所事故を契機に始まり定着した市民の反原発デモおよび政権の掲げる政策に対する抗議活動、④2014年に台湾で起こった立法府占領運動である。

　結論を先取りすると、いずれの事案も、ソーシャルメディアが市民の情報交換の場となり、討論の場を提供したという共通点を持つ。まさにソーシャルメディアが国境を越えて、あるいは国内における市民間の関係の媒体となった。ネット上に流れた情報はマスメディアでも再生されることで、現場の緊迫した状況が市民の手元に届く事案でもあった。

2-1　アラブの春

　2010年12月18日、チュニジアの首都チュニスで一人の青年が政府に対する抗議として焼身自殺を図った。これをきっかけとして、高い失業率に抗議する反政府デモはチュニジア全土に拡大した。デモは次第に政権の腐敗や人権侵害に対する不満としても表現されるようになった。

　当初はデモ隊の制圧をしていた軍隊も、次第にその手を緩め、2011年1月に入るとチュニジア軍が政権に反旗を翻した。数十万人にもおよぶデモの拡大、軍の反旗という事態を受けて、ザイン・アル＝アービディーン・ベン＝アリー大統領は2011年1月15日に大統領職を辞し、翌日サウジアラビアへ亡命、23年間続いた独裁政権が崩壊した。ジャスミンがチュニジアを代表する花であることから、一連の反政府デモから政権の崩壊の過程の民主化運動をジャスミン革命と呼ぶ。

　この民主化運動はチュニジアにとどまらず、周辺のアラブ諸国にも波及した。エジプトでは、チュニジアのジャスミン革命から10日後の1月25日より大規模な反政府デモが発生した。それから2週間あまりのちの2月11日、ホスニー・ムバーラク大統領はエジプト軍最高評議会に国家権力を委譲した。

これで30年に及ぶムバーラクの独裁政権に終止符が打たれた。

　エジプトでの政権交代から4日後の2月15日、リビア東部のキレナイカにあるベンガジで人権活動家の弁護士釈放要求デモが起こった。これを契機にカダフィ大佐の退陣を求めるデモが全国に拡大した。2月20日には首都トリポリでのデモ活動があり、治安維持部隊と衝突して多数の犠牲者が出た。その後もカダフィ政権はデモに対する強硬な姿勢をとり続けたために、3月になると欧米諸国はNATO（北大西洋条約機構）軍を軸に軍事介入を決断し、内戦状態へと陥った。それから半年後の8月24日トリポリが陥落したことで、42年間にわたるカダフィ政権は崩壊した。

　アラブの春はアラブ諸国での長期独裁政権に対する国民の不満が原動力となっていた。チュニジア、エジプト、リビアのように政権が崩壊した国もあれば、政権が国民の不満をくみ取り政治改革を断行する場合もあった。一連のデモや暴動では、Facebook、YouTube、Twitter、ウィキリークスというソーシャルメディアが情報交換の場として重要な役割を果たした。そのために一部ではソーシャルメディアがアラブの春を成功させたという見方をとる場合もあった（Howard and Hussain 2013; 保坂 2014）。

2-2　怒れる者たち

　2011年5月15日、スペイン・首都マドリッド。その日はマドリッドの守護聖人、聖イシドロの日で祭日であった。市街中心地のプエルタ・デル・ソル（太陽門）広場には若者が集まり始めた。PCやスマートフォンのソーシャルメディアを媒体として情報は広まり、みるみるうちにその数は増え、広場を占拠するまでに至った。彼らは世界を動かしている金融・経済・政治システムに疑問を感じる、「怒れる者たち」（Indignados）であった。

　当時のスペインの失業率は20％を越えており、若年層ではほぼ半数の50％が定職に就けない状況であった。それは大学や大学院を卒業したインテリ層でも例外ではなかった。2008年のアメリカのリーマンショックに端を発した金融危機は世界経済を直撃した。スペインもその例外ではなく、金融機関や大企業は瀕死の状態に陥った。その救済のために政府は巨額の公費投入を決定。その一方で、政府は経費削減政策を実施し、社会福祉、教育、医療など

の公共サービスの予算が削減された。

　ところが、リーマンショックから3年近く経ってみると、公費で救済された金融機関や大企業幹部は巨額の報酬を受け取り、投資家は巨大な利益を得るまでになった。他方、国家財政は逼迫し破綻寸前の状態になった。自分たちのために納めた税金が一部の企業家や実業家のために活用され、その結果として国民生活は厳しい状況へと追いやられていた。

　5月15日に始まった占拠運動は1カ月以上も継続し、最終的には警察によって強制撤去された。ところが占拠運動は収まったものの、その余波はとどまるところを知らなかった。この運動は「怒れる者たち」の抗議行動、通称「15-M（5月15日）」と呼ばれ定着した。15-M運動は、自分たちの怒りを抗議行動として表明する一方で、暴力行為や暴動を徹底的に排除した。そして、Twitter、Facebook、Tuentiなどのソーシャルメディアを媒体として、共感する若者が増殖していった。やがて15-M運動はソーシャルメディアを通して組織化され動員力を増して、スペイン全土に広まった。

　夏を迎えるころになると、マドリッドから始まった怒れる者たちのデモ活動は、スペインから隣国のフランスやベルギーへと広がった。9月17日には、アメリカ・ニューヨーク市マンハッタンのウォール街近くに位置するズコッティ公園を占拠する「ウォール街を占領せよ」運動が生まれた（Ancelovici, Dufour and Nez 2016）。

　そして、15-M運動から5カ月目にあたる10月15日、世界中の怒れる者たちが一斉に立ち上がり、82カ国951都市で統一スローガン「15-O、Unidos por un cambio global（10月15日、世界を変えるために一つになろう）」を掲げて、全世界で同時に抗議行動が起こされた。日本でも、東京、京都、大阪で「10-15怒れる者たちの世界同時行動に連帯を！」というスローガンでデモ活動が繰り広げられた。政治政党や宗教や労働組合などと関係のない一般の市民が、世界中でこれほどの規模の行動を同時に起こしたことは、歴史に新たな一歩を刻んだ出来事であった。

2-3　原子力発電所反対デモ

　2011年3月11日午後に発生した東北地方太平洋沖地震による地震動と津波

の影響で、東京電力の福島第一原子力発電所事故が発生した。この事故は炉心溶解（メルトダウン）など一連の放射性物質の放出を伴う原子力事故であり、国際原子力事象評価尺度で最悪のレベル7（深刻な事故）に分類された。

この福島第一原子力発電所事故を契機に、国民の間では原子力事故への危惧が高まり、東京など全国各地で、原子力発電所廃止を求めるデモ活動が行われるようになった。原子力発電所反対デモは事故発生から1週間後にはすでに始まっていたが、当初は数名から数百名という規模であった。

ところが、Twitter、Facebook、そして2011年6月からサービスが開始されたLINEなどを媒介にして抗議集会の時間と場所が拡散し、情報が共有されるようになると、抗議活動の様相が変化し始めた。その規模は増大し、4月10日の東京での二つの反原発デモは数千人以上、6月11日「6・11脱原発100万人アクション」では全国各地で8万人弱の参加者、6月19日の東京明治公園での集会には6万人が集まった、とされている。同年9月11日からは、霞ヶ関の経済産業省庁舎敷地内の一角にテントを設営し、泊まり込みをする市民団体も出てきた。そして2012年6月からは毎週金曜日に総理官邸前に集まるデモが始まり、7月29日には国会議事堂前デモが実施され10万の人で国会前の道路が埋め尽くされた。

このような反原発・原発再稼働反対デモは官邸前、国会前での抗議デモとして定着した。官邸前や国会前は、市民生活に関わる法律の制定や閣議決定に対して、市民が声を上げる場となった。2013年には特定秘密保護法、14年には集団的自衛権の閣議決定、15年には安保法制に対する反対と抗議が展開された。いずれの場合も、ソーシャルメディアを通じた広報と情報交換が基盤にあり、抗議活動の組織化と動員が行われ、市民は抗議活動の場へと足を運んだのであった。

2-4　ひまわり運動

2014年3月、台湾の台北市にある立法院を学生らが占拠する事件が発生した。

当時の馬英九政権は3月17日、「中台サービス貿易協定」に関する委員会審議を強制的に打ち切った。これに抗議した学生らが翌18日、台湾の国会に

相当する立法院になだれこんだ。学生たちは世論の支持を背景に、24日間にわたり議場の占拠を続けた。

一連の抗議活動は「ひまわり運動」と呼ばれた。学生たちの立法府占拠という超法規的な行動に対して、世論は一定の支持を与えていた。台湾総統府前で3月30日に行われた大規模デモには50万ともいわれる数の人々が集まった。

占拠行動の発端は「中台サービス貿易協定」の締結であった。これは、中台間における「経済協力枠組み協定」の一環として2013年6月に締結されていた。協定では、台湾が64項目を、中国は80項目を開放し、貿易と経済活動の活性化をめざしていた。台湾で注目されたのは、中国に条件付きで開放するとした通信、病院、旅行、運輸、金融などの市場に関してであった。これらは国内の中小企業に対する影響が強く、市民からは協定を実行すると結果として貧富の格差の拡大につながるという懸念が強く示された。同時に、中国資本が台湾のメディア出版部門に進出することで、言論の自由が保障されなくなるという危惧も表明されていた。

「ひまわり運動」は世代を超えて支持を広げた。それは1990年代以降の台湾における社会変動と政治の自由化を背景にしていた。運動のリーダーたちは台湾の民主化後に生まれ育ち、1987年に解除された戒厳令を知らない世代である。90年代には学校教育で台湾語の課外授業が行われ、中国とは異なる文化や歴史を持つ台湾人としてのアイデンティティが育まれた。

同時に90年代以降の台湾では、グローバル化の進展とそれに対応するための政府による新自由主義政策の推進の結果として、社会では貧富の格差が拡大した。また高学歴化が進む一方で、雇用状況は相対的に悪化し、大学を卒業しても安定した職業に就くことが保証されなくなった。こうした背景がある中で、馬英九政権は20パーセントを切る支持率にもかかわらず、中国との経済関係を強化する政策を断行しようとした。

「ひまわり運動」では、「反服貿（＝サービス協定反対）」と並び「反黒箱（＝反密室政治）」というスローガンが掲げられた。馬政権が業界団体の同意を得ずに独断でサービス貿易協定を締結したことから、密室政治との批判が出ていた。政権の中国寄りの姿勢と不透明な協定決定過程に対する社会の不満

が、世代を超えて「ひまわり運動」を支える基盤となっていた。

　そして「ひまわり運動」を推進した世代はネット世代でもあった。彼らは、ソーシャルメディアを活用した動員の技術に長けていた。占拠する立法府からも随時中国語、英語など複数言語と映像で情報を発信し続けた。占拠運動がメディアで生中継されるという前代未聞の出来事であった。

　本節で紹介した四つの事案は、いずれも事案の発生とともにネットを介して世界に映像が配信された。抗議運動への動員でソーシャルメディアが利用されたことはいうまでもないが、主催者がいる運動の場合ではソーシャルメディアが国境を越えた発信の手段となった。主催者がいない運動の場合でも、参加者がスマートフォンを使用して現場の模様を記録し、それを Twitter や Facebook などに掲載することで、運動への賛同者を増やす効果があったことは事実である。

3　何が人々をつなぐのか

　こうした事例では、ソーシャルメディアが市民の情報交換の場となり、討論の場を提供していた。一見するとソーシャルメディアが運動の原動力であるかのように映るが、実際のところソーシャルメディアは運動の潤滑油であった。

　一部の例ではあるものの前節で概観したように、ソーシャルメディアが定着する過程で、ネット上の言論を媒介し、ネットでの呼びかけが社会的な運動になるという事態が頻発するようになった。ソーシャルメディアが市民の情報交換の場となり、討論の場を提供していた。

　同時に抗議運動が発生すると、それに賛同する市民と反対する市民が形成されることも事実である。ソーシャルメディアがつなぐ抗議運動あるいはソーシャルメディアでの言論そのものが、社会における分断や分化を映し出す鏡となっている。社会の不安定性が増加し、政治的には将来に対する不確実性が高まるという傾向が見られるようになった。

　このように整理してみると、一見するとソーシャルメディアが運動の原動

力であるかのように映るが、ソーシャルメディアには運動の潤滑油である面と社会を不安定にさせる面とがあることが分かる。本節では、ソーシャルメディアはどのような潤滑油なのかについて、やや抽象的な議論を行う。この作業は、本章のテーマである「ソーシャルメディアと政治参加」を考察する上で避けて通ることはできないと考えるからである。

3-1 社会生活の中のメディア

　社会生活の中のメディアに着目して理論的な考察を加えた学者にニック・クドリーがいる。彼が2012年に出版した著作『メディア・社会・世界──社会理論とデジタル・メディアの実践』（Couldry 2012）は、メディア利用者の日常的な行動とメディア利用の分析にあたり、社会的な文脈を重視するメディア理論の構築を試みている。

　クドリーは読者に疑問を投げかける。「人々は日常的な行動を起こす文脈の中で、メディアをどのように利用しているのだろうか」（Couldry 2012: 35）と。その上でクドリーは、日常生活ではメディアに関わるさまざまな意味構築があるという点を指摘している。そのために当たり前のことではあるが、日常生活には多様な「声」が存在しているのである。

　とりわけクドリーが注目するのは、1980年代以降に導入された新自由主義政策のもとで、社会、政治、経済の価値が市場原理に基づく価値として再定義されてきている実態である。新自由主義政策のもとで社会的な格差が拡大し、社会生活のさまざまな場面で競争、透明性、説明責任など新自由主義的な物差しが当たり前のように機能し始めている。一方で、そうした新しい物差しや価値に対して反対や抵抗する「声」が形成されてきていることも事実である。

　こうした状況で起こっているのは、新自由主義的な価値とそれに対抗する価値とのせめぎ合いである。そのせめぎ合いにソーシャルメディアに代表される新しいメディア環境が加わった。新しいメディアが多様な「声」を表明する場を提供したのである。

3-2　感情と参加

　そうした多様な「声」が発現される場の一つとしてソーシャルメディアは位置づけられる。そうした「声」を市民の「感情」として捉えたのが、チチ・パパチャリッシの『感情的な人々』(Papacharissi 2015) である。本書の中でパパチャリッシは、ソーシャルメディアがどのように市民にとって自らの意見や感情を表現する新しい方法となっているのかに関心を寄せ、その解明に努めている。彼女はそのことを「感情のソフトな構造」と名づけているが、そこでは次のようなことが起こる。すなわち、①ソーシャルメディアでの情報に接することで、現在起きている出来事の物語に自分も関係していると「感じる」、そして② Twitter や Facebook などのソーシャルメディア上で入手可能な言葉、写真、ビデオに感情移入することで、自分が物語の一部に「なる」。

　このように私たちはマスメディアでのニュースやソーシャルメディアでの情報に接すると、「いま」身近なところで起こっている事案のことを知る。その事案に対して嫌悪感を感じても共感を持っても、身近な出来事として「感じる」ことが第一歩となる。その次に、事案に対して共感する場合には、関連情報をソーシャルメディアで設定したり探したりするようになる。そうなると出来事が展開する物語を理解し、自ずと感情移入する。この状態が物語の一部に「なる」ということであり、そこでは自分も物語を構成する要素となるのである。

　パパチャリッシは、社会運動の展開の連鎖をもたらしているのは通信技術の発展ではなく、それぞれの運動についての語りと物語である、とする。ソーシャルメディアには、人々の感情を政治的な対話や行動に結びつける機能がある。ソーシャルメディアを通じて、個人的な感情が運動に関連するネットワーク化されたコミュニケーションの輪の中に取り込まれる、ということである。そのために、抗議運動などに関する対話を目にしたり耳にしたりしてそれに感情的に反応すること自体が政治的な発話となる。

　パパチャリッシはいう。オンラインの対話に参加し、そこでの対話の展開を追う行為自体が、運動の作る物語の中に入り込む行為であり、それによって人々に運動に参加している、つまり「政治に参加していると感じさせ

る」(Papacharissi 2015: 25) のである。

3-3　歪(いびつ)なつながり

　ところが、政治に参加しているという感覚は、自由民主主義的な思想が想定したような市民の統合を生み出さなかった。オックスフォード英語辞典が2016年の言葉として「ポスト・トゥルース (post-truth)」を選んだ事実は象徴的であった。その定義は、客観的な事実よりも、感情や個人的信念に訴えるものが影響力を持つ状況とされている。この定義はソーシャルメディアと私たちの政治意識を考える際にも重くのしかかる。

　運動に共感し、オンラインを媒介にして運動の作る物語に参加するという行為は、一つの方向へ向かって人々をまとめる場合もあれば、逆にそこで作られた物語に共感できない人々を排除するという作用もある。これがソーシャルメディアを媒介にした社会や世界の分断状況を生み出すことも否定できない (Sunstein 2017)。

　つとに指摘されてきているように、インターネットの普及によってインターネットの世界に閉じこもる市民も増加している。そうした市民はネットを介しての他者とのつながりはあっても、それは自分の好みに合わせてカスタマイズされたつながりであるかもしれない。カスタマイズされた情報は、イーライ・パリサーの言葉を借りるとパーソナライズされた情報となる。インターネット上では自分が見たい情報だけをフィルタリングしてみせる環境が整っている。これによって情報がパーソナライズされるのだが、そうしたパーソナライゼーションによって「我々についてコード[1]が知っていることが我々のメディア環境を作り、そのメディア環境が未来における我々の好みを形成する」(パリサー 2012: 284)。

　そうなると私たちはネット上で情報を検索すればするほど、既知の情報の上に近い未来を見るということになってしまうという危険性が含まれることになる。そして自ずと自分の興味のある情報のみに接する状況に身を置くことになり、ネット上で見かける情報は自分の好みや主張に近いものばかりと

---

1)　文字、記号、数字などのコンピュータ内部表現。

なり、視野が狭くなっていく。それは自身の意見の先鋭化を生み出す。それだけではなく、自分とは異なる意見や主張には耳を傾けず、謙虚に学ぶ姿勢が失われていくことも意味する。

　このような個人の姿勢は異なる他者の排除につながることは指摘するまでもない。その結果、2016年には先進民主主義国家で社会の分断が鮮明になる事案が発生した。それは、イギリスでの欧州連合からの離脱を問う国民投票、同年アメリカでの大統領選挙でのトランプ候補の勝利である。そこでは市民の間での対話が成立しにくくなり、他者を理解するのではなく他者の意見に耳を傾けようともしない頑なな市民の姿が浮かび上がった。

　2016年のイギリスとアメリカの場合は、投票という民主主義制度にのっとった政治参加である。本来ならば手続き的には何の齟齬もなく選挙の結果を有権者たる市民は受け入れるべきである。ところが投票結果に不満を持つ市民の声は高まった。それが政府や政治に対する抗議運動を誘発する感情を強めた。そして民主社会があたかも分断されたかのような様相を呈したことは否定できない。そこには、ソーシャルメディアやネットを通じて互いを非難し、他者の意見を理解しようとしない市民の姿もあった。

　このように、歪なつながりもソーシャルメディアのもたらす政治参加の一つの帰結であるともいえる。自由な意見表明ができる場としてのソーシャルメディアの普及が、理性的な市民というよりも感情に左右されやすい市民を醸成しているという現実は重い。

おわりに——新たな「我々」の構築へ向けて

　本章で見てきたように、ソーシャルメディアを通じて市民の政治参加の幅が広がったことは事実である。しかし同時に、ソーシャルメディアとインターネットは社会や世界の分断を助長している。

　いずれの場合も、それぞれの場では感情に基づいて行動する市民の姿がある。その感情が抗議運動に向かう場合もあれば、他者への差別と排除となることもある。そこには集合的なアイデンティティに関して、「友と敵」あるいは「我々と彼ら」という分類がある。それが現在の私たちの民主主義の姿

である。

　しかしだからといって、暗く不安な未来が待っているわけではない。シャンタル・ムフが指摘するように、「我々」なる集合的なアイデンティティとは本質的なものではなく、政治的な実践を通して形成される（ムフ2011）。そう考えると、ソーシャルメディアが媒介となる政治参加の多様化と活性化は、他者との新しい関係を模索し、新しい「我々」を構築する契機となる。私たちの未来は私たち一人ひとりの意識と行動にかかっているのである。

（山本信人）

参考文献
伊藤昌亮（2012）『デモのメディア論―社会運動社会のゆくえ』（筑摩選書）筑摩書房。
遠藤薫編著（2016）『ソーシャルメディアと〈世論〉形成―間メディアが世界を揺るがす』東京電機大学出版局。
蒲島育夫・竹下俊郎・芹川洋一（2010）『メディアと政治　改訂版』（有斐閣アルマ）有斐閣。
谷口将紀（2015）『政治とマスメディア』東京大学出版会。
保坂修司（2014）『サイバー・イスラーム―越境する公共圏』山川出版社。
前嶋和弘（2010）『アメリカ政治とメディア―「政治のインフラ」から「政治の主役」に変貌するメディア』北樹出版。
ムフ、シャンタル（2011）『政治的なものについて―闘技的民主主義と多元主義的グローバル秩序の構築』酒井隆史監訳、明石書店。
山本信人監修・慶應義塾大学メディア・コミュニケーション研究所／NHK放送文化研究所編（2015）『ジャーナリズムの国籍―途上国におけるメディアの公共性を問う』慶應義塾大学出版会。

Ancelovici, Marco, Pascale Dufour, Héloïse Nez（eds.）（2016）*Street Politics in the Age of Austerity: From the Indignados to Occupy*, Amsterdam University Press.
Couldry, Nick（2012）*Media, Society, World: Social Theory and Digital Media Practice*, Polity（クドリー、ニック（2018年刊行予定）『メディア・社会・世界―社会理論とデジタル・メディアの実践（仮）』山腰修三監訳、慶應義塾大学出版会）.
Howard, Philip N. and Muzammil M. Hussain（2013）*Democracy's Fourth Wave?: Digital Media and the Arab Spring*, Oxford University Press.
Papacharissi, Zizi（2015）*Affective Publics: Sentiment, Technology, and Politics*, Oxford University Press.
Pariser, Eli（2011）*The Filter Bubble: How the New Personalized Web Is Changing What We Read and How We Think*, Penguin Books（パリサー、イーライ（2012）『閉じこも

るインターネット―グーグル・パーソナライズ・民主主義』井口耕二訳、早川書房).
Sunstein, Cass R.（2017）*#republic: Divided Democracy in the Age of Social Media*, Princeton University Press.

第3部 ニュースを通じて社会を学ぶ

第9章

沖縄問題とジャーナリズム

はじめに

　メディアやコミュニケーション、ジャーナリズムを政治社会学的に考える際に、「社会問題」は重要な研究テーマとなる。社会問題とは、『社会学事典』（弘文堂）によると、「社会構造的な根拠をもって発生し、それゆえその解決には社会構造の変革や社会制度の整備が必要となるような問題群」と定義される。例えば公害問題、貧困問題、マイノリティの差別問題などはこの範疇に含まれることになる。

　差別に典型的なように、社会問題はしばしば当事者以外にとって認識が難しい場合がある。したがって問題の存在を知らしめ、社会的な関心を高める必要がある。こうした役割は政府の政策や社会運動が担うケースもあるが、ジャーナリズムに求められる役割でもある。多くの人々は、ニュースを通じて社会問題の存在を知ることとなるからである。

　だが、ジャーナリズムは常に社会問題を解決へ導くような役割を果たすわけではない。1956年に公式発見された水俣病の報道が典型的である。今日、水俣病が公害という社会問題の象徴的な存在であること、そしてその原因がチッソ水俣工場の排水であったことは広く知られている。しかし、初期報道では、水俣病は原因不明の「奇病」と報じられていた。この「奇病」という表現が人々の不安や偏見を喚起することとなった。また、初期報道の中で原因企業であるチッソが直接批判されることはなかった。さらに、チッソが患者たちとの間で交わした見舞金契約によって事件は「円満解決」[1]と報じられ、その後10年近くほとんどこの問題が報じられずに社会の多数派から忘却された（小林編 2007）。その間、工場の排水は止められることはなかった。

1965年に新潟水俣病が発生し、1968年に政府が水俣病を公害病と認定することで、主流メディアのジャーナリズムは水俣病事件を「再発見」したのである。水俣病事件の初期報道は、のちにジャーナリストたちによって「痛恨」と評価されている（朝日新聞取材班 1996）。

　ただし、当時のジャーナリズムが水俣病事件を適切に報道できなかったことは、「偏向」や「情報操作」によるものというよりも、むしろニュースの生産、あるいは「ニュース」そのものの特徴に由来するものと考えるべきである。第1章で論じられたように、ニュースとは出来事を「選択」「編集」したものである。いわば、社会的な出来事のすべてを正確に映し出す「鏡」ではない（大石ほか 2000）。ニュースには社会の利害・関心、そして価値観が凝集されている。そして多くの場合、多数派の、すなわち「支配的な」利害・関心や価値観が反映される。結果として、社会の支配的な構造によって生じた社会問題の解決を訴える少数派の声はニュースに反映されることが難しくなる。水俣病事件の場合、当時の高度経済成長期の支配的価値観が公害問題としての水俣病の社会的な認識や意味づけの制約要因になったと指摘されている（小林編 2007）。高度経済成長を達成し、経済大国となることは当時の日本社会全体に共有された目標であった。そうした社会的な合意はしばしば疑問の余地のない「常識」となり、ジャーナリストのニュース生産過程を無意識のうちに制約する要因となる。水俣病事件がほとんど報じられなかった1960年代前半に水俣という場所はジャーナリズムや世論の関心を集めたが、それはチッソの工場の労働争議に関してであった。つまり、経済発展が重視される当時の日本社会の中で、「労働問題」という社会問題は注目される一方で、水俣病という「公害問題」は関心が低かったのである。ここに社会問題報道の難しさがあるといえよう。

　このように、ニュースの研究、ジャーナリズムの研究には、社会問題に関

---

1) この見舞金契約はのちに水俣病の原因がチッソ水俣工場の排水が原因と明らかになったとしても、新たな補償金の要求を認めない内容を含んでいたが、見舞金締結の時点でチッソは秘密実験を通じて水俣病の原因が自社工場の排水にあることを突き止めていた。見舞金契約は、のちに水俣病1次訴訟判決で「公序良俗に反する」として「無効」とされた。

する報道と社会の価値観やイデオロギーとの関係を明らかにする作業が重要となることが了解されよう。そして社会問題の報道を分析することで、社会問題やジャーナリズムの特徴だけではなく、そうした社会問題が生じる広範な社会それ自体の特徴もまた、明らかになるのである。

1　沖縄問題とアイデンティティの政治学

1-1　沖縄問題とは何か

　2010年代の日本社会における社会問題を考える上で、「沖縄問題」はその主要なものの一つに位置づけられる。2017年現在、沖縄県普天間市にある米軍普天間飛行場の同県名護市辺野古への移転問題は行き詰まり、大規模な反対運動が展開している。2016年から17年にかけては反対運動を取り締まる機動隊員による「土人」発言が大きく報道された。それでは、改めて「沖縄問題」とはいかなる社会問題なのだろうか。

　沖縄問題とは一般的に、沖縄に米軍基地が集中していることに起因するさまざまな問題の総称を指し示す言葉として用いられている。日米安全保障条約に基づき日本国内に米軍の駐留が認められている中で、沖縄には米軍基地関連施設の約7割が集中している。また、戦後、占領期を経て本土からは米軍基地が次々と整理・縮小されていった一方で、日本社会への復帰（1972年）から40年以上が経過しているにもかかわらず、沖縄の基地負担は軽減されていない。むしろ、日本社会全体の米軍基地の整理・縮小の「しわ寄せ」を受けているともいわれている（沖縄県編 1996: 48）。戦後日本の「平和」はある意味で米軍基地の駐留によって維持されてきた側面は否定しえない。そしてそれは同時に米軍基地を集中させることによって、すなわち沖縄の「犠牲」によって成り立つものでもあったのである。

　沖縄問題では、本土社会の当事者意識が常に問われてきた。例えば中野好夫は1968年に「沖縄はなぜわたしたちの問題であらねばならないか」という論考を発表している（中野 1968）。このことは、沖縄がまだアメリカの統治下にあった当時の日本社会の多数派にとって、沖縄問題が当事者性を持ちえなかったことを示している。さらにそれは、沖縄問題に向き合うべきは「誰

か」という「アイデンティティの政治」としての側面を有していることも物語っているのである。

1-2 社会問題とアイデンティティの政治学

メディア研究やマス・コミュニケーション研究は学際的な領域である。社会問題の報道をめぐる研究でも、さまざまな政治理論や社会理論の概念が用いられる。とくに本章では「アイデンティティ」をキーワードに沖縄問題とジャーナリズムについて検討する。

アイデンティティとは、自分自身、ないしは自分たちが何者であるかの定義づけに関わる概念である。アイデンティティを通じて人々は自らの目標や利害、あるいは社会との関係を説明することができる。この点において、「誰にとっての問題か」という社会問題の当事者性をめぐる問いがアイデンティティの問題と密接に関連していることが了解されよう。つまり、ある特定の社会問題を自らに関わることと深刻に受け止め、その解決をめざす目標や利害を共有する「我々」意識が構築されることが社会問題にとって重要となる。

その一方で、アイデンティティは、自らの利害・関心を確認する参照点となるだけでなく、自らとは異なる「他者」を構築することによって支えられる。つまり、ある社会問題を「我々の問題」として捉えることは、「問題」を共有しない「他者」も生み出すのである。アイデンティティの政治学においては、この「我々」とそれ以外の他者（「彼ら」）との関係性が問われてきた（杉田 2005）。第一に、あるアイデンティティを共有する「我々」の範囲の画定は、「内」（＝我々）と「外」（＝彼ら）とを区分する過程にほかならないことである。第二に、この「我々」と「彼ら」の区分は流動的である点である。つまり、争点によって「我々」と「彼ら」の区分は異なる。例えば貧困問題をめぐって成立していた共通の「我々」意識が、環境問題では「我々」と「彼ら」に分断される場合もある。また、同じ争点であっても、時代や状況によって「我々」が指し示す対象に変化が生じる場合もある。そして第三に、「我々」と「彼ら」がいかなる関係性にあるかが問われる点である。つまり、「我々」にとって、「彼ら」が「異質な他者」なのか、「当事者」「部外

者」「受益者」「受苦者」「加害者」「被害者」「味方」「敵対者」なのかが社会問題の展開に重要な影響を与えるのである。

1-3　アイデンティティの政治とニュース

　それでは、このアイデンティティをめぐる政治とメディアやマス・コミュニケーションとはどのように関連するのであろうか。ニュースの生産や消費とアイデンティティの構築・再生産・変化は密接に結びついている。ニュースは社会で広く共有される。それは特定の出来事をめぐる意味づけ、そしてそうした意味づけに基づく記憶や経験が社会的に共有されることにほかならない（第1章参照）。例えば新聞やテレビといったマスメディアは数百万人、数千万人の人々に同一内容のニュースを伝達することができる。これはいわば、ニュースを通じてある出来事を疑似的に体験し、記憶することが社会的に共有されていることを示している。日本社会の多数の人々は2001年のアメリカで生じた同時多発テロ、2008年や2016年の大統領選についてニュースを通じて知識を得ている。そして多くの場合、飛行機が突入し、崩壊する世界貿易センタービルのイメージ、演説するオバマ大統領やトランプ大統領のイメージとして共有している。換言すると歴史的な瞬間に居合わせた経験としてそれらの記憶を共有しているのである。デジタルメディア環境の現在でも、ソーシャルメディアを通じてニュースが繰り返し引用・参照されることで結果的に不特定多数の人々がある出来事のイメージを共有するという経験が可能である。

　このようなニュースメディアを通じた記憶や経験の共有が「我々」意識の形成に影響を与える。例えば東日本大震災のような出来事については、直接現場にいない、あるいは直接震災を経験しなかった多数の人々もニュースを通じて共通の間接的経験をし、強い当事者意識、あるいは被災者への共感や同一化、すなわち「我々」意識が形成される。また、より過去の出来事、例えば第二次世界大戦における広島への原爆投下という出来事は、2010年代に生きる多数派の人々は直接経験していない。しかしながら、教科書、小説、漫画や映画を含めたさまざまなメディア、そして毎年8月に繰り返される種々の報道を通じてこの出来事は追体験され、繰り返し想起される。その結

果、「きのこ雲」や「原爆ドーム」のイメージは社会的に共有・継承され集合的記憶となる。さらに、こうした集合的記憶を共有することで、「平和」を最も重要な価値の一つとする「我々」意識が再生産されるのである。

　重要な点は、第一に、ニュースを消費することがそれ自体、現代社会では日常生活の中に組み込まれ、いわば儀礼化されている点である。つまり、社会の中でニュースを通じて記憶や経験を共有し、あるいは再生産することが日常的に反復されている。こうした日常的なニュースの消費が国民国家の単位で行われることで、国民的な経験や記憶の共有・継承に基づく「ナショナル・アイデンティティ」の形成・維持・変化につながるのである。そして第二に、ニュースの生産や消費の反復を通じてある出来事や対象に関する特定の意味づけや解釈が広く共有され、社会の中に定着することである。それは、同時に別の意味づけや解釈の可能性が排除されることでもある。

　ニュースとアイデンティティをめぐる上記の視点は社会問題にとって重要である。なぜならば、社会問題の当事者性を問うアイデンティティの政治が、日常的なコミュニケーションとそれを通じた意味づけの共有を基盤としていることを示しているからである。それは沖縄問題についてもあてはまる。つまり、沖縄問題が社会の中でどのような形で報道され、どのように共有・経験・記憶されていたのかを明らかにすることで、沖縄問題が「誰にとっての問題なのか」を問うことができ、今日の沖縄問題とジャーナリズムとの関係性を理解することにも通じるからである。

　とくにここで留意すべきは、沖縄問題をめぐるアイデンティティの政治がニュースの中でどのように表象され、語られているのかを分析することの重要性である[2]。沖縄問題は本土のメディア、あるいは沖縄のローカルメディアの中でどのように報じられているのか（いないのか）、その中で、本土社会と沖縄社会との関係性はどのように表象されているのか。それは共通の「我々」であろうか。あるいは「我々」と「彼ら」に分断されているのだろうか。「我々」と「彼ら」に分断されている場合、両者の関係はいかなるものであろうか。アイデンティティの政治から沖縄問題の報道を分析する視座はこのように示すことができる。

2 反基地感情と沖縄メディア

2-1 反基地感情のメディア表象

　アイデンティティの政治という観点から沖縄問題を捉える上で、まずは沖縄社会におけるローカルメディアの報道について検討する。

　ここでは事例として沖縄の地元紙、琉球新報が2015年5月17日に発行した号外を参照してみたい。この号外は、同日に県内で行われた普天間飛行場の辺野古への移設に反対する県民大会の模様を報じたものである。「新基地阻止内外に、圧倒的民意を発信」という大きな見出しが掲げられ、那覇市の沖縄セルラースタジアム那覇に集まり、「辺野古新基地NO」というビラを掲げた人々の写真が掲載されている。さらに、本文中には次のような記述が見られる。

> 「戦後70年　止めよう辺野古新基地建設！　沖縄県民大会」（同実行委員会主催）が17日午後1時から那覇市の沖縄セルラースタジアム那覇で開かれた。2014年の名護市長選、県知事選、衆院選などで相次いで示された辺野古新基地建設反対の民意をあらためて国内外に発信するため、県内外から数万人が集まり会場を埋め尽くした。
>
> 大会決議では、沖縄戦から70年や戦後27年の米統治に触れた上で、「日本復帰して43年を迎える今も米軍基地があるがゆえの事件や事故に苦しみ続けている」と指摘。「…（略）…普天間基地の閉鎖・撤去こそが『唯一の解決策』だ」と表明し、辺野古新基地建設を断念するよう求めている。

---

2) サイードによると、欧米メディアの「イスラム」報道のパターンは次のように指摘される。第一に、「イスラム」とは「我々＝欧米社会」とは異なる他者（彼ら）として表象される。第二に、「イスラム」世界の多様性が排除され、単純化、一枚岩化して表象される。第三に、我々と他者という二項対立の図式はしばしば、「外部からの脅威」「善と悪」といった「分かりやすい」物語へと転化する。そして第四に、それらを通じて「我々」自身、あるいは「我々」の政策が正当化される（サイード1996参照）。ここでサイードは「イスラム」の誤った表象を批判し、真の正しい「イスラム」を提示しようとしているのではない。問題にしているのは、自らの社会のアイデンティティや価値を維持するために展開されるアイデンティティの政治であり、そうした「我々」と「彼ら」の区分を非意図的に再生産する報道のパターンや「文法」である。

この記事は、普天間飛行場の辺野古への移設に対する反対の「声」を伝えるものである。しかしながら、注目すべきは見出し、写真、本文の表現や記述が「沖縄アイデンティティ」を表象している点である。それは次の特徴を持つ。

　第一は、「沖縄社会の総意は米軍基地に反対している」という意味づけである（「反基地を主張する我々」）。それは「圧倒的民意」という見出し、あるいは選挙で示されてきた「辺野古新基地建設反対の民意」という本文中の表現を通じて表象されている。また、基地反対の意思を示す人々の写真も同じ効果を持っている。ここには「賛成派」ないし「中立派」の県民の声は登場しない。一連の表現は、沖縄社会の「反基地」の声は多数派、ないし「一枚岩」であるという意味づけへと結びつく。

　第二は、「沖縄社会は長い間米軍基地に苦しめられてきた経験を共有している」という意味づけである（「苦難の歴史を持つ我々」）。例えば本文では「沖縄戦」「戦後27年の米統治」といった被害や苦難の歴史経験が参照され、その延長線上に「辺野古への基地移設」が位置づけられ、それゆえの「反基地」の民意であることが提示されている。

　このように、米軍基地問題に苦しめられ、それに反対する一枚岩の「沖縄アイデンティティ」がこの新聞記事では表象されていることが分かる。

2-2　沖縄のローカルメディアと沖縄問題

　次にこのような様式で反基地運動、そして沖縄アイデンティティを表象する沖縄の地元メディアの特徴について検討したい。沖縄問題を考える上で、地元メディア、とくに地元紙の果たす役割を無視することはできない。

　日本の新聞は、全国紙と地方紙に区分される。全国紙は朝日新聞、読売新聞、毎日新聞、日経新聞、産経新聞の五紙である。全国紙は日本社会全体の出来事をカバーし、そのため全国各地に取材拠点を設置している。地方紙は基本的に各県に一紙存在する県紙が中心となる。県紙は県内に読者を持ち、県内のさまざまな出来事を詳細に報道する。沖縄県は例外的に沖縄タイムスと琉球新報という二つの県紙が存在する。両紙の県内シェアは9割にのぼる。換言すると、沖縄社会の世論形成にとって、両紙の影響力が強いことが分か

る。

　沖縄問題の報道を考える上で重要なのは、全国紙と地方紙とのニュースバリューの違いである。全国紙は国家単位、あるいは東京（＝中心）の視点から社会問題を報じ、評論する傾向が高い。それに対して地方紙は地元の地域社会で生じた社会問題や紛争について、独自の視点から長期的・継続的に報道する点に特徴がある。したがって、沖縄問題は全国紙でも大きく報道される場合があるが、それはこの問題が日本の安全保障政策を左右するといった日本社会の多数派の利害と関わると判断された場合である。つまり、「日常」の中で、沖縄問題が大きく報道されることはまれである。それに対して、沖縄の二紙は、日常的に沖縄問題を報道し続けている。また、沖縄の歴史や日本社会のあり方と沖縄の基地問題とを結びつける独自の視点から報道を行う。

　このように、米軍基地に関する諸問題を重視し、反基地の姿勢を明確に示す両紙のニュースバリューは沖縄社会の世論形成に影響を与えている。その一方で留意すべきは、こうした二紙のニュースバリューは沖縄社会の多数派の価値観やアイデンティティを反映しながら形成されてきたことである。ニュースは社会の多数派にとって価値のある情報のことを指す。つまり、社会の多数派にとって利害・関心のある出来事がニュースとなる。すなわち、沖縄県紙は沖縄の多数派の価値観やアイデンティティに影響を受けながら沖縄問題を報道してきたという側面も併せ持つ。

　ニュースバリューはニュースメディアの組織文化である。そしてニュースバリューはある出来事の報じられ方や意味づけのパターンを作り出す。つまり、沖縄問題に関する報道のされ方（意味づけ）のパターンを分析することで、沖縄メディアのニュースバリューの特徴、さらにはそうしたニュースバリューを形成する価値観やアイデンティティの特徴を明らかにすることができるのである。

2-3　沖縄問題報道の政治的・社会的文脈

　それでは、沖縄問題をめぐる報道（メディア表象）はアイデンティティの政治といかなる関係にあるのか。「はじめに」でも指摘したように、社会問題の報道の分析は、そうした報道のされ方を可能にする社会の特徴を明らか

にすることでもある。つまり、沖縄問題の報道の分析を掘り下げていくと、それは沖縄の政治的・社会的文脈や歴史的文脈との関係性を問うことへと通じている。さらには沖縄問題をめぐる沖縄社会と本土社会の価値観やアイデンティティのあり方の違いに目を向けることにつながっている。

よく知られるように、沖縄は第二次世界大戦末期に民間人を巻き込んだ地上戦が展開され、多くの死傷者を出した。そして本土より2カ月ほど早い1945年6月に米軍の占領下となった。戦後沖縄では米軍基地建設のための土地の接収が行われたが、それは「銃剣とブルドーザー」とも表現される強制的なものであった（沖縄タイムス社編 1996: 305）。

戦後の沖縄社会では、こうした基地問題に対する大規模な異議申し立てがしばしば生じた。例えば1956年に生じた米軍による軍用地政策に対する抗議活動は「島ぐるみ闘争」と呼ばれる。この異議申し立ての特徴は、その名が示す通り当時の沖縄の議会や一般の人々が広範に参加したことにある。ここに、米軍基地問題を「我々の問題」として捉える沖縄社会の集合的なアイデンティティを見ることができる。

一方で、戦後長らくの間、本土社会のメディアや世論において、沖縄の問題を「我々の問題」として捉える傾向はあまり見られなかった。確かに大きな事件や事故、沖縄返還といった出来事を通じて、あるいはメディアのキャンペーンなどで関心が高まることはあったが、そうした状況は一時的なものにとどまる傾向にあった[3]。第1節の冒頭でも触れたように、中野好夫は高度経済成長期のピークである1968年に「沖縄はなぜわたしたちの問題であらねばならないか」と論じた。占領が終わり、安保体制が確立する中、本土の人々は一方で「平和」を享受し、他方で高度経済成長を経て「豊かさ」を手

---

3) 例えば本土の主流メディアが沖縄問題を最初に大々的に報じたのは、朝日新聞による1955年の特集である。直後の1956年に生じた「島ぐるみ闘争」は本土の反基地運動の高まりの中で関心を集めた。しかしながら、本土の基地問題が解決されると急速に本土のメディアと世論の関心は失われた。いわば、基地問題をめぐる沖縄と本土の共通の「我々」意識は一時的に構築される機会があったものの、それが持続することはなく、それぞれの基地問題の間の関連性が失われ、個別化していったといえる（明田川 2008; 山腰 2012）。

に入れた。そうした中、本土の人々は沖縄問題を「我々の問題」として問う関心を低下させてきたのである。

　沖縄社会は本土のような「平和」や「豊かさ」を享受することができず、むしろ米軍基地を本土の代わりに負担することで、本土社会の「平和」や「豊かさ」の実現に寄与してきた「犠牲のシステム」としての側面を持つ（高橋 2012）。沖縄社会では、本土から切り離されていた間、本土復帰を通じて日本社会の「我々」の一員となることを希求してきた。なぜならば、本土社会に復帰することで社会問題としての沖縄問題が解決されることにつながると考えてきたからである。しかしながら、「平和」や「豊かさ」を享受する本土社会の「我々」には沖縄社会は含まれていなかったのである。いわば、本土社会のメディアや世論は無意識のうちに沖縄社会を自らと利害・関心を共有しない「他者（彼ら）」と位置づけてきたのである。沖縄問題をめぐる報道の政治的、社会的、歴史的文脈を考える際には、沖縄の本土復帰前から構築されてきた沖縄社会と本土社会との関係性について考える必要がある。

3　沖縄問題をめぐるアイデンティティの政治の現状

3-1　転機としての1995年

　こうした沖縄問題をめぐるアイデンティティの政治の一つの転機は、1995年に生じた米兵による少女暴行事件をめぐる反基地運動である。

　1995年9月4日に発生した米兵による少女暴行事件の結果、沖縄社会において激しい反基地感情が噴出した。そして9月28日の大田昌秀沖縄県知事による「代理署名拒否」[4]、10月21日の県民総決起大会を経て事態は1956年以

---

4)　アメリカ統治下にあった沖縄における米軍用地は半ば強制的に接収・使用されていた。復帰に際して日本政府は軍用地の地主との間に賃貸借契約を結んだ上で、土地を米軍に提供する措置をとったが、中には契約を拒否する地主も出てきた。そのため、強制使用を可能にするための法律の整備が行われた。代理署名はこの未契約地主が所有する米軍用地の強制使用の手続きを沖縄県知事が代行する過程で必要となる。1995年のケースでは知事が代理署名を拒否することで強制使用手続きが停滞し、1997年5月に使用期限が切れる一部の基地施設の維持が困難となる可能性が生じた。なお、今日では法律改正により、事実上永続的に土地の強制使用が可能になっている（新崎 2005: 181）。

来の「島ぐるみ」の反基地運動へと発展した。こうした反基地感情を背景に、大田知事は日米地位協定の見直しや基地の整理・縮小を日本政府に要求した。それに対して村山富市首相は職務執行命令で大田知事を提訴した（代理署名訴訟）。日本政府と沖縄県の対立は1996年8月の最高裁判決、9月8日の基地政策をめぐる沖縄県民投票、橋本龍太郎首相との会談を経て9月13日の大田知事代行表明まで、1年近く続いた。

　この出来事を通じて生じた「沖縄アイデンティティ」のメディア表象は次の特徴を持つ。それは、「沖縄問題は沖縄の問題である」という主張に基づく「我々」意識である。この集合的なアイデンティティは、問題解決のために共通の「我々」意識を積極的に構築してこなかった本土社会と自らを対立関係とみなすことで成立するものである。すなわち、沖縄の「我々」は、「広大な軍事基地を押し付けられ、基地犯罪、被害を強いられている沖縄」（琉球新報1995年9月10日）、「基地の重圧にあがくわれわれ県民」（沖縄タイムス1995年9月29日）として表象される一方、本土社会は、「沖縄県民の心を理解し、その痛みを共有しようという国民もそう多くなかった」（琉球新報1995年10月22日）と表現されている。こうした表現から、沖縄問題について共通の「我々」意識を構築しようと働きかけてこなかった、あるいは沖縄社会に負担を強いる本土社会に対する不満が顕在化しつつあることが分かる。つまり、1995年の事件をきっかけに、沖縄社会のメディアと世論の間で、本土社会を利害関係を共有しない「他者（彼ら）」とみなし、対立関係に基づいて表象する意味づけが明示的に成立したのである。そして沖縄のニュースメディアは、こうした対立図式を表象・再生産する役割を果たしたのである。

3-2　対立関係の強化

　1995年に沖縄のメディアと世論の間で顕在化した本土社会との対立関係はその後、解消に向かわずに残存し、むしろ、より鮮明化しつつある。そしてそれはしばしば「敵対関係」とも呼べるような深刻な対立へと発展してきた。
　沖縄のメディアと世論によって表象される「敵対関係」は次の特徴を持つ。第一は、「沖縄は差別されている」という主張である。

沖縄の過剰負担を前提にした差別構造（沖縄タイムス 2010年5月29日）

沖縄への不公正、不公平な安保政策の継続は「差別」であり、平和学が言うところの「構造的暴力」にほかならない（琉球新報 2010年5月27日）

　沖縄タイムスと琉球新報の両紙において、沖縄を「差別」する主体は政府にとどまらず、本土社会における主流メディアや一般民衆も含まれている。例えば沖縄タイムスは、「普天間は県内移設やむなし、という政府方針を後押しするような報道が目立った」と論じ、朝日新聞、毎日新聞、読売新聞の各紙を名指しで批判した（沖縄タイムス 2010年7月31日）。2016年の辺野古移設反対運動に動員された機動隊員による「土人」発言に対する両紙の激しい反発はこうした「沖縄差別」という文脈において理解することができる。すなわち、沖縄メディアによると、こうした発言は本土社会における「植民地意識が露呈した」ものにほかならない（琉球新報 2016年10月21日）。
　第二は、「本土社会は沖縄を理解していない（理解してこなかった）」という主張である。NHK放送文化研究所の沖縄県民意識調査によると、「本土の人は沖縄の人を理解しているか」という質問に対して、「理解している」と答える割合は1987年の45％から2012年の26％にまで減少している（河野・小林 2012）。「理解していない」という割合は、1987年の48％から2012年の71％へと増加している。つまり、近年の沖縄社会の意識は「沖縄差別」をシンボルとして、本土社会との対立関係をますます強化しながら反基地感情を形成していることが分かる。その感情こそが、沖縄問題を理解しない本土社会への米軍基地の「県外移設」を支持する世論へと通じているのである。

4　全国メディアの中の「沖縄問題」

4-1　全国メディアの主張の二分化

　沖縄問題をめぐる、沖縄メディアと世論において構築された敵対性を本土のメディアや世論はどのように認識し、それに対応しているのだろうか。
　本土社会においても、2009年から2010年にかけて、民主党政権下での辺野

古移設問題が深刻化した頃から沖縄社会と本土社会との対立関係、沖縄社会の本土社会に対する敵対性が強く意識されるようになった。例えば朝日新聞は、2010年5月13日に「『差別だ』沖縄に広がる」という特集記事を掲載している。ここでも沖縄社会が自らの置かれた状況を本土社会による「差別」とみなしていること、そして沖縄社会において「怒りがたまっている」ことが指摘されている。

　その一方で、この社会問題をどのように意味づけ、対立関係をどのように解消すべきかに関する本土のメディアの主張は異なっている。例えば、読売新聞は、普天間飛行場の県外・国外移設は「非現実的」（読売新聞2009年10月22日）であり、県内の名護市辺野古に代替施設を建設する日米合意こそが「基地負担軽減の早道」であると主張した（読売新聞2010年6月9日）。このような立場に基づき、読売新聞はさらに「日本全体の安全保障にかかわる問題は本来、地元の民意だけに委ねるべきではない」と論じている（読売新聞2010年9月14日）。

　アイデンティティの政治という観点から、この読売新聞の言説戦略は次のような特徴を持っている。第一に、「ナショナル・アイデンティティ」としての「我々」という集合的アイデンティティが想定されている点である。そして第二に、沖縄アイデンティティもこの「ナショナル・アイデンティティ」の内部に包摂しようとしている点である。その結果、沖縄問題は「国益」に関わる問題であり、日本社会＝「我々」の一部の意見（すなわち沖縄の民意）だけで解決されるべき問題ではないという主張を正当化している。

　一方、朝日新聞もまた、沖縄問題を「我々の問題」であると主張している点は共通しているものの（例えば2010年9月5日）、その言説戦略は異なっている。先に見た特集記事にもあるように、朝日新聞は沖縄社会の「声」に積極的に耳を傾けようとしている。それは、沖縄問題の深刻化に対する危機意識のもと、新しい「我々」のあり方を模索する試みであり、沖縄との間の対立関係（敵対性）を消去しようとする戦略でもある。

　しかしながら朝日新聞は、読売新聞と同様に「在日米軍の存在は、日本防衛のみならず、アジア太平洋の安全保障に重要な役割を果たしている」とも論じている（朝日新聞2009年10月15日）。一見、論調の異なる朝日新聞と読売

新聞との間には、「平和」に関する価値観が共有されている（大石 2012）。これは戦後日本の支配的価値観であり、こうした支配的価値観を基盤として全国紙が担う「我々」意識が再生産されてきたと捉えることができる（本書第1章の「大きな物語」に関する議論も参照のこと）。朝日新聞の言説戦略は、沖縄を他の地域とは異なる存在と認めつつも、それを「我々の問題」として包摂することの困難性に直面している。このように、沖縄問題は戦後日本の本土社会の支配的な「我々」のあり方の矛盾を露呈させるのである。

4-2 沖縄問題をめぐるメディアと世論の現代的状況

さらに、近年の傾向として、本土社会のメディアや世論の一部で沖縄アイデンティティが構築する敵対性に対する反感が高まっている。2016年の「土人」発言問題について、全国紙の一つである産経新聞はこの発言を問題視すること自体を批判するコラムを掲載した（産経新聞 2016年11月17日）。さらにインターネット上では、反基地運動や沖縄社会に対する反感が明確に主張されるようになった。このように、沖縄社会と本土社会、双方で対立関係が強化される状況が生まれつつある。

アイデンティティの政治という点でもう一つ重要なことは、沖縄社会を「一枚岩」として表象することの限界が顕在化しつつある点であり、沖縄県の中で反基地運動に対する反発が可視化されつつある（朝日新聞 2014年5月11日）。また、沖縄本島から離れた八重山地域の地元メディアである八重山日報は沖縄本島の沖縄タイムスや琉球新報とは異なる主張を展開するようになった。つまり、沖縄社会の中で対立関係や敵対性が生じつつあるといえる。

以上のように、沖縄問題をめぐる報道や世論は分断や対立を一層深めつつある。ジャーナリズム論はこうした状況をどのように捉えることができるのだろうか。社会問題をアイデンティティの政治という観点から捉える際に重要なのは、対立関係や敵対性を消去することの究極的な不可能性である。本章の1-2で指摘したように、「我々」という集合的なアイデンティティは「他者」の存在によってはじめて可能になる。そして社会問題が社会の利害関係や権力関係と関連している以上、そこには何かしらの対立状況が生じるのである。社会問題が「誰にとっての問題か」、社会問題をめぐる「敵対者」

「傍観者」「支援者」は誰か、といった問題は常につきまとう。しかし、そのことは既存の「我々」のあり方を問い直すこと、新たな「我々」を構築することの可能性でもある。このようなアイデンティティの政治の性格を深く理解することが、ジャーナリズムが社会問題に関わる際の出発点であろう。

おわりに

　本章を通じてメディア論、マス・コミュニケーション論、そしてジャーナリズム論といった一連の研究にとって社会問題の報道や世論を分析することの意義が明らかになった。こうしたアプローチは、「ある社会問題がなぜそのように報道されているのか（されていないのか）」という問いから始まり、ニュース報道の特性や社会問題そのものに関する知見を深める研究であるといえる。そしてさらに重要なことは、そのような報道を可能（不可能）にする社会の構造的・歴史的な特徴を学ぶことにつながる点である。

　それでは、沖縄問題をめぐる報道と世論の分析は日本社会の何を問うことに通じるだろうか。本章の分析から見えてきたことの一つは、この問題が「誰にとっての問題か」を問うことを通じて、戦後日本社会における沖縄の位置づけを改めて問うことの重要性であった。この視点をさらに深めていくと、戦後日本にとって「平和」とは何かを問うことにつながっていく。

　「平和」とは現代社会においては「普遍的」価値の一つとみなされている。とくに日本は戦後、「平和国家」を国家目標の一つに位置づけ、そのことについては社会において広範な合意が成立してきた。すなわち、ジャーナリズムも世論もこの価値や目標を支持してきた。その一方で、「平和」とはいかなる状態であり、それはいかにして可能なのかという問いに対する答えは必ずしも意見の一致をみない、いわば多義的な言葉である（石田1989）。こうした中、沖縄問題は、「平和国家」日本が沖縄に基地を集中させることによって、そしてそのことを「不可視の」状態にしてきたことによって成り立ってきたという側面を前景化させる。戦後日本のジャーナリズムや世論が沖縄問題をどのように捉えてきたのかを分析することは、こうした「平和」の両義性や矛盾、そしてそこでジャーナリズムが果たしてきた役割に目を向

けることにもつながるのである。

(山腰修三)

参考文献
明田川融（2008）『沖縄基地問題の歴史―非武の島、戦の島』みすず書房。
朝日新聞取材班（1996）『戦後50年　メディアの検証』三一書房。
新崎盛暉（1968）「沖縄『問題』の二十余年」中野好夫編『沖縄問題を考える』（太平選書）太平出版社：15-49頁。
新崎盛暉（2005）『新版　沖縄現代史』（岩波新書）岩波書店。
石田雄（1989）『日本の政治と言葉（下）―「平和」と「国家」』東京大学出版会。
大石裕ほか（2000）『現代ニュース論』（有斐閣アルマ）有斐閣。
大石裕（2012）「メディアと市民意識―戦後日本社会を中心に」大石裕編著『戦後日本のメディアと市民意識―「大きな物語」の変容』ミネルヴァ書房：1-43頁。
沖縄県編（1996）『沖縄苦難の現代史―代理署名拒否訴訟準備書面より』（同時代ライブラリー）岩波書店。
沖縄タイムス社編（1996）『50年目の激動―総集　沖縄・米軍基地問題』沖縄タイムス社。
河野啓・小林利行（2012）「復帰40年の沖縄と安全保障―『沖縄県民調査』と『全国意識調査』から」『放送研究と調査』2012年7月号：2-31頁。
小林直毅編（2007）『「水俣」の言説と表象』藤原書店。
サイード，E・W（1996）『イスラム報道（増補版）』（浅井信雄・佐藤成文・岡真理訳）みすず書房。
杉田敦（2015）『境界線の政治学（増補版）』（岩波現代文庫）岩波書店。
高橋哲哉（2012）『犠牲のシステム福島・沖縄』（集英社新書）集英社。
中野好夫（1968）「沖縄はなぜわたしたちの問題であらねばならないか」中野好夫編『沖縄問題を考える』（太平選書）太平出版社：7-14頁。
山腰修三（2012）「沖縄問題と『市民意識』」大石裕編著『戦後日本のメディアと市民意識』ミネルヴァ書房：121-149頁。

第10章
原子力政策の正当性とメディア

はじめに

　本章の目的は、原子力政策とメディアの問題について、正当性（legitimacy）[1]という視座から考えることである。メディアを分析するためには必ず何がしかの理論的視座が必要となるが、ここでは正当性という政治学や社会学の領域で議論されてきた理論に沿ってメディアを分析してみたいということだ。それが具体的にどのようなことを意味するのか。まずはいくつかの具体例に沿って議論を進めてみよう。

　2011年福島原発事故の後、ミュージシャンの斉藤和義は、自身の曲「ずっと好きだった」の歌詞を書き換え、「ずっとウソだった」を発表して注目を集めた。この歌の世界観をひとことで要約してしまうなら、「俺たちは電力会社に騙された」というものだ。斉藤はサビの部分で、自分たちを騙し続けた電力会社や政府に対して「ずっとウソだったんだぜ」「ずっとクソだったんだぜ」を連呼し、原発事故直後、不安と怒りにとりつかれた人々から喝采を浴びた。

　しかし、本当に我々は電力会社に騙されていたのであろうか？　原発が54基もできたのは、国民が電力会社の嘘を信じ込まされてきたがゆえの結果なのであろうか？

　この本を手にしている大学生にとっては福島原発事故以前が中学生以下の

---

[1] 「正統性」と表記されることも多い。政治学では政治体制や政権の全体的安定性に関わる問題をlegitimacy概念で扱うことが多いため、例えば正しい血統をひく君主の支配といったニュアンスを含む「正統性」表記のほうがなじむ。だが本章で取り上げる政策の安定性については正当性という表記のほうが適切と思われる。

年代であろうから、そもそもあまり社会問題に意識が向いていなかったという人も多いかもしれない。だから年長者の人間が「ずっとウソだった」と叫べばそうだったのかと思う人もいるかもしれない。だが、半世紀もの間、人間が騙され続けるというのは一体どういうことなのだろうか？　そんなことがいったい可能なのだろうか？

　この歌が表現する世界観は一種の原発プロパガンダ論といってよいだろう。元博報堂社員の本間龍は、日本の広告が原発産業の維持、発展のためにどれだけ貢献してきたかを『原発プロパガンダ』という著書において詳しく語っている。その中で1970年から2010年までの40年間で国内電力9社合計約2.4兆円[2]にものぼる膨大な宣伝費がつぎ込まれた結果、日本国民は原子力発電の素晴らしさを刷り込まれ、信じ込まされてきたと論じている（本間 2016: 11）。

　本間はこの額はトヨタのようなグローバル企業の広告費に匹敵するものであり、電力事業が地域独占で競合他社がいないことを考えるとあまりに巨額な金額であると指摘している（同: 12）。だが、この巨額の数字は、我々が騙されていたことを裏づける数字なのだろうか？　誰もが原発の安全神話を信じ、原子力産業に都合の悪い事実に口をつぐんできたことを裏づける数字なのだろうか？

　もしこの原発プロパガンダ論が正しいとするならば、1970年代以降、主要紙で原発が社会問題としてたびたび論争的に取り上げられてきた事実はどのように理解すればよいのだろうか？　本間は原発のPR広告が主要紙に掲載された事例を多く紹介しており、これはこれで確かに興味深いのだが、もっと単純な事実についての説明が不足しているように思える。

　新聞のデータベースは、我々がこの半世紀、原発で事故やトラブルが起きるたびに、「原発は本当に安全なのか？」ということをどれだけ気にかけてきたかをよく教えてくれる。検証方法はいろいろ考えられるであろうが、

---

[2]　おそらくこの数字は朝日新聞の調査に依拠したものと思われる。朝日新聞は有価証券報告書を1970年から2010年まで調べあげて金額を割り出したという（朝日新聞 2012年12月28日）。

図1　原発推進に対する賛否（朝日新聞社調べ）

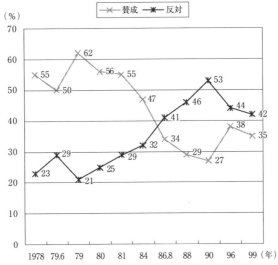

出典：柴田（2000）：91頁より。
注：スリーマイル島原発事故　1979年3月、チェルノブイリ原発
　　事故　1986年4月

手っ取り早いのが「原子力」というキーワードにさまざまなセカンド・キーワードを追加して検索する方法だ。この方法によると「安全」と「事故」に関する報道が極めて数多く行われてきたことが分かる[3]。

　また世論調査の変化を見れば分かるように、1986年のチェルノブイリ原発事故後に原発推進をめぐる国民世論は賛否が逆転し、半分以上の国民がこれ以上原発は増やさないほうがいいと思い始めるのである（図1）。この事実一つとっても、日本国民が原発のプロパガンダによって洗脳されてきたかのような説明は間違いであって、原発に対するイメージが制御し切れず悪化し

---

[3] 七沢（2008）はNHKのニュースと番組を対象にセカンド・キーワード分析を行った。その結果、上位10個までを取り出すと、安全、事故、再処理、環境、放射性廃棄物、核燃料サイクル、放射能、経済、高速増殖炉、エネルギーの順位であった。この方法にならって筆者が朝日新聞のデータベース閲蔵で検索をかけたところ、1985年から2010年までの間で、安全（6658件）、経済（4910）、電力（4812）、事故（4414）、エネルギー（3924）、環境（2999）、プルトニウム（2050）、再処理（1783）、放射能（1816）の順であった。

ていく状況の中で、なかば焼け石に水をかけるようになりふりかまわぬ必死の宣伝を行ってきたというのが実際のところであろう。

　要するに原発プロパガンダ論は、広告業界と原子力ムラの癒着ぶりについての道義的告発の書として見るならば大変興味深いが、その広告の社会的インパクトを過剰に見積もり過ぎているという点において、メディア研究の文脈では割り引いて読まなければならない議論といえるだろう。

1　政策の正当性

　さて、いまここで原発プロパガンダの議論を取り上げるのは、正当性の概念の意義を説明したいがためである。本章で取り上げる正当性の考え方は、社会学者マックス・ウェーバーの支配の社会学における用法を参考にしている。その最も基本的な含意は、支配とか統治という現象が安定的な社会関係として成立するためには、服従する側が納得できる「正当な理念的根拠」が必要ということだ。

　政治権力者は、自らの強権を発動し、抵抗をねじ伏せて命令を押し通すことも可能ではある。しかしそうした直接的な実力行使よりも、命令を受容する側が納得する正当な理念的根拠の存在こそが統治を究極的には安定させると考えられるのである。そのため、統治を安定させたいと願う統治者は常に、この統治が正当な理念的根拠にしっかりと根ざしたものであることを人々に思い出させ、その理念を育成しようと努める[4]。

　統治のトータルな安定性という問題に限らず、ある政治体制のもとで長期的に運用され続ける特定政策領域に注目する場合にも同じような考え方をあてはめることができると思われる。ある政策が安定的に運用され続けるためには、その政策によって負担や規制を強いられる人間が納得するだけの理念的根拠が必要である。もしその理念的根拠が失われる場合、自発的服従は失

---

[4] 例えば「どのような支配も、それが存続するチャンスとして、たんに物質的またはたんに情緒的な、あるいはたんに価値合理的な動機だけで、あまんじて満足するものではない。それどころか、あらゆる支配は、その『正当性』への信念をよびおこし、育成しようと求めてやまない」と述べられている（ウェーバー 2012: 25頁）。

われ、説得や懐柔の追加コストが発生することになり、場合によっては異議申し立ての運動が発生し、政策の修正や撤廃をめぐって政治過程が活性化することになるだろう。

　このような考え方に沿って解釈する場合、原発プロパガンダのために投入された巨額の宣伝費はもとより、1970年代以降の原発問題を特徴づける多くの兆候や変化は、原子力政策の正当性が徐々に失われていくことで生じたものとして理解することができる。例えば原発立地地域の自治体に中央政府から投下される巨額の「原発マネー」と呼ばれる交付金もその典型例の一つである。一例として福井県の場合、1974年度から2015年度までの間に累計で4708億4000万円にのぼる電源三法交付金が支払われている[5]。事実上迷惑施設化した原発を自治体に受け入れ続けてもらうためには、これほど巨額の迷惑料が納得を引き出す追加コストとして発生したといえる。

　とはいえこの原発マネーにしても全く万能というわけではない。原発の新規立地という点で見ると、1971年以降に原発の建設計画が浮上した地域で運転にまでこぎつけた場所は存在しない（表1）。つまり巨額の原発マネーは、1970年以前に土地と漁業権の取得が終わっている場所に迷惑施設化した原発を引き続き受け入れ続けてもらう代償として釣り合うものではあっても、新規立地を可能にするほどの力はなかったのである。1971年以降は、日本中のどの場所においても、どれだけ金を積んでも原発は拒絶され続けてきた。この原発の新規立地を拒絶する力の強さは、まさに原発政策の正当性が失われたことを如実に示すものである。

　この正当性の概念を理解する上で重要な点をさらに2点補足しておこう。まず第一に、服従の行為は常に正当な理念的根拠を原因とするわけではない。気弱さや揉め事を嫌がる日和見的な態度、単なる打算からも往々にして人々は服従する。にもかかわらずウェーバーが正当性の概念を重視したのは、服従する側がどのような正当性を要求するかによって、統治のあり方が究極的には決まってくるからであった。

　原発が社会問題化し、論点が多様化した1970年代から福島原発事故に至る

---

[5]　朝日新聞2017年4月7日記事より。

表1　原発建設計画の浮上時期と立地紛争の展開

計画浮上時期	断念ないし未着工	建設中	運転中(福島原発事故の直前まで)
1960年以前			東海
1961～65年	芦浜	もんじゅ	敦賀、美浜、福島、川内、能登(志賀)、東通
1966～70年	日高、浪江・小高、田万川、巻、古座、那智勝浦		高浜、玄海、浜岡、島根、伊方、大飯、女川、ふげん、泊、柏崎刈羽
1971～75年	熊野、浜坂、田老、久美浜、珠洲		
1976～80年	阿南、日置川、豊北、窪川	大間	
1981年以降	上関、萩、青谷、串間		

出典：原子力資料情報室（2011）：59頁より。

までの間は、（後述する）科学史研究者・吉岡斉が指摘するように高まる原発反対論、懐疑的世論を強引に押し切るように原発事業は展開していった。しかし、福島原発事故の後には日本中の原発が停止し、新たにつくり直された安全規制の基準をクリアしないと原発が再稼動できない状況に電力会社は追い込まれた。事故以前は、数ある論点のうちの一つに過ぎなかった「安全」であるか否かということが、原発を再稼動するにあたっては、政策の正当性を判定する上での絶対的な理念的根拠となったのであった。戦争や巨大災害という国民規模の共通経験は、平時において多様な政策の正当性についての考え方を強力に一元化し、「平和」や「安全」を絶対的な理念へと押し上げたのだ。

　第二に、統治に服する側が正当性を要求することで統治のあり方が大きく左右されるという正当性概念の考え方は、原発プロパガンダ論や虚偽意識論の発想とは大きく異なるものである。ここでいう虚偽意識論とは、人々が偽りの意識を外部から刷り込まれ、世の中に対する適切な問題意識を持てなくなってしまうがゆえに悪しき秩序が永らえることを問題にする議論である。ウェーバーが思想上のライバルとして意識していたカール・マルクスの思想を主たる源流とする考え方であり、資本主義社会の中で不当な搾取にあっているはずの労働者たちが、社会を変えるための運動に積極的に参加しない、

つまり変革の意志を持たない原因を説明するために用いられた。

　虚偽意識論との違いを意識することは、原発問題のような論争的な主題においてはとくに重要な意味を持つことになると思われる。というのも、我々は自分と異なる思想、とくに敵対する思想と対峙する場合には往々にして虚偽意識論の考え方で構えてしまうのが普通だからである。

　例えば原発反対派からすれば、原発立地地域の人々は「原発マネー」によって正常な判断力を失ってしまった人間であるかのようにしか見えないだろう。明確に虚偽意識論の理論的視座に立たない場合でも、取り上げる対象が自分と敵対する思想であればあるほど、当事者の主体的な判断力や内在的リアリティを無視して偽りの思想を成り立たせる背後事情を推測してしまいがちなのである。だが、このような姿勢では結局、原発反対派が反対派の世界観の中で推進派の意識を虚偽意識であるかのように描き、原発推進派が推進派の世界観の中で反対派の意識を虚偽意識であるかのように描いて終わるということになってしまう。

　ここではこうした事態を回避するためにも、正当性判断の根拠を絶対的なものではなく、時代によって、社会によって、そして立場によって異なるもの、つまり相対的なものとして評価する姿勢を徹底したい。つまり、研究者の信念と喰い違うからといって、核武装論者や極端な原発推進論者の思想を「虚偽意識」であるかのように扱わないように注意したい。

2　正当性の境界はどこにあるのか

　では実際に原子力政策の正当性に関する分析がどのように行われるかを説明していこう。ここでは1950年代に時期を限定してから議論を進めていく。というのも既存のメディア研究が最も興味深い成果をあげてきたのがこの時期の研究だからである。

　原発導入期の1950年代（さらに60年代）は、正当性の問題構造が非常にシンプルであった。というのも、原子力政策が正当であるか否かという理念的根拠は、「平和利用」であるか否かという一点に凝縮されていたからである。戦争の悲惨な記憶がなお生々しく残る1950年代には、「平和」という言葉が

担う政治的正当化機能は極めて強力であった。

　原子力の平和利用が当時流行したSF的未来談義という域を超えて、本格的な政策論として浮上してきたのは、アメリカのアイゼンハワー政権による「平和のための原子力」政策が打ち出されて以降である。これ以降「平和利用」は、米ソ冷戦の競争的領域へと変貌を遂げ、国益をめぐる熾烈な闘争的舞台となっていく。世界各国の政治・経済エリートにとってみれば、原子力「平和利用」は、国家が国益を最大化するために決死の覚悟で取り組まねばならない重大な政策として認知されるようになったのである。

　1953年の12月8日国連で行われた演説で、アイゼンハワー大統領は核兵器の破壊力が飛躍的に上昇し、米ソ二大国が核保有国として対峙する状況が生まれたことで国際社会を極度の緊張と不安が覆い尽くしている事態に懸念を表明した。そしてその状況を打破するために、核軍縮が必要であることを訴え、具体的な方法として核物質の利用をすべて国際原子力機関のもとで平和目的の事業に置き換えていくことを提案した。この提案がもし本当に実行されたならば、平和利用が進めば進むほど軍事利用のための核物質が減っていくことになるため、平和利用を進めて各国の産業を発展させ人々を豊かにしようとする営みが、そのまま同時に核軍縮を進めることにもなるという夢のようなシナリオがここから引き出されることになった。

　しかしこのような筋立てを真に受けた人間は少なかったであろう。アイゼンハワーの演説から3カ月後にビキニ環礁で大規模な核実験が実施されて日本の漁船第五福竜丸の乗組員たちが被災した事件は日本中に大きな衝撃を与え、国民規模の反核運動を出現させた。ところがその後も米ソの核開発の手は一向に緩むことがなく、核実験がたびたび繰り返され、「放射能雨」「放射能雪」が日常的な話題になっていった。「平和利用」が核軍縮の方法などではなく、単に原子力政策をめぐる競争的領域が軍事面だけにとどまらず民事領域にも拡大してきただけに過ぎないことは誰の眼にも明らかであった。理想的なシナリオを語る背後で、アメリカが原子力発電分野でイギリスに後れをとり、さらにはソ連も原子力発電の開発を着々と進めているのを見て、原子力「平和利用」分野の世界的な事業展開において巻き返しを図ろうと目論んでいるのではないかと多くの人が考えたのである。

アメリカは国際機関を中心とした夢のような核軍縮案を提示する傍らで、現実的な二国間ベースの技術援助、核物質、原子炉の供給を同盟諸国に行うことも提案した。人々はこの具体的な提案に接してアメリカが本気で「平和利用」分野の戦いに参戦したと実感したのである。またアメリカの本気さは国内の原子力法を改正し、民間事業者がより自由に原子力事業に参入できる制度的環境を整え始めたことからも人々によく伝わった。法改正によって国内の原子力熱が少しずつ高まり始めた頃のアメリカ社会を訪れた日本の政界、財界関係者が帰国後に原子力平和利用の積極論を展開していることは偶然ではない。

　こうした国際環境を背景としながら、日本の原子力開発は、突如として国会に原子炉予算が提出されたところから始まった。1954年3月、中曽根康弘、齋藤憲三、川崎秀二、稲葉修ら当時の改進党若手議員たちが突如国会の終盤に予算修正案として2億6000万円の原子力関連予算案（原子炉建造費2億3500万円、ウラニウム資源調査費1500万円、原子力関係資料購入費1000万円）を提出し、可決させた。この当時、日本学術会議の場で科学者たちが2年近く議論を繰り返していることを政治家たちもよく承知していたが、議論が立ち往生しているのに業を煮やし、強引に政治主導で突破がはかられたのであった。

　突如出現した原子炉予算は、自分たちこそ原子力開発を先導する立場にあると自認していた科学者たちの大きな反感を生んだ。しかしここから企業の原子力熱が高まり、自治体が関連施設の誘致に動き、それらの動きを慌しく新聞記者たちが追いかけるようになった。原子力平和利用ブームがにわかに沸き起こっていったのである。

　もちろん単なるブームというのは不正確でこの後の数年間で日本の原子力開発体制が一気呵成につくりあげられていくことになった。1955年に入って、経団連が原子力平和利用懇談会を設置し、国会には原子力合同委員会が設置され、日米の間には原子力研究協定が結ばれ、原子力開発の法的枠組みである原子力三法が制定された。56年には原子力委員会の設置が決まり、東海村に原子力関連施設の集中立地が決まっていく。そしてこの間、旧財閥系の企業を中心に原子力平和利用の開発に参加する企業グループが次々と結成され

ていった。いわば原子力開発体制の急速な構築プロセスと連動する形で社会全体が「平和利用」ブームに沸き返ったのであった。

　さて、原子力政策の正当性の根拠が、「平和利用」であるか否かという一点に凝縮されていたことはすでに指摘した。だが、それでは一体「平和利用」とは何だったのだろうか。実はこの時期、「平和利用」についての異なる考え方が並存していた。「平和利用」とは非常に曖昧な幅を持った概念であったのだ。したがって、この時期の政策の正当性に関する分析の課題は、一体どこからどこまでが「平和利用」であると考えられていたのかを明らかにすることにある。

　図2はその分析結果を示したものである。「平和利用」でありさえすればよいという一元的な判断基準によって成り立っているこの時期の原子力政策は、平和利用から軍事利用へと至る一連のスペクトラム（連続体）として描き出すことができる。そして、「平和利用」と「軍事利用」の境界線をどこに引くのかをめぐって、人々が異なる考え方を持っていたことがこの図によって示されているのである。

　この図が示す分析の詳細は、すでに他の論文において論じているので（烏谷 2015）、ここではその概略だけ説明するにとどめたい。1950年代における原子力政策の正当性についての主要な考え方は、反対論、慎重論、積極論の三つに大別することができる。

　まず反対論は、端的にいって、「平和利用」など不可能であるという立場だ。平和利用と称しても、どこでどのように軍事利用に巻き込まれるかは分からない。米ソ冷戦が緊張感を増し、核開発が冷戦の中心的対立の領域である以上、純粋な平和利用研究が存在する余地などありえないという考え方である。この立場を代表する人物として有名なのが、広島大学の物理学教授・三村剛昂である[6]。

　慎重論は平和利用があくまでも可能だという立場に立つ。考えるべきは、平和利用のために研究を行う科学者、技術者たちが、望まない形で軍事利用

---

[6] 1952年10月に日本学術会議で三村が行った演説は、この時期の反対論の代表例としてよく知られている。

図2　原子力政策の正当性の境界（1950年代）

```
┌─────────────────────────────────────────┐
│  憲法解釈による「自衛のための核兵器」　岸発言 │
│  ---------------------------------------- 鳩山発言 │
│  在日米軍基地への核配備                   │
│  ━━━━━━━━━━━━━━━━━━━━━━━━━━━━━━━━━━━━ 積極論 │
│  アメリカの濃縮ウラン供給                 │
│  ---------------------------------------- 慎重論 │
│  原子力研究　原子力発電                   │
│  ---------------------------------------- 反対論 │
│  原子核研究                               │
└─────────────────────────────────────────┘
```

に巻き込まれないようにいかにして防御壁を築くことができるかという問題である。そのために明確な原理、原則を打ち立てて、この原則を徹底する方法が選ばれた。それが平和利用のための「公開、自主、民主」の三原則である。武谷三男や湯川秀樹をはじめとする物理学者らがこの慎重論の立場に立つ人物として知られている。

　原子力の平和利用は可能であり、なおかつできるだけ急いで開発に取り掛かる必要があると考えた立場を積極論と呼ぶとするなら、結局この積極論が日本の原子力開発体制をつくりあげたといってよい。この積極論の立場を構成したのが、政界、産業界、官界そしてマスメディアであった。中でも読売新聞はあらゆる問題に対して積極論の立場から明快な言論を展開し、この時期の原子力政策をめぐる実効的な正当性の境界線をはっきりと示した。

　そこで次に、読売新聞がどのようにして原子力政策の正当性の境界線を引いたのかを詳しく立ち入って見てみることにしよう。

3　境界線の監視とメディア

　1950年代の原発報道において読売新聞の存在感は極めて大きい。アイゼンハワー大統領の国連演説に素早く反応し、他紙に先駆けて大型連載「ついに太陽をとらえた！」を1954年の1月に掲載、その2カ月後には同連載を手が

けた記者たちの働きによって第五福竜丸事件の世界的スクープをものにした。第五福竜丸事件は日本全国に国民的規模の原水禁運動を引き起こし、その大きな反核運動の潮流の中で、書籍化された同連載はベストセラーとなった。

　社長の正力松太郎にいたっては、海外から原子力平和利用使節団を招き入れ、アメリカ広報文化局（USIS）と共催して原子力平和利用博覧会を実施するなど言論界の原子力平和利用キャンペーンを先導するだけでなく、ついには政界に進出して原子力委員会の初代委員長を務めて「原子力の父」と呼ばれるまでに至った。連載を担当した辻本芳雄（当時・社会部次長）は、「原子力問題なら読売だ」という空気がこの頃の社内には漲（みなぎ）っていたと後日述べている（辻本 1955：71）。

　さて、その読売新聞は原子力政策に対して積極論の立場からどのように正当性の境界線を引いていたのだろうか。まず第一に読売新聞の国家観に注目しておこう。大ヒット連載記事「ついに太陽をとらえた！」には、次のような印象的なくだりがある。

　　　ひょっとすると身辺のナベやカマをちょっとひねりつぶしただけでドッと原子力が出てくるかも知れないという夢のような希望は捨てるべきではない。それを見つけ出した民族が、この人類史をどんでん返しさせるのである。日本人が小国の運命にあきあきしているならそういう方式の戦いをいどむべきであろう。これからはただ頭の競争だ（1954年2月9日）。

　「人類史をどんでん返しさせる」とは面白い表現だが、その驚くべき偉業を成し遂げる偉大な民族でありたいという読売新聞の一等国願望が端的に示されている。こうした一等国願望は戦後日本の高度成長の大きな原動力となったものであるが、同時に原子力政策においてはしばしば慎重論を切り捨てる力としても作用してきた。読売新聞の社説では、科学者の慎重論を「神経質に騒ぎすぎる」と折に触れて手厳しく批判したが、その際常に科学者たちの言動に見え隠れする小国主義への志向性が嫌悪され、唾棄された。

　例えば原子炉予算が突如登場して科学者たちが激しく抗議をしたときに、これを「いかにも感傷的な小国民心理」（1954年3月13日）と切って捨てた。

被爆者の立場に立って原子力研究反対論を訴えた三村剛昂はマンハッタン・プロジェクトもほんのわずかな旅費から始まったというエピソードを紹介して原子炉予算に警戒を呼びかけたが、読売社説はたかが2億円の「呼び水程度」の金額をつかまえて大騒ぎする「インテリ理論」と呆れ果ててみせたのである（同日）。

　その後も読売新聞社説は日米原子力研究協力協定をめぐる論争などを経て、原子力基本法が制定されるまでの間、「進歩的小児病者」（1955年3月24日）、「小児病的にゆがんだ所論」（同年4月18日）、「三原則と心中する感傷」（同年12月23日）などという表現で科学者たちの意見にきつい表現で釘を刺し続けた。

　第二に、積極論が1950年代における原子力政策の正当性の境界線としていかにして機能しえたのかを検証していくとき、これと対照的に慎重論があまりに政治的に無力であったことが分かる。慎重論を主張した科学者たちは、原子力平和利用の夢物語が盛大に語られるとき、物語の欠くべからざる登場人物として祭り上げられたが、原子力政策を具体化する場面においてその訴えはことごとく無視されたのである。

　慎重論者の受難という点で忘れがたいのが湯川秀樹である。慎重論の立場に立つノーベル賞物理学者湯川秀樹は、日本の原子力平和利用政策のシンボル的存在であった。メディア史研究者の山本昭宏は、戦後の日本社会では科学戦に負けたという強い自覚から、知識人の中でもとくに自然科学者への社会的期待が大きく、特別視される風潮があったと指摘し、自然科学者たちが少なからぬ「象徴権力」を持つ存在であったことを興味深く論じている（山本 2012: 35)[7]。つまりただでさえ大きな期待を集める存在であったところにノーベル賞を受賞したということで偉人として非常に大きな尊敬を集める存在であったことが分かる。

---

[7]　山本昭宏は象徴権力について、「その権力は、彼らの言語的能力に裏打ちされた知識や情報の伝達技術と、教養という名で呼ばれる文化資本の蓄積が生み出す正統性のイメージによって保証されていた。その力能を有するからこそ、知識人たちは混沌とした状態でしかない特定の時代の諸現象を、言語によって「時代状況」として構築し得る者であるとみなされたのである」と述べている（山本 2012: 35-36）。

だが湯川は自らの象徴権力を政策決定過程において実効的に行使することはできなかった。このことを如実に示すのが湯川の原子力委員辞任のエピソードである。読売新聞の社主であった正力松太郎は、先に触れたように1955年に政界進出を果たし、第三次鳩山内閣で原子力担当国務相に就任、56年には原子力委員会を発足させて委員長の座についた。その際正力は湯川に原子力委員就任をはたらきかけ、消極的であった湯川をなかば強引に委員会の中に引き込んだ。ノーベル賞受賞者である湯川の威光と名声がぜひとも必要であったからだ。

　だが正力は湯川の科学者としての真摯な意見を聞くつもりなどは毛頭なかった。正力は海外ですでに出来上がっている原子炉を一刻も早く購入して日本で原子力発電を始め、それを自らの政治的出世のための業績としたかったのである。そしてこの積極論者の中でも最も豪腕で性急な人物と湯川の見解は根本的に相容れないものであった。湯川は就任後すぐに体調不良を理由に原子力委員会に出席しなくなり、1年の時間をおいて正式に委員を辞任した。

　本人は公式に委員会を非難する強いメッセージを発しないまま辞任したが新聞には「湯川委員辞任の背景"早い原子力発電"に悩む」(朝日新聞1957年3月19日)、「炉問題で板ばさみ」(読売新聞同年3月18日)など湯川の心中を推測する記事が並んだ。

　当時湯川がいくつかの媒体に書いている文章を読むと、報道関係者の見立てがそれほど間違っていないことが分かる。湯川は、欧米社会で基礎研究から地道に積み上げてきた成果が実用化される段階になると慌てて最後の結果だけを取り入れようとする狭い実利主義に日本が囚われ続けていたことを厳しく批判している。慌ててはいけない、「ゆっくり急げ」と湯川は訴えたのだが、このいたって真っ当な主張は一顧だにされることなく終わった。

　第三に、他方で軍事利用に関わる諸問題に対して非常に鋭く厳しい姿勢でのぞんだこともこの時期の読売新聞を理解する上で忘れてはならないポイントだ。1955年3月、在日米軍基地に核兵器を配備しようとするアメリカ側の意向が伝えられた際に、鳩山一郎首相がこれを容認するような発言を行った。読売新聞はこの「原爆貯蔵」容認発言に対して次のように釘を刺し、強く批

判した。

> 700箇所以上の米軍基地を抱える日本が戦争圏外に立てることなどあり得ない。日本が原爆基地化している場合、真っ先に核攻撃の対象となることが予想される（読売新聞1955年3月16日）。

　この指摘は当時の国民感情をよく反映したものであったと思われる。当時在日米軍の核戦力は、日本を守る「抑止力」などではなく、日本を核戦争に巻き込むリスクとみなされていたといってよい。50年代の調査データは見られないが、このような認識が60年代後半にも根強く残っていたことを示す世論調査がいくつか存在する。例えば、1969年1月に朝日新聞が公表した調査結果は次のようなものであった。質問文「『原水爆などの核兵器をたくさん持っているアメリカが日本を守っているから安心だ』という意見があります。一方『アメリカの核のカサに入ることは核戦争に巻き込まれる恐れもあってかえって危険だ』という意見があります。あなたは、どちらの意見に賛成ですか」に対して、「安心」と回答した人が12％、「危険」と回答した人が67％であった。7割近い人間がアメリカの核戦力を「危険」視していた点は注目に値する。

　この時期、原子力を論ずる者の間に立場を超えて戦争に「巻き込まれる恐怖」が共有されていたことは明白である。そしてこの恐怖感情の共有こそが、この時期の「平和利用」論のリアリティを支えていたのだと考えられる。「平和利用」とは、事実上、核戦争や核開発競争に巻き込まれる心配のない原子力政策のことを意味していたのであり、「平和利用」と「軍事利用」の境界をめぐる争い（＝原子力政策の正当性の範囲をめぐる争い）とは、どこからどこまでが〈戦争圏外〉でどこからが〈戦争圏内〉であるかの状況判断をめぐる争いであった。反対論、慎重論、積極論はその判断の線引きの場所が異なったものの、〈戦争に巻き込まれない〉ことこそが原子力政策を正当化する絶対条件であるとの認識では一致していたのだといえる。

　読売新聞は言論機関として、日本が核武装化することは認めないのはもちろんのこと、在日米軍基地に核兵器を配備させることも断じて認めないとい

う立場を示し、超えてはならない一線をはっきりと明示したのであった。原子力発電の開発についてはできるだけ積極的な立場をとり、アメリカからのさまざまな技術的協力を歓迎する立場をとりつつ、在日米軍基地に核兵器を配備させることは強く拒絶する。これが50年代当時、読売新聞が示した原子力政策の正当性の境界であった。

　以上の議論が示すのは、メディアはどこからどこまでが正当な政策であるかを自ら示すだけでなく、科学者や政治家というほかの重要な関係者が行う正当性の線引きを監視、報告、批判する役割を担っているということだ。1950年代の原子力政策は、詳細が決まっておらず、一つ一つの案件についてどこまでが正当で、どこからが不当であるかという境界線を確定するための議論を積み重ねながら進められていった。その後の展開を見る限り、慎重論の科学者や核兵器容認の政治家を批判した読売新聞の立場は日本の原子力政策の正当性の領域がどこからどこまでなのかを極めてクリアに示したものであったといえる。この当時の読売新聞は、日本の原子力政策の正当性に関わる実効的な境界線を引く作業に強くコミットしていたと結論づけることができる。

おわりに

　本章では、原子力政策とメディアの関わりについて正当性の観点から考察を加えてきた。最後に今後の研究の課題に触れておきたい。正当性は政治学、社会学における大変有名な概念ではあるが、昨今それほど詳細な研究が行われているわけではない（少数の例外としてクラウス 2000、湯本 2004、伊藤 2010 を参照されたい）。とくにメディア研究においてはあまり開拓されていない主題である。そのため、正当性の問題とはメディア研究にとって具体的にどのようなものかは未だ必ずしも明瞭でない。

　本章ではどこからどこまでが平和利用なのかという原子力政策の正当性の境界分析について紹介した。このような分析が妥当性を持つのは、1950年代の日本の原子力政策において、正当な原子力政策の領域が、「平和利用」という概念の外延とぴたりと一致していたがためである。平和利用でありさえ

すればよい、軍事利用に踏み込まなければよいという一元的な価値判断基準が機能していたがゆえに、正当性の問題は、平和利用と軍事利用の境界線の問題に置き換え可能だったのである。

だが、これはあくまでもこの時期に限定された事情であったと見るべきだ。正当性の問題が常に境界線の問題として語られる必然的理由はない。今後の研究課題は、1950年代に（さらには1960年代においても）機能していた「平和利用」でありさえすればよいという正当性の判断基準がどのような形で崩れ、そこにどのような形で新しい正当性問題の構造が生まれてくるかを明確に把握することだ。1、2節で触れた原発プロパガンダや原発マネーなどの諸現象を正当性の問題として読み解いていくことはもちろんだが、さしあたって、「平和利用」という概念が強力な政治的正当化の機能を喪失していくプロセスを明らかにしていく必要があるだろう。

第一に、軍事利用と平和利用の厳密な区別が結局は不可能であることが公然と判明した。1974年のインド核実験は、地下資源の採掘や自然改造を目的とした「平和のための核爆発利用」をめざす実験と宣言されたが、国際社会は、平和利用の看板を掲げながら核兵器を開発することがいとも容易い状況にあることを思い知らされた。ここからアメリカは原子力技術の軍事転用問題に厳格に対応するための厳しい規制措置をとるようになり、軍事利用／平和利用の境界問題は、国際問題化することになった。どこまでが正当な「平和利用」かをめぐって、最も神経質な議論をするようになったのは第五福竜丸事件後の日本社会を核アレルギー扱いしたアメリカだったのである。

第二に、原子力施設に対する反対運動は1950年代から存在したが、1960年代後半から70年代にかけて著名な専門家の中から原発反対を主張する人々が登場してくる。原発推進派による科学的権威の独占が崩壊していくのである。こうした中で原子力「平和利用」それ自体の問題性が詳しく明らかにされていった。

政治的象徴としての「平和利用」の正当化機能喪失過程について考えることは、全く新しい世界観が構築されていくプロセスを跡づけるためにも重要である。というのも後に脱原発の指導者となっていく高木仁三郎のような人物でさえも、50年代の「平和利用」の夢を最初は素直に信じていたからであ

る。原子力研究を行う企業に就職した高木は、原子力産業のインサイダーとしての経験においてさまざまな疑問にぶつかることとなった。その際培われた問題意識はやがて科学そのもののあり方を根本から問い直す方向へと彼をおし進めていく。

　慎重論者の武谷三男が唱えたような「公開、自主、民主」という三原則さえ守れば、原子力の平和利用はうまくいく、科学は使い方さえ気をつければ人間を幸福にするという考え方は、こと原子力については甘過ぎるというのが高木の結論であったと思われる。「平和利用」論の問題性を一つ一つ確認しながら、それを内側から食い破るようにして振り払い、新しい世界観が構築されていく過程を詳細に追っていく必要があるだろう。主要なマスメディアに決して受容されることのない脱原発運動の最も急進的な思想の核をしっかりと取り出すことができるならば、マスメディアの原発報道の姿勢が比較対照されてもっと鮮明に浮かび上がってくるはずだ。

　以上、本章は、原子力政策とメディアの関わりについて正当性の観点から考えてきた。メディアの研究には必ずや何がしかの理論的視座が必要となる。もちろん、正当性について書かれた政治学や社会学の本にメディアの問題が書かれているわけではない。メディア研究の教科書に正当性という主題が取り上げられていることもない。だが、放っておけばバラバラのものを自分の論理で結びつけ、そこに新しい世界を切り拓いていくことこそが、最も愉快で楽しい研究の醍醐味なのだ。

（烏谷昌幸）

参考文献
有馬哲夫（2008）『原発・正力・CIA―機密文書で読む昭和裏面史』（新潮新書）新潮社。
伊藤高史（2010）『ジャーナリズムの政治社会学―報道が社会を動かすメカニズム』世界思想社。
ウェーバー、マックス（2012）『権力と支配』（講談社学術文庫）濱嶋朗訳、講談社。
烏谷昌幸（2015）「原子力政策における正当性の境界―政治的象徴としての平和利用」『サステイナビリティ研究』vol.5：91-107頁。
烏谷昌幸（2017）「原子力平和利用政策の社会的意味」山腰修三編『戦後日本のメディアと原子力問題―原発報道の政治社会学』ミネルヴァ書房。
クラウス、エリス（2000）『NHK vs 日本政治』村松岐夫監訳・後藤潤平訳、東洋経済新

報社、2006年。
佐野眞一（1994）『巨怪伝―正力松太郎と影武者たちの一世紀』文藝春秋。
柴田鉄治（2000）『科学事件』（岩波新書）岩波書店。
柴田秀利（1985）『戦後マスコミ回遊記』中央公論社。
武谷三男（1955）『科学者の心配―原子力問題の新段階』新評論社。
辻本芳雄（1955）「原子力班誕生」原四郎編『読売新聞風雲録』鱒書房。
七沢潔（2008）「原子力50年―テレビは何を伝えてきたか」『NHK放送文化研究所年報2008』：251-331頁。
本間龍（2016）『原発プロパガンダ』（岩波新書）岩波書店。
山本昭宏（2012）『核エネルギー言説の戦後史1945-1960―「被曝の記憶」と「原子力の夢」』人文書院。
湯本和寛（2004）「政治的正当性（正統性）論再考―象徴理論からのアプローチ」修士学位論文、慶應義塾大学（法学）。
吉見俊哉（2012）『夢の原子力― Atoms for Dream』（ちくま新書）筑摩書房。

第11章
グローバル化と国際的なニュースの流れ

はじめに──グローバル・ビレッジの可能性？

　カナダ生まれのマーシャル・マクルーハンというメディア研究者は、かつて『人間拡張の原理』（原著1964年）という本を出版し、その中でメディアの社会的影響について、参考になるいくつかの興味深いアイデアを提示した。
　マクルーハンは、メディアを含む技術は人間の身体のある特定の働きを「拡張」すると考えた。また「メディアはメッセージ」という有名な言葉も残した。メディアそれ自体に、メッセージが含まれていると考え、同じメッセージでもどのようなメディアによって伝えられるかによって、受け手の理解の仕方が変わると述べたのである。
　さらにマクルーハンは、その後の急激なグローバル化の展開を予測する中で、さまざまな高度な技術を備えるメディアの普及、とくに電子メディアによってコミュニケーションが発達することで、「グローバル・ビレッジ（地球村）」が形成される可能性についても言及した。すなわち、「現在われわれが全生活を情報という精密な形に移しかえるということは、地球全体および全人類家族の上に、単一の意識の状態をつくり上げることになるのではないだろうか」（マクルーハン 1964 = 1967: 8）と述べたのである。
　この指摘に象徴されるように、政治・経済分野などさまざまな分野における国際的な相互依存の程度が著しく高まり、それと同時に人・物・情報の国際的な移動がますます活発になることで、グローバル化は確かに急速に進んできた。その傾向は、国境の重要性を低下させる「ボーダレス化」も生み出すといわれてきた。メディアの領域で見ても、地球が一つの「村」となるという予言は、情報通信技術の急速な発達と普及によって実現しつつあるとい

う見方をとることも可能であろう。インターネットや衛星通信などの技術は、その典型といえるかもしれない。

　コミュニケーションを「情報の伝達と交換、その情報の意味に関する共有」と捉えるならば、マクルーハンのいう「地球村」は異なる国家間、そして異なる社会の人々の間でのコミュニケーションが活発になり、相互の理解が深まるというシナリオを描くことが可能になるはずであった。すなわち、メディアの開発と普及によって、それまでコミュニケーションを制約していた時間と空間の壁が低くなり、あるいは取り払われ、対話と理解が進むはずであった。

　しかし、実際の世界はそうした見通しとは大きく異なる方向へと進んできた。メディアがどれほど普及しても、地球社会ではいたるところで対立や紛争が生じているし、その解決を担うはずの国際連合などの国際機関も十分な役割を果たすことができないでいる。こうした対立や紛争を引き起こしている原因は、もちろん経済的な問題であり、また領土問題などの政治的な問題でもある。しかし、同時に重要なのは、これほど情報通信技術が発達し、インターネットや衛星を通じてニュースが国境を越えて流れるようになっても、国家間や異なる社会の人々の間での対話や理解が進んできたという評価を下すのは困難だという点である。

　というのも、それぞれの国家や社会において固有の文化、すなわち言語、宗教、生活習慣、価値観などが依然として根強く存在し、相互の対話や理解の妨げになっているからである。もしかしたら、情報通信技術の発展によって、各々の社会に固有の文化はより強固になってきたのかもしれない。「グローバル・ビレッジ」とはまったくいえない状況が続いているのである。以下では、こうした問題に関して、いくつかの論議を参照しながら、その実状について歴史的に概観してみる。

1　グローバル化の進展とニュースの南北問題

　これまで述べてきた状況を念頭に置きつつ、ここではグローバル化が持つさまざまな傾向について要約しておこう（コーエン゠ケネディ 2000゠2003（Ⅰ）：

45-58)。

① 「空間」・「時間」概念の変化——人間の活動を制約する時間と距離の力の減退。ただし、この変化を経験しない国家や地域も数多く存在する。
② 文化的交流の増大——すべての人々が、他の社会に由来する文化的意味や知識の流れにさらされる。
③ 問題の共通性——世界の国々や諸民族が直面する問題（例えば、戦争、テロ、自然災害、環境問題）が次第に似通ったものになりつつある。
④ 相互連関と相互依存の増大——個々の市民、地域、国家、企業、社会運動、専門家など、集団同士の結びつきが生まれ、国境を越えた交流や提携の濃密なネットワークが形成されつつある。
⑤ トランスナショナルなアクターとさまざまな組織——これに当たるのは、例えば多国籍企業、国際的政府間組織、国際的非政府組織、グローバルな社会運動、ディアスポラ（原住地を離れた移民者）といった国家に属さない人々などである。
⑥ あらゆる次元の同調化——経済・テクノロジー・政治・社会・文化といったグローバル化のすべての次元が同時に結び合わされ、それぞれが互いのインパクトを強化し、増幅しあっている。

　先に述べたように、グローバル化を推進してきたのが情報通信技術であることは間違いない。20世紀にさかんに論じられた情報社会論は、「情報通信技術の発達と普及」→「情報の生産・流通・消費過程における情報量の増大、情報の質の向上、情報の多様化」→「大規模な社会変動」という図式を描いていた。そして、こうした社会変動によって、工業を中心とした産業社会が、情報産業を中心とした情報社会（あるいは脱産業社会や知識社会）へと変貌するというのが情報社会論の主張であった。
　情報通信技術の発達と普及を中心にすえたグローバル化という傾向については、これまでさまざまな角度から考察が行われてきた。それは、グローバル化という傾向を不可避とし、積極的に評価する「グローバル派」と、それとは異なる立場を主張する「懐疑派」とに区分することができる（ヘルド＝

マッグルー 2002 = 2003、参照)。

　このうちグローバル派の主張は、情報社会論と多くの部分重なる。この観点に立つならば、ボーダレス化はその典型的な現象である。同時にグローバル派は、情報通信技術の発達により、金融部門のグローバル化が進むなど、経済分野でのグローバルな競争が増大する点に着目する。また、情報通信技術を中心とした科学の領域での急激な成長と、そうした技術や情報それ自体の商品化という傾向が加わる点も強調する。

　それとは対照的に懐疑派は、グローバル化とは単なる西洋化、中でもアメリカの文化や価値観が世界規模で普及するアメリカナイゼーションを中心とした傾向にすぎないと考える。人、物、情報のボーダレス化が進むとはいえ、世界を牽引するのはアメリカを中心とする先進国であり、それによって深刻化する発展途上国との格差の一層の増大、すなわち「南北問題」という問題に強い関心を寄せる。同時に、世界は経済的・政治的・文化的に収縮したとしても、なお領域、国境、空間、国家政府の重要性は依然として強く、グローバル派はこれらの点に関する考察が不足していると主張する。

　ニュースに限らず、情報の領域における先進国（北側諸国）と発展途上国（南側諸国）との格差、すなわち情報の「南北問題」が注目を集めたのは、グローバル化が本格化する以前の1970年代後半であった。先進国は、国内だけではなく国際的にも概して情報の自由な流れを強く主張していた。その主な根拠は、情報の自由な流れこそが、民主主義社会を成立させ、その根幹に位置するはずというものであった。

　それに対し発展途上諸国は、先進国からの一方向的な情報の流入に対して危機感をいだき、さまざまな規制を行うべきと主張していた。この種の問題は、発展途上国の開発独裁政権に対する評価の問題に集約されている。発展途上国においては、経済発展や国家建設を推進するために開発独裁政権がしばしば登場し、マスメディア報道に対する検閲など言論・表現活動全般に対する規制や統制が行われていた。こうした政策は、先進国から問題視され、とくに欧米諸国から見れば当然批判の対象となっていた。

　したがって、発展途上国における反政府活動は、それと関連するジャーナリズムの活動も含め、先進国では開発独裁政権に対する有効な批判勢力とし

て報じられる傾向が強かった。開発独裁政権は、こうした報道を含む反政府活動を支援する欧米諸国などからの働きかけに関しては、自国の国家主権に対する侵害になると主張した。加えて、先進国からの一方向的なニュースの流入に関しても自国の情報主権に対する侵害と批判したのである。

　さらに当時、こうしたニュースの流れの牽引役を担っていたのが、先進国の通信社、そして欧米の新聞社や放送局であった。これらの通信社、新聞社、放送局が流すニュースによって、発展途上国は、災害・飢饉・クーデターなど、きわめて事件・危機志向のニュースバリューに基づいて報じられた。その結果、これらの国々に関しては、固定的かつ差別的なイメージが地球規模で流布してしまい、増幅されるようになってしまった。

　この種の問題はまた、メディアを通じた先進国による発展途上国に対する文化侵略、あるいは文化支配の問題として取り上げられるようになった。こうした文化支配の問題は、先進国間においても重視されていたが、自国の文化の統合や成熟の程度が低い発展途上国においては、より深刻に受け止められていた。

　イスラム社会に対する欧米社会の偏見という問題について熱心に取り組んでいたエドワード・サイードは、先進国の報道によってイスラム社会に対する偏見や差別意識が形成され、強化されてしまったと批判した。すなわち、欧米中心の「イスラム報道」によって「イスラム社会」は一つの地域社会とみなされてしまい、しかも「多様なムスリム世界のあらゆる局面をことごとく飲み込んで、すべてを特別に悪意のある無分別な実体に矮小化してしまう」（サイード 1981 = 1986: 33）といった認識が、地球規模で広まってしまったと主張したのである。

　先進国と発展途上国との間のこの種の論争や対立は、情報あるいはニュースの「南北問題」と呼ばれるようになった。この問題は国連を舞台に論議され、1978年の第20回ユネスコ総会で「マスメディア宣言」および「新国際情報秩序」に関する決議が採択された。ここでの論議は、ユネスコ・マクブライド委員会報告書『Many Voices, One World（多くの声、一つの世界）』（ユネスコ 1980 = 1980）としてまとめられた。しかし、この報告書は先進国と発展途上国の両者に配慮した内容となっており、これらの異なる主張や利害の

妥協の産物であったと評価されることになった。ユネスコにおいても、この問題に関する明確な方針が打ち出されたわけではなかった。

2　「冷戦」の終わりと CNN 効果

　1980年代後半、東欧諸国で民主化運動が次々と生じるようになった。そして、1989年にはベルリンの壁が崩壊し、翌1990年には東ドイツが西ドイツに併合される形でドイツが統一国家となった。こうして東ヨーロッパの社会主義圏は消滅し、さらに1991年にソ連が解体することになり、ヨーロッパのみならず世界の政治地図は大きく変化することになった。米ソを中心とした「冷戦」が終結を迎えたのである。

　地球規模でのこのような大規模な政治社会変動に関して、社会学者のアンソニー・ギデンズは経済分野のグローバル化が旧ソ連や東欧諸国の変動をもたらした主要因と捉えると同時に、衛星放送の普及に象徴される情報のボーダレス化がこの変動を促進させたという診断をくだしたことがある。

　　70年代後半以降、旧ソ連・東欧諸国の経済成長率は急降下した。国営企業と重工業に重きをおくソビエト共産主義は、グローバルな電子経済の分野で、資本主義の後塵を拝さざるをえなかったのである（ギデンズ 1999 = 2001: 36)。

　これは、アメリカを中心とする「新自由主義」とグローバル資本主義が世界を支配し、米ソ間、そして資本主義諸国と社会主義諸国との間の経済格差が拡大したことが、「ソ連東欧革命」を生み出し、冷戦を終了させたという主張である。

　ソ連東欧革命に関連して、例えばフランシス・フクヤマは、「なぜいま一つの歴史が終わりを告げるのか」という問いを投げかけ、刺激的な主張を展開し、多くの論議を呼んだ。フクヤマが20世紀後半になって終焉を迎える「歴史」、すなわち政治体制として挙げたのは、右翼的な軍事独裁体制、共産主義体制、左翼的な全体主義体制であった。実際、フクヤマは「経済の近代

化をはかる国はすべて、しだいに似通ったものになっていく。……こうした社会は、世界的な市場や普遍的な消費文化を通して、互いにますます密接に結びつくようになる」（フクヤマ 1992 = 1992（上）: 19）と論じ、その上で以下のような見解を提示した。

> 旧ソ連の弱点を理解するには、経済的な困難という問題を、それよりはるかに大きな危機、つまり体制全体の正統性にかかわる危機という脈絡のなかでとらえなくてはならない。経済の失敗は共産主義への信念に対する反発を引き起こし、社会の基礎構造の弱さを露呈させたが……全体主義のもっとも根本的な失敗は、思想をコントロールしそこなったことにあるのだ。旧ソビエト市民は、いまにしてわかることだが、自立の精神をずっと失わずにいたのである（同: 73）。

フクヤマは、現行のリベラルな民主主義が抱えるさまざまな困難に関して注意深く考察する一方で、「歴史の終点においては、リベラルな民主主義に残されたイデオロギー上の強敵など一つもない」（同（下）: 73）と述べた。この主張に従うと、グローバル化の進展によって自由主義経済と欧米型民主主義が一層世界に普及していくことになる。

先に言及したギデンズも、情報通信技術の発達がソ連東欧革命に及ぼした影響について、以下のように論じている。

> 共産主義の政治権力を維持するために欠かせぬ思想と文化の統制は、メディアのグローバル化により、機能不全におちいった。旧ソ連・東欧諸国の体制をもってしても、西欧諸国のラジオやテレビ放送の電波の侵入を防ぎきれなかった。史上初の『テレビジョン革命』とさえ言われる、1989年の東欧激変の引き金となったのはテレビである。どこかの国の反体制デモを報じるテレビ放送を傍受した他国の人々が、自国の反体制デモにみずから進んで参加したのだ（ギデンズ 1999 = 2001: 36）。

このように情報通信技術の発達により、ニュースをはじめとする情報の国際的流通は容易になり、国家を越えたヨーロッパやアジアといった「地域」レベルでの、さらには地球規模での情報の共有化という傾向を加速させてき

た。その結果、ソ連東欧革命が生じ、冷戦が終わりを迎えたという見解も示されるようになった。

　これに関連して注目すべきは、この時期、アメリカのアトランタに本社を構えながらも、衛星を活用して世界にニュース配信を行うCNN（ケーブル・ニュース・ネットワーク）が影響力を増大させてきたことである。世界の指導者の多くは、国際世論の動向を知るためにCNNを視聴し、それを参考にしながら政策決定を行うとまでいわれるようになった。この現象は「CNN効果」と呼ばれた。CNNに代表されるグローバル化したテレビニュースが、各国の政治や国際政治に影響を及ぼす状況、それがCNN効果という言葉の意味である。こうした傾向は、以下に示す見解をも生み出すことになった。

> 地球規模で早く広く届く電波の力で、情報はあまねく世界に行き渡る。『情報の平等化』『共有化』の時代なのだ。それはまた『情報民主主義』の時代という言葉に置き換えてよいかもしれない。このことは……国家と情報という関係で見れば、国家が勝手に情報を管理したり、都合よく操作したりすることは、もはや不可能な時代に入ったことを意味している（NHK取材班 1990: 304）。

　CNN効果という言葉に象徴されるように、テレビ映像が容易に国境を越えるボーダレス社会においては、政治エリートたちは、国内外の政策を立案・遂行する際、国内世論のみならず、国際世論にも配慮せざるをえなくなってきた。そこから、前述したように、地球規模での情報の平等化や共有化が情報民主主義の時代を生み出すのではという、きわめて楽観的な見方が提示されるようになったのである。

　ただし、世界では経済面での「南北格差」が依然として非常に大きな問題として存在してきた。貧困と飢餓に苦しむ発展途上国と裕福な先進国との格差があまりに開いてしまってきたのである。そうした格差は、国際政治という舞台でも同様に存続してきた。もちろん、その背景には経済力に加えて軍事力の格差も存在している。

　その一方で、こうした情報の自由な流れや情報の一層のグローバル化が、

情報における「南北問題」をより深刻化させ、多くの論議を引き起こしてきたのもまた事実である。情報通信技術の発達や普及によっても、先進国から発展途上国への情報の一方向の流れという問題は残されたままであった。CNN（アメリカ）やBBC World（イギリス）のように、世界にニュースを流し、多くの視聴者がいるテレビ局は、先進国に本拠地をかまえている。そうしたテレビ放送局以外でも、例えば世界で有力な通信社を挙げてみると、AP（アメリカ）、UPI（同）、ロイター（イギリス）、AFP（フランス）、新華社（中国）、イタル・タス（ロシア）というように、政治的・経済的な強国にその本部（本社）を置いている。

こうしたことから、先進国の考え方や視点に基づいたニュース、そして情報が世界を席巻していることが分かる。もちろん、後述するようにインターネットの普及によって、この種の問題も、従来とは異なる段階へと移行してきた。それでもなお、ニュースの南北問題は厳然として存在しているといえる。また、ニュースなどの情報（ソフト）に加えて、さまざまな伝送路や情報関連機器の面でも、当然のごとく圧倒的に先進国が優位に立ってきた。コンピュータやインターネット関連の企業の多くは、やはりアメリカをはじめとする先進国に本社を置いている。

3　ニュースバリューと戦争報道

グローバル化の進展によって、ニュースをはじめとする情報の南北格差が一段と拡大してきた。そこで以下では、日本の国際報道を事例にこの問題について述べてみる。

まず取り上げたいのは、日本のマスメディアの特派員の配置、すなわち取材体制である。日本の新聞社、通信社、放送局は、アメリカではワシントン、ニューヨークなど、ヨーロッパではロンドン、パリ、ベルリンなど、そして中国では北京と上海、そして韓国のソウルといった先進国と近隣の重要な国の首都を中心に多くの特派員を常駐させている。それとは対照的に、南米、オセアニア、アフリカ、中東といった地域の特派員の数は極端に少なくなっている。

これは、第 1 章で論じたニュースバリューの問題と対応している。高いニュースバリューが付与されている先進国からのニュースが、通常は比較的多く報じられているのである。その結果、一般市民の多くもそうした国々に対する関心を高めることになる。一般市民のその種のニーズを満たすために、マスメディアは先進国に多くの特派員を配置し、そこから伝えられる数多くのニュースを流すようになる。

　日本社会で共有されるニュースバリューを介して、マスメディアの取材体制と一般市民の間にはこうした循環図式が成り立つことになる。もちろん、この種の図式が変化しないわけではない。例えば、世界において、中でも日本にとっての中国や韓国の重要性が増大するに従い、それらの国々の特派員の数も増え、さまざまな内容の多くのニュースが提供されるようになった。

　それでは特派員が少ない、あるいは常駐していない国で大きな出来事や事件が生じた場合、マスメディアはどのように対応しているのであろうか。一つの方法は、その国のメディア、あるいは外国の通信社から情報提供してもらうことである。その場合、直接の取材はしていないので、ニュースはそうしたメディアから得た情報を単に編集するだけのものになってしまう。また、重大事件の場合には近隣諸国の特派員が現地にかけつけるか、あるいは日本から記者が派遣され取材することもある。この方法は、確かに直接取材することはできるのだが、現地の状況に不案内なこともあり、さまざまな困難が伴うことになる。

　こうした問題は日本だけではなく、程度の差はあれ、先進国の多くにも見られる。概してニュースバリューの高い先進国に関しては、かなりきめ細かいニュースが流される。また、一般市民の日常生活に関する報道も数多く行われている。先進国の間では多くのニュースが流れているのである。もちろん、先進国の間でも情報やニュースの格差は存在する。例えば、アメリカから日本へというニュースはかなり多いが、その逆はそれほどでもないことは広く知られている。

　ただし、先進国と発展途上国との間に存在してきたニュースの南北問題はその比ではない。この種の問題が一段と明確になるのが戦争報道である。

　1990 年にイラクがクウェートに侵攻したことに端を発した湾岸戦争では、

イラクとアメリカを中心とする多国籍軍、いずれもが活発な宣伝を繰り広げ、国際世論に対する働きかけが頻繁に行われた。その間、グローバルなコミュニケーション手段は、マスメディアの取材や報道の仕方に大きな影響を与えた。例えば、イラクのクウェート侵攻から、1991年1月に多国籍軍がイラクに対する攻撃を開始するまでの5カ月間、バグダッドに駐在していた各国のテレビ局は、イラク政府による情報操作を受けながらも、インド洋衛星やアラブサット衛星を経由してさまざまな情報を提供し続けた。

このように情報ハイテク機器は、情報戦や戦争報道において、重要な位置を占めるようになった。ただし、情報戦との関連で注目すべきは、「情報民主主義」の先進国によって構成されていた多国籍軍側でも、「軍事戦略」、「国益確保」の名のもとに、厳しい情報統制や積極的な世論操作が行われたという点である。こうした情報統制や世論操作が行われた背景として、アメリカのベトナム戦争での経験や「教訓」の存在が多くの論者によって指摘された。

それは、次のようなものである。ベトナム戦争においては、アメリカ政府とアメリカ軍は比較的自由な取材と報道を許可したため、数多くの残虐な映像がテレビで流されることになった。その結果、米軍が思うような戦果をあげられなかったこともあり、アメリカ国内における厭戦気分や反戦運動が高まり、それがアメリカに敗北をもたらす原因の一つとなった。湾岸戦争では、ベトナム戦争の「教訓」が生かされ、さまざまな報道規制が行われることになったというのである。

報道規制としては、映像や記事に対する検閲という明確な手法がとられることもあったが、取材制限という手法もとられ威力を発揮した。それは、例えば軍事作戦や軍の動向に関する報道の禁止、定例化された軍からの一方向的な記者会見、軍に同行する取材のみが許可される、といった手法である。マスメディア側は、むろんこうした統制に対して反発し、批判を加えていったが、その一方でCNNの報道カメラマンが述べるように、次のようなニュース画面を流し続けていたのもまた事実である。

問題は政府の検閲だけではない。私が撮影したビデオを、アトランタの本社のプロデューサーは使わなかった。茶の間に流すのには汚すぎると思ったのだろう。……虐殺されたクウェートの市民の姿も撮った。頭を斧で割られたイラク兵の姿も撮影した。しかし、CNN は私の映像を流さなかった。……その結果、きれいなテレビゲームのような映像ばかりがテレビ画面に流れた。クリーンな戦争、フットボールやショーのような戦争。そうしたのはテレビ局だ（朝日新聞社会部編 1991: 19）。

　こうして「クリーンな戦争」の映像は、SNG（衛星ニュース素材収集システム）などの通信手段によって日本国内にも伝送され、世論の動向にも大きな影響を及ぼした。情報通信技術の発展によるグローバル・コミュニケーションの活性化は、一方において「情報民主主義」と呼ぶべき時代を生み出す可能性を高めたが、他方では湾岸戦争報道に象徴されるように、地球規模での世論操作を行う可能性も高めてきたのである。
　その後、2001年9月11日アメリカで生じた「同時多発テロ」を契機に生じた米軍を中心としたアフガン戦争、すなわち「テロとの戦争」に関しても、世界の有力国の多くは支持を表明し、直接的あるいは間接的に参戦していった。さらに、イラクに大量破壊兵器があるという報道は（後に、これは誤報と判明）、イラク戦争（2003年）の遂行に大きな影響を及ぼした。この戦争報道では、米軍などにジャーナリストを同行させるという「従軍取材（埋め込み取材）」が行われた。
　戦争報道に関する批判は、確かにテレビだけに向けられるものではない。とはいえ、影響力の大きさ、映像の衝撃度、そして実況性や即時性という特質を考慮するならば、やはりテレビの戦争報道はより厳しく検証される必要がある。
　近年、スマートフォンなどの普及により、一般市民が戦争や地域紛争などを録画し、インターネットによって配信することも一般化するようになった。その結果、民族・宗教の違いなどによって生じる人権問題に対する国際世論の声が表面化する機会も増大した。しかし、その一方でインターネットに対する規制の動きもさまざまな形で生じるにいたった。

おわりに——文化帝国主義とデジタル・ディバイド

　以上、テレビを中心にグローバル・コミュニケーションの問題を考えてきたが、最後に検討すべきは、情報社会論や情報社会モデルの中心にあるコンピュータ化の潮流を考慮した情報化とグローバル・コミュニケーションの問題であろう。テレビとは異なり、例えばインターネットによる情報流通は、それまで情報の受け手にとどまっていた大多数の人々を情報の発信者へと変化させる可能性を有しており、実際に一部の個人や組織はそのように活用している。

　こうした状況下では、ニュースの南北問題にしても、一段と広い文脈で論じられるようになった。その有力な一つの考え方が「文化帝国主義」論であった。この主張は、前述したグローバル化に対する「懐疑派」と多くの共通点を持つ。「文化帝国主義」による文化支配の問題は、先進国間においても重視されてきたが、国家レベルでの文化統合が低い水準でとどまっている発展途上国においては、より深刻に受け止められてきた。その主張は、以下のように要約される。

> 　発展は西欧の社会構造の単なるコピーではなく、発展途上国の古きよき文化に基づく、自発的かつ自己選択的なものと認識されるべきである……。(したがって) 文化的産物というソフトウエアの流通と抱き合わせであった技術移転やメディアのハードウエアの国際流通は、発展途上国諸国の発展を助長するのではなくむしろ従属の度合いを強化し、真の発展を妨げてきた……（カッコ内引用者；モハマディ 1991 = 1995: 194）。

　このように文化帝国主義による問題提起は、情報のグローバル化における負の側面を一段と明確にするものだった。それに加え1990年代、コンピュータの一層の普及によりマルチメディア、そしてインターネットの時代が到来し、情報の南北格差の問題に対する関心が、前述の1970年代後半の論議を継承しつつ、新たな装いで再浮上することになった。そこで用いられたのが「デジタル・ディバイド」という用語である。

この用語は、個人（家庭）間、世代間、地域間、そして国家間などで生じる、主にインターネットをめぐる情報格差の増大という傾向を説明するために提示された。そこでは、この種の情報格差と他の領域において存在するさまざまな格差が結びつけられて論じられてきた。それは、インターネットをはじめとする情報通信技術が社会の基盤として強く認識されてきたことにほかならない。グローバル化との関連からすると、国家間のデジタル・ディバイドが問題の中心に位置し、以下に見るように、それが情報格差とそれに伴う国家間の（南北）格差の一層の拡大、ないしはそれを固定化する方向へと作用してきた。

> 　アフリカの経験が強調することは、世界の技術パラダイムがこれほど速く変化する時代には、遅れた国々は最先端の社会よりもさらに速く進化しなければ、その地位から脱却できないという事実である。……重要な都市の中心地、グローバル化した活動、より高い教育を受けた社会集団は、インターネットを中心としたグローバル・ネットワークの中に包摂されつつある。その一方で、多くの地域の人々は、このようなネットワークから切断されている（同: 293-294）。

　ホームページを開設した個人や組織は、国境を越えて世界のインターネット接続者に対して、自らが生産・処理・加工した情報を提供したり、そうした接続者と直接に情報をやりとりしている。その結果、「アジアとアフリカの一部の地域を除いて、全世界は、インターネットというコミュニティで一つにつながっている」（郵政省編 1995: 214）という見解までもが示されたことがある。そこではインターネットが前述したマクルーハンのいう「地球村」を生み出す重要な契機になると、期待をこめて語られていた。
　インターネットは、新たなグローバル・コミュニケーションの手段として、世界を「ネットワーク社会」へと作り替え、従来の国家を中心とする世界地図を塗り替える可能性を持っているのは確かである。実際、瞬時のうちに世界中をかけめぐるさまざまな情報により、「国際世論」が盛り上がるという例も存在してきた。また、以下の説明にもあるように、情報通信端末やインターネットの普及は発展途上国においても急速に生じてきた点も押さえてお

く必要がある。

> 携帯電話の普及率では、先進国はもとより、多くの途上国でも普及率は75％を超えており、先進国・途上国を問わず、世界的に普及が進んでいることが見て取れる。インターネットの普及状況でも、同様の傾向が見られ、ICTがこの10年あまりで地球的規模で急速に浸透したことが分かる。このインターネットユーザーの増加は全地球的な現象であり、特に近年は中低所得国の伸びが大きく、全ユーザーの約半数が中低所得国居住者で占められるに至っている（総務省 2014: 3）。

　グローバルなレベルで情報化が進展するということは、政治的・経済的「資源」としての情報の重要性が増大することにほかならない。しかし、こうしたグローバルなレベルにおける情報化の進展が経済をはじめ諸領域における「南北問題」の解決にいまだ寄与していない点はやはり強調されるべきであろう。というのも、インターネットなどのメディアやそれを活用した情報の生産・流通・消費過程にしても、言語などの文化的な制約、そしてグローバルなレベルでの既存の社会関係、さらには政治社会システムとは決して無縁ではいられないからである。

　それゆえに、インターネットに象徴されるグローバル・ネットワーク、およびそれを通じたグローバル・コミュニケーションによって、ニュースの「南北問題」をはじめメディア・コミュニケーションの分野での国家間のさまざまな格差が一段と増大し、それに伴い国家間の既存の階層・支配関係が、地球規模で拡大再生産されるという指摘も説得力を持ちうるのである。

（大石　裕）

参考文献

朝日新聞社会部編（1991）『メディアの湾岸戦争』朝日新聞社。
NHK取材班（1990）『かくして革命は国境を越えた──天安門・ベルリン・ブカレスト』日本放送出版協会。
ギデンズ、アンソニー（1999＝2001）『暴走する世界──グローバリゼーションは何をどう変えるのか』佐和隆光訳、ダイヤモンド社。
コーエン、ロビン＝ケネディ、ポール（2000＝2003）『グローバル・ソシオロジー（Ⅰ）・（Ⅱ）』

山之内靖監訳、平凡社。
サイード、エドワード・W. (1981 = 1986)『イスラム報道』浅井信雄・佐藤成文・岡真理訳、みすず書房。
モハマディ、スレバーニー・A. (1991 = 1995) 古川良治訳「国際コミュニケーションにおける『グローバル』と『ローカル』」カラン、ジェームズ=グレヴィッチ、マイケル編、『マスメディアと社会—新たな理論的潮流』児島和人・相田敏彦監訳、勁草書房。
総務省（2014）『平成26年版　情報通信白書』ぎょうせい。
フクヤマ、フランシス（1992 = 1992）『歴史の終わり（上）』渡部昇一訳、三笠書房。
ヘルド、デヴィッド=マッグルー、アントニー（2002 = 2003）『グローバル化と反グローバル化』中谷義和・柳原克行訳、日本経済評論社。
マクルーハン、マーシャル（1964 = 1967）『人間拡張の原理』後藤和彦・高儀進訳、竹内書店。
郵政省編（1995）『平成7年度通信白書』大蔵省印刷局。
ユネスコ（1980 = 1980）『多くの声、一つの世界—コミュニケーションと社会、その現状と将来　ユネスコ「マクブライド委員会」報告』永井道雄監訳、日本放送出版協会。

第12章

国際報道と国際関係

はじめに

　国際報道と国際関係はどのように関連しているのか。国際報道は国内報道と比較して何がどのように異なるのか。そして国際報道は私たちの日常生活とどのような関係にあり、いかなる影響を私たちにもたらしているのか。こうした点を考えるのが、本章の目的である。

1　国際ニュースからの接近

1-1　国際関係の中の私たち

　21世紀に生きる私たちにとって、国際報道は身近なものとなっている。その理由は、世界での出来事や国際的な出来事が、日本に居住する私たちの日常生活に多かれ少なかれ影響を及ぼしているからである。それは、1970年代から進展してきたグローバル化の帰結であるといえる。

　新聞・テレビ・ラジオといったマスメディアは、毎日必ず海外の出来事をニュースとして報道する。こうした国際報道がニュース構成の一部となっている事実は、それだけ海外での出来事や国際的な出来事が私たちに必要なニュース、すなわち私たちが知っておくあるいは理解する必要がある、と新聞・テレビ・ラジオの報道内容を決定する編集者が考えていることを反映している。同時に、国際報道を必要としている読者・視聴者・聴取者が存在するという事実を映し出している。

　とはいえ、世界で起きた出来事がすべて私たちの生活と関係するわけではない。そのために私たちの手元に届くニュースはニュースを配信する主体に

よって選別されている。この過程は日本国内でのニュースの選別と基本的には変わらない。あるいは変わらなかった、と過去形で表現するほうが適切かもしれない。

ところが21世紀に入ってからというもの、インターネットなどの通信技術の飛躍的な発展を受けて、国際報道の配信主体は日本のニュース配信主体のみに限定されない状況となり、世界各国のマスメディアが、オンラインでニュースを配信することが常態化した。いまではコンピュータやスマートフォンに設定をしておけば、世界のニュースが自動的に私たちのコンピュータやスマートフォンに配信されるようになった。FacebookやTwitterのようなソーシャルメディアでも、各国メディアの報道を配信と同時に受信することが可能である。ソーシャルメディアを媒介にして友人から自動的に送られてくるニュースもある。

いまやニュースにアクセスするのではなく、ニュースが手元に届く時代となった。インターネットでつながっていると、もはやニュースには時間も国境もなくなった感がある。こうなると日本の私たちの生活に影響があるニュースのみが私たちの手元に届くというのは、一昔前の国際報道の姿になってしまったといっても過言ではない。

1-2 国際報道と国内報道

国際報道とは書いて字のごとく、日本以外での出来事、海外での出来事、国際的な出来事に関する報道である。新聞、テレビ、インターネットなど媒体を問わず、日々のニュースには海外での出来事や国際的な事案が含まれている。

頭の中では国際報道の重要性を理解しても、国際報道を真剣に捉えて、それを毎日追いつづけることは容易ではない。それは国際報道の多様性と断続性に起因するところが大きい。例えば新聞の場合を取り上げると、総合面、政治面、社会面、経済面のように大まかに紙面の性格が決まっている。読者にしてみれば、国内政治に関心にある場合は政治面、社会問題や事件に関心があれば社会面を開く習慣が身についている。特定の紙面には特定の情報が存在することを経験知として持っている。しかもある事案が紙面で取り上げ

られる場合、それに関する報道は継続的に行われることも知っている。

　それに対して国際報道の場合、新聞の国際面をひもといてみると、そこには日替わりメニューのように世界の出来事が現れ、しかもそれらには関連性が希薄な場合が多い。例えば、アメリカ政治に関する記事の隣には、シリアでの内戦があり、北朝鮮のミサイル実験があるかと思えば、香港の街角に関する情報が置かれている、という状況を思い浮かべてほしい。またテロ行為に関する報道には偏りがある。2010年代半ばになると、西洋諸国でのテロ行為が紙面を飾ることが増えてきた。テロ事件は西洋諸国でのみ発生しているわけではなく、現実にはより数多くの事案が世界各地で発生している。ところが、日本のメディアで報道されるテロ行為は西洋諸国でのものが多い。これは報道を編集する側が世界の出来事を切り取り、日本の読者にとって優先順位が高いと判断した記事を掲載するという仕組みがあるからである。

　このように国際面では、国内関連の記事とは異なり一つの事案を継続的に報道することは少なく、断片的な情報になる傾向が強い。そのために、特定の事案に関心のある読者にとって有意義な国際面の記事があるかもしれないが、一般的な読者にとって国際報道は何か疎遠でとっつきにくいものという印象が残ることも否めない。こうして国際報道は身近なものであるものの、自分たちには直接関係のない海外での出来事に関するニュースという認識、そのように受け取るオーディエンス（読者、視聴者、聴取者）の存在がある。

　とはいえ、実際には国際報道は現実の国際関係および国際関係の中の日本を反映している。国際報道は国際関係の実態と私たちの国際関係の認識の仕方に関わっている。そこで本章では、改めて国際報道とは何であり、どのような性質のものなのかを考えてみたい。次節以降では、カスケード・モデル、プロパガンダ、広報外交、ネット時代という四つのキーワードを取り上げ、歴史と研究の視点という二つの側面から国際報道と国際関係のあり方に接近していく。

2　カスケード・モデル

　国際報道に関する理論や分析枠組みに確立されたものは存在しない。とは

いえ国際報道の研究や見方に示唆を与えてくれる研究はある。その一つはロバート・エントマンの『パワーの投射』(Entman 2003) である。

2-1　フレーミング

　エントマンは、外交政策における政府、政治権力者、政策エリート、国民（市民・世論）、そしてメディアとの間の相互行為に着目し、「カスケード・モデル（連なった小さな滝モデル）」なる分析枠組みを提示した。これは、メディア研究におけるフレームあるいはフレーミングという概念を援用し、報道に対する政府などの政治権力あるいは政策エリートの影響力の強さを認め、その上で報道の主体性と社会や世論に対する影響力を強調する考え方である。

　エントマンによれば、フレーミングとは「出来事あるいは争点のいくつかの諸相を選択、強調し、特定の解釈、評価、もしくは解決策の有用性を主張するためにそうした諸相を相互に関係づけること」である (Entman 2003: 5)。このフレーミングを基盤にしたカスケード・モデルではまず次のように情報が流れていく。

　滝から水が流れ落ちるように政府の見解が政治家や官僚に流れ、そこからメディアで報道に携わる人々に伝わり、報道を通して一般的に表出されるフレームがつくられて、それが国民へと流れ着き世論となる。ところがカスケード・モデルでは情報が上から下に流れるだけではなく、下から上へと還流する。すなわち、今度は世論が報道機関などの世論調査によって報道に携わる人々に認知され、それがまたメディア・フレームに反映され、そしてその新しいフレームは政府のみならず、政策エリートにも認知される、という流れが起こる。この世論の還流を受けて、改めて政府は支配的なフレームを形成する。

　どこの段階でも行為者ごとに特定のものの見方であるフレームを持っているが、エントマンはその中でもメディア上に現れるフレームを「メディア・フレーム」とし、そのつくられ方と作用に着目している。こうした情報のネットワークとその活性化を明らかにし、特定のフレームを支持する考え方や感じ方が広まっていく過程を明らかにしたのが、エントマンのカスケード・モデルである。

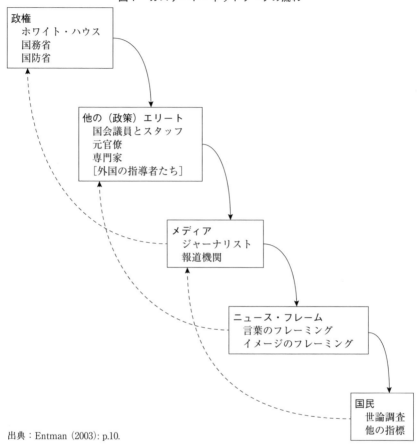

図1　カスケード・ネットワークの流れ

出典：Entman (2003): p.10.

2-2　事例

このようにカスケード・モデルの構造を記しても、具体的な事例がないと理解しにくいかもしれない。そこでエントマンが提示した具体的な事例を二つ紹介しておこう。

一つ目は、1983年に発生した大韓航空機撃墜事件と1988年のイラン旅客機撃墜事件である（Entman 2003: Chap. 2）。大韓航空機撃墜事件とは、大韓航空機がソビエト連邦の戦闘機に撃墜され、250人以上の犠牲者を出した事件である。これに対して、イラン旅客機撃墜事件は、アメリカ海軍の戦艦がイ

ランの旅客機を誤って撃墜し、290名の犠牲者を出した事件である。二つの事件はともに民間旅客機が軍隊によって撃墜され、民間人の死傷者を多数出したという共通点がある。ところが、この二つの事件をめぐるアメリカの主要新聞、報道系雑誌、テレビニュースでの報道となると対照的であった。アメリカのメディアは、大韓航空機撃墜事件ではソ連の行為を批判的に取り上げたのに対して、イラン旅客機撃墜事件では米軍の技術的なミスによる過失が強調され、アメリカ政府に対する批判は限定的であった。

なぜこれほど好対照な報道がされたのか。エントマンによると、これは、事件に関するアメリカ政府と政治エリートの解釈を、メディアが追従する形で作られたメディア・フレームであった。二つの事件に関してアメリカ政府の主張がそのままメディア・フレームとして支配的になった要因には、「冷戦パラダイム」の存在とそのパラダイムとの文化的な一致があった。

1980年代は米ソ冷戦が展開していた時期であった。そのために大韓航空機撃墜事件をめぐっては、アメリカ政府も政治エリートも報道機関も、ソ連が非難すべき対象であるというフレームには何も障害はなかった。それに対してイラン旅客機撃墜事件では、アメリカ軍が民間旅客機を撃墜することによる国際社会におけるアメリカのイメージ失墜を懸念し、またアメリカ自身の持つ自己イメージと矛盾することから、アメリカに関する否定的なイメージや連想が働くのを防ぐ必要があった。

このように冷戦時代は、冷戦パラダイムがアメリカ政府、政治エリート、ジャーナリスト、国民を拘束していたのである。それはまたアメリカが世界の指導者として外交政策を展開する上でも重要なイメージであった。

二つ目の事例は、1990年から91年にかけてアメリカで展開された湾岸戦争をめぐる議論である（Entman 2003: Chap. 4）。湾岸戦争に関しては、アメリカ政府の決定に対して、政府外部の政策エリートは活発に政府の政策を批判し、世論も二分化していた。そこでは政府のフレームに対抗するフレームが発生する可能性を秘めていた。ところが実際には対抗フレームは十分に展開することがなかった。

この事例を分析するにあたり、エントマンはアメリカ大統領の権力と戦略に着目した。湾岸戦争の開戦前から、ブッシュ政権は国連安保理での投票を

宣伝し、アメリカの行為を正当化する外交戦略を繰り広げた。アメリカの姿勢がメディアで取り上げられると、アメリカの湾岸戦争への関与は正当な行為であるというフレームが国際社会でもつくられた。さらに、アメリカ政府は、湾岸戦争の敵国であるイラクの指導者サダム・フセインをアドルフ・ヒトラーになぞらえた。これによって、第二次世界大戦後に構築された公的な記憶を呼び起こし、フセインは悪であるというイメージを植えつけた。

このようなアメリカ政府のフレーミングの結果、アメリカ議会は戦争を阻止する実効的な行動をとらず、アメリカの主要メディアは結果的には政府のフレームを好意的に扱うことになった。この事例が意味するところは、メディアが政治エリートの権力や戦略という相互行為の展開によって制約された、ということである。

2-3 限界と可能性

エントマンのカスケード・モデルは、国際報道のつくられ方の一つの形を提示したという意味で重要な研究である。しかし、エントマンの研究に欠点がないわけではない。というのも、彼の研究は、アメリカにおける外交政策を具体的な想定事案として作成されたからである。そこには二つの制約がある。一つは外交政策とメディアに関するフレーミングに議論が限定されるきらいがある点、もう一つはアメリカにおける権力、政策、メディア、国民との関係を前提としているので、モデルと事例にはアメリカの政治文化が色濃く反映されている、という点である。

こうした限界があるために、エントマンのカスケード・モデルは普遍性を持った分析枠組みであるとはいいがたい。それでも、国際報道の特徴をいい当てている点もある。このモデルを念頭に置きながら、次節以下では20世紀前半以降における国際報道と国際関係の歩みを再考していこう。

3 プロパガンダ

20世紀初頭、プロパガンダ（宣伝）が積極的に外交政策に用いられるようになり、国際関係における国際報道の重要性が飛躍的に高まった。本節では、

戦間期に焦点を当てて、プロパガンダのありようと意味合いを整理していく。

3-1　プロパガンダの時代

　第一次世界大戦は国際関係と国際報道のあり方を革命的に変容させた。大戦の終結は1919年のパリ講和会議から始まった。それからいくつもの条約が締結され、結果としてヨーロッパに存続していた君主制が終焉を迎え、ドイツ帝国、オーストリア＝ハンガリー帝国、オスマン帝国、そしてロシア帝国という四つの帝国が分解した。

　第一次世界大戦はメディアあるいはコミュニケーションの領域に改革をもたらした。プロパガンダが国家の遂行する政策として用いられ、定着したからである。いわゆる戦間期と呼ばれる第一次世界大戦から第二次世界大戦にいたる20年ほどの時代は、プロパガンダ隆盛の時代であった。プロパガンダは民主主義、共産主義、全体主義という三つの政治体制のもとでそれぞれの展開を見せた。

　第一次世界大戦の特需に沸いたアメリカは、1920年代には大量生産と大量消費の生活様式が確立した。女性への参政権も認められ、政治的な自由化が社会に拡散する時期でもあった。それはしかし、大衆を操作して世論の合意を作り上げるために、プロパガンダの技術の重要性を高めることにもなった。この点に着目したのが名著『世論』（1922年刊）で名を残したウォルター・リップマンであった。『世論』はその名の通り世論に関する古典として親しまれているが、同時にプロパガンダの政治利用を説く教科書でもあった。

　リップマンはいう。「プロパガンダを実行するためには、公衆と出来事とのあいだにある程度の壁がなければならない」（Lippmann 1922: 43）。ここで公衆とはいまでいう市民あるいは国民のことを意味する。リップマンは、公衆と出来事とを分離することで、メディアは出来事を操作する力を獲得し、また公衆には限られた情報のみを提供することができる、と論じる。メディアが提供する情報は出来事に関する公衆の認識と一致することはないかもしれない。つまりメディアは公衆が情報へアクセスすることを拒んだり制限することで、公衆に対して権力を行使することができる。

　このリップマンの議論は、政治権力による情報操作にも通じるところがあ

り、それこそがプロパガンダの政治利用を生みだすメカニズムであった。このプロパガンダの政治的利用は、アメリカのような民主主義国家だけではなく、その正反対に位置する共産主義国家や全体主義国家で顕著に展開された。

全体主義や共産主義の独裁体制下ではプロパガンダが政治利用されたことは歴史的によく知られている。1930年代から40年代のヨーロッパはプロパガンダ合戦の時代であった。その中でも、ナチス・ドイツの宣伝大臣として、当時のドイツ国民へのファシズム的な啓蒙政策に辣腕を振るい、「宣伝の天才」とまでいわれたアドルフ・ヒトラーの懐刀ヨゼフ・ゲッベルスは知名度が高い。ゲッベルスは、プロパガンダをナチス・ドイツの政策のために政治利用した[1]。ゲッベルスと同時代には、彼に対抗してヨーロッパで共産主義思想のプロパガンダに従事したヴィリー・ミュンツェンベルクもいる。ミュンツェンベルクは「赤いゲッベルス」と称されヨシフ・スターリンの切り札と目されていた人物でもあった（佐藤 2014）。

このように、全体主義と共産主義がプロパガンダを政治利用した歴史から、第二次世界大戦後になると冷戦時代における西側諸国では、全体主義や共産主義を想起させるとしてプロパガンダには否定的な意味合いがつきまとうようになった。

3-2　プロパガンダと国際政治

民主主義国家、共産主義国家、全体主義国家がそれぞれプロパガンダを政治的道具として活用していた事実は、戦間期の国際政治を語る際には見落とすことのできない重要な事項であった。このことにいち早く気づいていたのが、イギリスの国際政治学者で歴史家であった E. H. カーであった。

---

1) ゲッベルスはエドワード・バーネイズの『プロパガンダ』（1928年刊）をもとに宣伝の技法を考案したといわれている。本書は説得の技術を類型化し、1920年代に台頭してきたアメリカの消費者を説得する技術をまとめている。バーネイズは本書の中でパブリック・リレーションズ（public relations）という言葉を用い、第二次世界大戦後のアメリカを中心に広告業界の古典と目されるようになった（Bernays 1928）。バーネイズの議論に対する反論も存在する。ノーム・チョムスキーは共著『マニュファクチャリング・コンセント』（1988年刊）の中で、バーネイズの議論は「合意の捏造」のためのテクニックであると、痛烈に批判している（Herman and Chomsky 1988）。

カーの主著に『危機の二〇年』（Carr 1939）がある。本書の初版は1939年に出版されている。その年の9月30日付で記された序文には、本書は1939年9月ヨーロッパでの戦争勃発前のタイミングですでに原稿が印刷所に送られていた、とある。つまり、第二次世界大戦を予期しない段階で、第一次世界大戦とその後の不安定なヨーロッパ国際政治を観察した上で、カーは本書を書き上げていたことになる。しかも本書の中でカーはプロパガンダに着目し、プロパガンダと国際政治の関係について紙面を割いている。

　プロパガンダが政治権力者によって注目されたのは第一次世界大戦中のことであった。中でも1918年革命で政権をとったソヴィエト政府は、国際関係においてプロパガンダを積極的に利用した。そもそもソヴィエト政府を樹立したときのロシアは、国際紛争を乗り切るだけの軍事力および経済力が決定的に不足していた。そのためにソヴィエト政府のとった戦略は、他国の世論に影響を与えることで自らの力と国際関係における地位を固めようとするものであった。そしてソヴィエト・ロシアは、コミンテルンという組織体の中に国際プロパガンダ機関を設立した最初の近代国家であった。

　カーは、世論に対する力と軍事・経済力との密接な関係性に着目していた。カーにしてみると、国際連盟の失敗と国際世論の軽視の姿勢は、軍事・経済力の裏づけのないプロパガンダは政治的には効果がないという、当時ヨーロッパで共有されていた認識を反映していた。それゆえにプロパガンダは、倫理観に基づき普遍的あるいは一般的に認められた有効な手段であるという認識が必要である、と彼は論じる（Carr 1939）。もちろん世論に対する力としてのプロパガンダは軍事・経済力から完全に独立して考えることはできないものの、国際政治におけるプロパガンダの有用性ならびに国際世論の力が高まっていた事実の指摘は見逃せない。

　このことは換言すると、1920年代以降、プロパガンダが国内における国民の政治的動員だけではなく、国際世論の形成、すなわち国際関係における自国の位置づけを明確にするための手段として定着したことを意味する。プロパガンダは国際関係における国家の政治的武器となった。しかもカーが鋭く指摘しているように、国際世論が有効に働くためには国家権力が国際的なプロパガンダを積極的に推し進めるという姿勢が不可欠である。

しかし、この文脈では国際報道がプロパガンダに果たす役割が明確ではないままであった。その状況を変えたのが、第二次世界大戦後における広報外交、とくに東西冷戦という新しい国際関係の文脈であった。これに放送・通信技術の進歩が伴い、国際関係における国際報道の位置づけが明確になった。

4　広報外交

　国際報道は、広報外交（パブリック・ディプロマシー）を構成する一要素である。パブリック・ディプロマシー（public diplomacy）とは、パブリック・リレーションズ（public relations：広報）を外交に広げた概念であり、外交を通して相手を説得するという意味合いを持っている。

　広報外交には、外国の報道をよく見聞きすること、アドヴォカシー（政策提言）活動、文化外交、国際交流、そして国際報道という五つの要素がある（Cull 2009: 18-22）。その中での国際報道とは、外国の人々に自国の情報を伝え、それによって自国に関する肯定的な考え方をつくり、願わくばその考え方が彼らの政府にも影響が及ぶことを念頭に置きながらなされる報道である。伝統的な外交が政府あるいは国際機関の代表が交渉をする業務であるのに対し、広報外交とは外国に住む一般市民をターゲットとする活動である。

　ところで、広報外交には誤解がつきまとっている。それは広報外交の主体である各国政府や担当省庁が、広報外交を自国や外交担当省庁の利益と戦略に合わせて実践している場合が多いからである。この傾向は、日本、韓国、中国などの東アジア諸国の外交姿勢に顕著に表れている。ここで明記すべきは、21世紀においては広報外交は、プロパガンダ、ブランド化、文化交流とは異なる性質であることが、欧米の研究者では明確に述べられるようになっている点である（Melissen 2005: 3-27）。では広報外交とは何なのか。

4-1　広報外交とソフト・パワー

　広報外交が海外の一般市民をターゲットにすることから、ソフト・パワーと同一のものとしばしば誤解されることもある。ソフト・パワーとは、アメリカの国際政治学者ジョセフ・ナイが1990年の著書『不滅の大国アメリカ』

で唱えた概念である（Nye 1990）。その後ナイ自身が時代状況に応じてソフト・パワーの定義を変更してきているが、おおむね次のようにまとめることができる。すなわち、ソフト・パワーとは、他国を説得する手段として軍事力や経済力を用いずに、他国が自国の魅力を感じ協力してくれるような自国にとっての好ましい国際環境を獲得する国家の能力である。そしてその能力とは、国家の文化が持つ魅力から発せられるものである（Nye 2011）。

ナイの生み出したソフト・パワーなる概念は、冷戦終焉を見ない時期に軍事力や経済力ではない領域でアメリカのパワーの存在を指摘した。『不滅の大国アメリカ』の原書副題に明記されているように、「変容するアメリカのパワーの特徴」を捉えるのが本書の狙いであり、そのためにソフト・パワーは第一義的に大国アメリカの概念であった。しかも単なるパワーではなく、アメリカの国益を促進する戦略として、すなわちアメリカが外交を展開する上でのソフト・パワー戦略として位置づけられていた。したがって本項との関係でいうと、長い歴史を持つ広報外交はソフト・パワーを促進するための一つの方法であるということができる。

そのためにソフト・パワーは現実の国際関係の文脈で万能であるとはいえない。ソフト・パワーとは戦略的なパワーであるために、その国が持つ価値観や文化の魅力で相手を魅了することによって自分の望む方向に動かすように仕向けるという意図が内在している。そうした目に見えない力がソフト・パワーである。このことはいい換えると、特定の国家には好ましいソフト・パワー戦略であっても、他国には必ずしも魅力的に映らない場合がある、ということになる。すなわち、ソフト・パワー戦略を展開すればするほど、惹きつけられる国があると同時に、離れていく国も存在する可能性を否定できないのである。このようにソフト・パワー戦略は内在的に矛盾を抱えている。

上記のソフト・パワーの定義からも分かるように、広報外交とはソフト・パワーを醸成するための実践的な行動であるが、広報外交とソフト・パワーあるいはソフト・パワー戦略とは同義ではない。むしろ広報外交はソフト・パワー戦略のような戦略性が薄いために、その広報の対象は特定国家（群）の場合と網羅的な場合とに分けられる。この両者の機能を兼ね備えているのは広報外交の一環としての国際報道である。それは、ある国から海外の不特

定多数の視聴者あるいは聴取者に向けて発する、ある国に関する情報だからである。

4-2　冷戦期の広報外交

　第二次世界大戦後の1940年代半ばから1990年頃にかけての国際冷戦の時代は、一般には米ソが世界における勢力争いを展開していた。それは、単に核兵器や通常兵器の軍事力拡大競争に明け暮れていた時代ではなく、他陣営に対する自国の陣営の優越を謳うプロパガンダ競争の時代でもあった。外交における文化やコミュニケーションの領域でも、米ソはつば迫り合いを繰り広げていたのである。

　冷戦時代のアメリカのプロパガンダと広報外交について、ニコラス・カルの『冷戦とアメリカ情報局—アメリカのプロパガンダと広報外交、1945-1989年』(Cull 2009) が詳細な分析をしている（以下、本項の記述の大半はCull 2009に依拠している）。冷戦期にアメリカでは広報外交の概念が登場し、広報外交を専門的に担う政府機関が必要とする政治判断がなされた。それが1953年に設立されたアメリカ情報庁（United States Information Agency: USIA）である。

　情報庁は複数の任務を担っていた。第一の任務は世界各国におけるアメリカに関する世論調査とそのデータを収集することである。ドワイト・アイゼンハワー大統領の時代（1953-61年）には、世論調査は最重要課題とされていた。ところが、リンドン・ジョンソン大統領期（1963-69年）になると、そうした世論は反米感情を蓄積するだけであるとしてデータ集積の作業は中止された。

　第二の任務は、信頼の置けるニュースの拡散である。真実に関する報道は敵のプロパガンダに対抗する有効な手段として機能するとの信念に基づくものであった。この対外プロパガンダは、情報庁の下部組織である国営ラジオ放送局「アメリカの声」（Voice of America）によって遂行された。短波ラジオ放送を通して、自由の国アメリカ、豊かな国アメリカのイメージを世界に広めるとともに、ソ連が主導する東側諸国に対しては西側から「真実の」ニュースを報道するという姿勢を貫いた。

第三の任務は情報庁の基本に関わる事柄であった。それは、アメリカ政府の特定の政策を他国政府に理解してもらい、他国の国民にはアメリカ文化を広めていくという、アメリカの対外政策の代弁者として振る舞うことであった。

　アメリカが情報庁を設立した1953年といえば、アジアでの「熱戦」である朝鮮戦争が終結した年である。その頃にはすでに、ソ連は原子爆弾の核爆発実験を成功させており（1949年8月）、米ソは核兵器開発競争の時代に突入していた。それ以上にアメリカ政府を震撼させたのは、1957年10月、ソ連が世界初の人工衛星スプートニクの打ち上げに成功したことであった。アメリカに先んじてソ連が人工衛星の打ち上げを成功させた事実は、西側自由主義陣営と比較して東側諸国共産主義陣営のほうが軍事力および開発力で勝っているという印象とイメージを招きかねない、深刻な事態であった。それは米ソ冷戦構造というせめぎ合いで、ソ連が優位に立つということでもあった。そのイメージを世界に持たせないために、情報庁の活動は活発化した。

　情報庁の活動は1960年代半ば以降さらなる強化の時代を迎えた。ベトナム戦争へのアメリカの介入が契機であった。アメリカは東南アジアの小国（北）ベトナムの共産主義政権を打倒するために、大規模な地上戦を展開した。その一環として、情報庁はアメリカの魅力をたたえ共産主義政権を非難するパンフレットをベトナムに上空から散布し、共産主義者の寝返りを支援する計画を実行した。これはまさしくアメリカによる反共プロパガンダであった。

　ベトナム戦争の敗北によって情報庁の役割は縮小した。ところが、1980年代に強いアメリカの復活を唱えたドナルド・レーガン大統領のもと、改めて反共プロパガンダは政策アジェンダ（課題）に上り、資源が投入された。その一環として、「アメリカの声」やアメリカが出資していた自由欧州放送の活動の強化があった。

　とりわけ1975年から徐々に展開していた「ヘルシンキ・プロセス」における自由欧州放送の役割は大きかった。1975年、アメリカ、イギリス、西ドイツなど北大西洋条約機構（NATO）加盟国とソ連・東欧などの35カ国は、フィンランドのヘルシンキに集まり、平和体制の構築と人権の尊重、内政不干渉、国境の尊重などで合意した。これを「ヘルシンキ協約」という。以来こ

の協約を履行していく過程、そしてその帰結としてソ連・東欧の社会主義国が解体する過程をヘルシンキ・プロセスと呼んだのだが、その中で自由欧州放送は西側の自由、民主主義などの価値を東側住民に伝え続けるという役割を担っていた。

　自由欧州放送はアメリカ単独の活動ではないために、正式には広報外交とはいえない部分もある。それでもアメリカが主たる出資者であった点、アメリカの西ヨーロッパ同盟国と協調しての活動であった点、そして何よりも外国に住む一般市民（この場合は東側諸国の住民）をターゲットとする活動であった点を考慮すると、西側諸国が協調した広報外交と捉えることができる。

4-3　ポスト冷戦期の広報外交

　1990年代初頭に東西冷戦という国際構造が変化すると、広報外交のあり方も再考の時期を迎えることとなった。その象徴的な出来事として、アメリカのプロパガンダ活動の主役であったアメリカ情報庁は1999年に廃止された。これは東西冷戦という文脈で設立された情報庁の歴史的役割の終焉でもあった。

　しかしこのことは、広報外交の役割の終焉ではなく、むしろ時代の変化に合わせた新たな展開を意味していた。情報庁は廃止したものの、1999年10月からは、国務省内に広報外交・広報担当の国務次官という役職を設置した。この役職は、アメリカの安全と国益の確保を支援するため、広報活動を通して外国の国民や世論に直接訴えかける活動を行うことを目的とし、そのために、広報局、国際情報計画局、教育文化局を監督する、としている。こうして1990年代初頭の冷戦崩壊から数年を経て、ようやくアメリカの広報外交はポスト冷戦期の体制へと制度を整えたことになる。

　さらに大きな転換点は、2001年9月11日アメリカを襲った同時多発テロである。これは、アルカイダ系のイスラム過激派が、複数のアメリカの民間旅客機をハイジャックして、その機体ごとワシントン、ニューヨークなどのアメリカの富と権力を象徴する建物に激突するというテロ事件であった。

　この事件を転機として、アメリカでは諸外国、とりわけイスラム諸国におけるアメリカのイメージに関する調査・研究が進められた。もともと外交官

は海外の市民・国民とコミュニケーションをする意図はなく、広報外交は海外の国民や世論に訴えかけるという機能として割り切っていた。ところが9.11事件以降は、なぜイスラム諸国やラテンアメリカ諸国では反米感情が強いのかという点を解明するための、世論調査や意識調査が重視されるようになった。実に1960年代末にジョンソン大統領によって廃止された世論調査が、半世紀近くの時を経て復活したことになる。

日本でも21世紀に入ると、外務省が広報文化外交に力を入れ始めた。外務省ではパブリック・ディプロマシーを広報文化外交と訳している。ところがどうもその中身と実践は、一般的な意味での広報外交とは異なるようである。

外務省のサイトには広報文化外交の重要性が明記されている（2017年7月7日最終閲覧）。そこでは広報文化外交とは、各国市民に対して直接働きかけることとされている。こうした広報文化外交が重要とされるようになった背景には、国際社会での情報通信技術の発達や民主化の進展などを受けて、一般国民の外交政策に及ぼす影響が増えたという現実があった。広報文化外交には二つの目的が記されている。一つは日本の外交政策を円滑かつ効果的に行うこと、もう一つは日本への関心を高め、理解と信頼、親近感を深めてもらうことである。そのために外務省は「日本の外交政策や一般事情に関する様々な情報を積極的に発信するとともに、日本文化の紹介や人的交流、海外での日本語の普及に対する支援など」を実施している、という。

しかし外務省の推進する広報文化外交には、ジャン・メリッセンが広報外交ではないとしたプロパガンダ、ブランド化、文化交流のうち（Melissen 2005: 3-27）、ブランド化と文化交流が含まれている。このために日本の外務省はパブリック・ディプロマシーを広報文化外交と翻訳し、文化を追加した時点で、欧米諸国が実践している広報外交としてのパブリック・ディプロマシーとは異なる道を歩んでいることになる。そうした実態を受けて、本来的には広報外交の要素として国際報道があるのに対して、日本の広報文化外交では国際報道の位置づけが不明瞭なままという実態があることは否めない。

以上のアメリカや日本の文脈から離れて世界に目を向けてみると、21世紀へと時代が向かい始めたころから、広報外交をめぐる環境は急速に変化した。それは、冷戦の崩壊とテロリズムの時代の到来という国際関係の変化と、イ

ンターネット関連の通信技術をめぐる革命である。これらは、政治、経済、社会、文化というあらゆる領域におけるグローバル化が進展する過去30年ほどの間の出来事であった。インターネット技術の発展と通信機器の小型化と普及で全地球的にインターネット網が拡散し、インターネットが国内だけではなく国際問題に関する情報を瞬時に地球の隅から隅へと運ぶ時代となった。従来は国際問題への参加やそれに関する意見の交換といえば政治や経済のエリートの独占物であったが、いまやインターネットにアクセスできる個人なら誰でも地球大の課題に関する情報を入手でき、その解決のために知恵を絞り参加することが可能となったのである。

5　国際報道とネット時代

　21世紀に入り、情報通信革命は私たちと国際報道との関係を劇的に変化させた。それが私たちの日常生活に国際報道が身近になった主たる要因である。ところが、国際報道が身近になっても、国際的な事案を私たちが正確に理解することを意味するわけではない。むしろ不可解な事案がメディアによって流されることで、私たちは自らがすでに抱いているイメージを通して理解する場合が増えてきているのかもしれない。

　本節ではこの点を改めて確認するために、隣国との関係やテロ行為をめぐるフレーミングされた報道と、報道や情報のオンライン化によりプロパガンダ合戦の様相を呈してきた国際報道のあり方について概観してみたい。これらからは、私たちのあずかり知らぬところで国際報道が激化している現状の一端を垣間見ることができる。

5-1　メディア・ナショナリズム

　2005年、東アジアの国際関係は揺れていた。韓国、中国で「反日」感情が高まり、とりわけ中国ではそれが各地での反日暴動という形をとった。

　当然のように、一連の事案は日本のメディアでも連日のように報道された。北京や上海における「反日」デモ、暴徒化した市民が日系企業を破壊する光景などがニュースとなった。同時に、そうした中国市民が、ソーシャルメデ

ィアでは過激な「反日」言説を交わし合い、「反日」的な意見を共有していた模様も紹介され、中国におけるネット世論の力を見せつけられた。それゆえに中国では「反日」ナショナリズムが高まっていたように見えた。

　隣国中国で突然勃発した「反日」暴動に関するニュースは、日本社会で「反中」ナショナリズムの意識を高揚させた。理不尽に見える中国市民の言動が報道されることで、日本市民の間でもそれに嫌悪感を抱くようなネット世論が盛り上がった。

　このような一連の報道合戦は当時、日中摩擦といわれた。両国市民のナショナリズム意識が表面化した事案であった。ナショナリズム意識は「人々が抱くウチ向きの意識を高め、社会の求心力を増大させる一方で、社会のソトに対しては批判的、さらには攻撃的な姿勢となって現れる」（大石・山本 2006: 8）。中国での「反日」感情と行動が、新聞やテレビのニュースで報道され、解説や論評などの形で表明されることで、日本対中国という図式がつくられた。そして、そうした報道や解説を受けた国民の間で対中国を意識したナショナリズム意識が形成されることで、メディア・ナショナリズムが顕在化した（大石・山本 2006）。

　ここにはナショナリズムに関する新しいメカニズムがあった。それは、メディアを媒介にした国際報道を市民が内在化させ、ソーシャルメディアでそれを過激化しながら市民が共有し、そしてそれをソト向けに転換するというメカニズムである。それがメディア・ナショナリズムの一つの姿であった。そのためにメディア・ナショナリズムは、情報通信革命がもたらした帰結であるといえる。

5-2　敵と味方という二分法

　情報通信革命はメディア・ナショナリズムという新しい現象を生み出しただけではなかった。それは、国際社会を見る目を敵と味方に二分化するという作用ももたらした。

　2001年に発生した9.11事件は、テロ行為に関する国際的な報道に特定の方向性を与えることとなった。それはテロ行為とイスラムとを関連づけて報道する方向性であり、ほとんど疑問を抱くことなくその報道を受け入れるオー

ディエンスの存在を指す。この傾向は欧米諸国だけではなく、日本でも認められるところである。その理由と仕組みは以下の通りである。

第一に、9.11事件直後、アメリカは「テロとの戦い」を宣言し、従来の戦争の概念を覆す行動に打って出た。従来の戦争とは国家が主体であり、国家間で発生するものであった。ところが、9.11事件から1カ月ほどたったところでアメリカのブッシュ政権がとった行動とは、アメリカを襲撃したテロ集団とその首謀者に反撃するための、アルカイダというイスラム系過激派集団に対する「戦争」であった。しかもアルカイダの指導者であるオサマ・ビン・ラディンがアフガニスタンに潜伏しているという情報に基づき、アメリカはアフガニスタンに軍隊を送り込んだ。このアフガニスタン戦争から2017年時点で早16年がたつが、アメリカは自国の歴史上最も長い戦争をいまだに戦っている。

この間イスラム系過激派集団は様相を変化させてきた。当初はアルカイダが主体であったが、アメリカ政府の調査から判明したことは、アルカイダは組織化されていながらも、他方で個人的なネットワークの束から構成されていたという事実であった。しかもアルカイダには特定の場所に固定されたヘッドクォーター（本部）がなく、構成員がそれぞれの地で活動をし、インターネットなどを通じて連絡を取り合っていた。

しかもアルカイダは、実行犯がその行為に及ぶ直前に自らの行為をイスラムの名のもとに正当化するビデオを作成し、それをインターネット上に配信するという新しいスタイルを確立した。実際に自爆テロなどのテロ行為が発生すると、メディアはこぞってそうしたビデオをニュースとして再生した。中にはアルカイダによって拘束された一般の市民やジャーナリスト殺害の模様を写したビデオも作成され、それらはアルカイダのプロパガンダとしてネット上に配信されることもあった。このようにアルカイダはテロ集団として独自のメディア戦略を打ち立て、実行していた。

そのようなテロ集団のメディア戦略は奏功した面もある。というのも、日本をはじめ欧米諸国ではテロ集団の作成したビデオを報道として再生産することが常態化したからである。テロリズムとはテロ行為自体を指すのではなく、テロ行為やプロパガンダを通じて、人々に恐怖心を植えつけることを目

的としている。メディアが、テロ集団の作成した映像を再利用することは、それ自体がテロ集団のメディア戦略の延長線上に位置づけられていた。すなわち、テロ集団がめざすテロリズムが国際社会に浸透することに加担していたことになるのである。

　テロ集団のメディア戦略は高度化していった。2013年に組織化されたISIL（イラク・レバントのイスラム国）は、ソーシャルメディアを活用して世界各地から人材をリクルートする戦略を採用した。その結果2014年から15年にかけて、イスラム諸国からだけではなく、欧米各国から若者がイラクやシリアへ赴き、ISILの活動に参加するという事態が発生した。イラクやシリアがISILの勢力が拡大していた地域であり、そこに対する欧米諸国の攻撃が激化していたことを背景としていた。

　ところが、イラクやシリアでの戦闘が激化するのと前後して、今度はヨーロッパ諸国でのテロ事件が相次ぐようになった。それらは必ずしも組織化されたテロ集団によるテロ行為だけではなく、ローン・ウルフと呼ばれる単独犯による事案も含まれるようになった[2]。

　フランス、ベルギー、ドイツ、イギリスなどでのテロ行為の頻発は、メディア報道でのフレーミングに拍車をかけた感がある。それはテロ行為が発生すると、その犯人捜しとしてまずイスラム教徒へ目を向けるという傾向が強まったからである。これは単に対テロ対策を実施する各国当局だけではなく、そこから情報を開示されるメディアの報道姿勢にも反映している。

　例えば、2017年にイギリスのロンドンやマンチェスターでテロ行為が相次いだが、各種メディアは政府からの公式発表を待たずに、テロ行為かという推測の報道をした。するとソーシャルメディア上では、それがほどなくイスラム教徒によるテロ行為と読み替えられた。のちに当局がテロ行為実行犯は

---

[2] 「イスラム」過激派のテロ集団やテロ行為、あるいはその戦略については数多くの時事問題解説的な書籍が存在する。時事問題解説は時間を経るとその情報が「古くなる」という性質を持つ。また「イスラム」過激派の行動や戦略は刻々と変化する。この点を確認した上で、あえて池内（2015）を2010年代前半の「イスラム」テロ行為の特徴に関する書籍として提示する。本書では「イスラム」過激派集団のメディア戦略を概観している。

イスラム教徒であると公表するのであれば、報道やソーシャルメディアでのテロ事案の扱いはあながち外れたものではないことになる。

しかし、こうしたメディアの推測を受けたソーシャルメディアの断定的な言論は、時に暴走を生む。実行犯はたまたまイスラム教徒ではあったが精神を病んでいたために殺人を起こした事案として当局が発表することもある。この場合の当該事案は殺人となり、テロ行為ではなくなる。ところがいったんテロ行為としてメディア上に情報が流れると、オーディエンスにとってそれは終始テロ行為として記憶されることが少なくない。

この背景には、イスラムを敵と認識するイメージを自らが抱いていることで、テロ行為＝敵の仕業＝イスラムという認識を自らの中に定着させてしまっているという現実がある。しかも欧米諸国でのテロは、ISILへの報復行動を伴い、明らかに敵と味方という図式の中に当てはまる。すなわち、イスラムが怖いと思う私がいるとしたならば、それはテロ行為への報復を行う諸国の側に自らの認識があることになる。

しかも、国内報道ではなく国際報道としてこうしたテロ事案に接すると、報道が断続的であることもあって、事案の性格の変化が反映されるのは困難である。そこには実際には真相を知らなくても、自分の持ち合わせているイメージで国際報道に接し、自分の持ち合わせている認識の範囲で国際報道を理解する姿勢があることは否めない。これは、カスケード・モデルのフレーミングの中に取り込まれている実態を反映しているのかもしれない。そして、冷戦期に西側の敵をソ連と措定していたように、残念ながらいまやイスラム過激派集団が新たな敵という認識が定着した感がある。

おわりに

国際報道をめぐる環境はめまぐるしく変化してきている。それは国際関係のあり方の変容だけではなく、情報通信革命が展開中のメディア環境の影響も受けている。

そのような激変する国際報道の波の中に私たちは生きている。第5節のメディア・ナショナリズムの項でも触れたが、ニュースに対して受け身であっ

た自分がいつの間にか能動的かつ攻撃的な言動の主体となることもある。また私たちのニュース理解には限界があるために、いつの間にか身につけているイメージの中で出来事を認識するという姿勢も存在する。私たちは無意識のうちに、敵味方という二項対立的な思考のもとでニュースに接し、情報や考え方を知人や友人と共有するという場合も発生している。それが実は自分の居住する国家や政府の意図と同一化している現実に直面することもある。

　このように国際報道は私たちに身近になっているだけではなく、現実には私たちの認識の中に入り込み、私たちの一部となっているのである。

（山本信人）

参考文献

池内恵（2015）『イスラーム国の衝撃』（文春新書）文藝春秋。
大石裕・山本信人編（2006）『メディア・ナショナリズムのゆくえ―「日中摩擦」を検証する』（朝日選書）朝日新聞社。
佐藤卓己（2014）『増補　大衆宣伝の神話―マルクスからヒトラーへのメディア史』（ちくま学芸文庫）筑摩書房。

Bernays, Edward（1928）*Propaganda*, Horace Liveright（バーネイズ、エドワード（2010）『プロパガンダ［新版］』中田安彦訳、成甲書房）。
Carr, E. H.（1939）*Twenty Years' Crisis 1919-1939: An Introduction to the Study of International Relations*, Macmillan（カー、E. H.（2011）『危機の二〇年―理想と現実』原彬久訳、岩波書店）。
Cull, Nicholas J.（2009）*The Cold War and the United States Information Agency: American Propaganda and Public Diplomacy, 1945-1989*, Cambridge University Press.
Entman, Robert M.（2003）*Projections of Power: Framing News, Public Opinion, and U.S. Foreign Policy*, University of Chicago Press.
Herman, Edward S. and Noam Chomsky（1988）*Manufacturing Consent: The Political Economy of the Mass Media*, Pantheon Books（チョムスキー、ノーム＝ハーマン、エドワード・S.（2007）『マニュファクチャリング・コンセント―マスメディアの政治経済学 1、2』中野真紀子訳、トランスビュー）。
Lippmann, Walter（1922）*Public Opinion*, New York: Harcourt（リップマン、ウォルター（1987）『世論』（上・下）掛川トミ子訳、岩波文庫）。
Melissen, Jan（ed.）（2005）*The New Public Diplomacy: Soft Power in International Relations*, Palgrave Macmillan.
Nye, Joseph S.（1990）*Bound to Lead: The Changing Nature of American Power*, Basic

Books(ナイ、ジョゼフ・S.(1990)『不滅の大国アメリカ』久保伸太郎訳、読売新聞社).

Nye, Joseph S.(2011)*The Future of Power*, Public Affairs(ナイ、ジョセフ・S.(2011)『スマート・パワー——21世紀を支配する新しい力』山岡洋一・藤島京子訳、日本経済新聞出版社).

索　引

〈事　項〉

あ行

アイデンティティ　141, 147, 153-159, 161, 162, 164-166
アクセス権　42
アジェンダ設定効果　24-26
アラブの春　58, 137, 138
アンビエント・ジャーナリズム　107
イグゼンプラー効果　27-29
石井記者事件判決　47, 48
イメージ　210, 211, 218, 221, 225, 226
インカメラ審理　52, 53
インターネット　5, 11, 15, 19, 20, 23, 37, 40, 77-79, 82, 83, 87, 95, 100-103, 108, 113-115, 119, 120, 122-125, 127, 128, 134, 145, 165, 190, 197, 200-203, 206, 221, 223
　――法　114
インド核実験　185
ウィキリークス　85, 86, 138
ウォーターゲート事件　57, 85
「宴のあと」事件　124
オーディエンス　29, 31, 34, 207, 225
沖縄密約事件　51
オンラインメディア　104

か行

核アレルギー　185
学説　38
カスケード・モデル　207-211, 225
疑似環境　21
技術決定論　79
客観報道　18
行政指導　118
グーグル　125-127
クラウドソーシング　106

ゲートキーパー　5, 107
ゲートジャンピング　107
決定　38
厳格な合理性の審査　44, 46
厳格な審査　44
検索結果の削除　125-127
「現実の悪意」の法理　121-123
「現実」の社会的構築・構成　14-17
原子力平和利用博覧会　180
原発プロパガンダ論　170, 172-174
公共サービスメディア　88, 89
公共の福祉　44
公共放送　88, 89
公衆アジェンダ　25
公正発展党　70
広報外交（パブリック・ディプロマシー）　207, 215-217, 219, 220
合理性の審査　44
国際報道　205-207, 211, 212, 215, 217, 220-222, 225, 226
国民の幸福度　72
個人情報保護法　49
　――の適用除外　50
国家公務員法　50
国家秘密　50
国境なき記者団　56, 67
コミュニケーション　ii, 97, 99, 103, 105, 131, 135, 144, 212, 217
娯楽的効用　104

さ行

最初情報源　98-103
最適効果スパン　25
裁判の公開　45

サンケイ新聞事件　42
自己情報コントロール権　49, 50
自己統治の価値　39
「思想の自由市場」論　39, 60
ジャーナリズム　ii, 4, 8, 12, 13, 15, 17, 18, 20, 37-39, 44, 49, 53-55, 57, 58, 61, 63-65, 77, 79, 81, 82, 85, 86, 89, 91-93, 107, 109, 151-153, 166
社会の正当な関心事　125
社会問題　151
自由　73
集合的記憶　11, 156
取材源の秘密　48
取材源秘匿保護法（シールド法）　48
取材の自由　41, 46-48, 51, 52
常時同時配信　128
象徴権力　181
情報公開・個人情報保護審査会　52, 53
情報公開法　40, 52
情報社会論　79, 191
知る権利　40, 41, 51
新自由主義　87, 194
スクープ取材　10
ストーリー　13, 19, 29
政治参加　134, 143, 146
政治的パラレリズム　64, 66
青少年環境整備法　128
正当性　iii, 169, 172, 175, 179, 181, 184, 185
世論　24, 166, 167, 208, 210, 212, 214, 215, 217, 220, 222
戦争報道　197-200
「相当の理由」論　122, 123
ソーシャルメディア　ii, 78-84, 90-92, 104, 109, 131-140, 142-147, 155, 206, 221, 222, 224, 225
ソフト・パワー　215, 216

た行

第五福竜丸　176
大衆　80
多元主義　66
　内的――　66
　外的――　66
脱原発運動　186
チェルノブイリ事故　171
知識格差　22, 23
調査報道　85
沈黙の螺旋　26, 27
「ついに太陽をとらえた！」　179
通信　113
椿発言事件　118
訂正・取消放送の制度　43, 44
デジタル・ディバイド　201, 202
デモクラシー
　合意型――　65
　多極共存型――　65
　多数決型――　65
　リベラル――　65
電源三法交付金　173
電波管理委員会　115, 119
電波法　115
　――76条　115-118
特定秘密保護法（特定秘密の保護に関する法律）　50-53
特定有害活動　51

な行

南北問題　192, 193, 198, 203
二重の基準論　44
日本テレビ事件決定　49
ニュー・ジャーナリズム　57
ニュース共有　103, 104
ニュースソース　107
ニュースバリュー　ii, 4-10, 97, 98, 102, 193, 197, 198

ニュース普及過程研究　95
ニュース普及速度　97, 98
ニューヨークタイムズ v. サリヴァン事件　121
ネット選挙　80

は行

培養効果　32, 33
　第 1 次——　33
　第 2 次——　33
博多駅事件　40, 48, 49
発信者情報の開示　124
パブリック・ディプロマシー　→広報外交
パブリック・リレーションズ　215
番組編集準則　115-119, 127
判決　38
反論権　43
反論文の掲載請求　42
ビッグデータ　85, 86
ピューリッツァー賞　57
表現内容規制　45
表現内容中立規制　45
表現の自由　39, 40, 113, 115, 119, 120, 123, 125, 127, 128
フィルタリング　128
フェイクニュース　20, 82, 91, 108, 109
付加的情報源　101, 102
福島原発事故　137, 140, 169, 174
プライバシー（権）　42, 43, 46, 124, 125
プライミング効果　34
フリーダムハウス　55, 56, 58, 67, 69
フレーミング　29, 31, 208, 211, 221
（ニュース・）フレーム　29, 208, 210, 211
　エピソード型——　31
　オーディエンス・——　30
　戦略型——　31
　テーマ型——　31
　メディア・——　30, 208, 210
「プレスの自由委員会」報告書　42

プレスの自由に関する四理論　58, 59
　——権威主義理論　59
　——自由主義理論　60
　——社会的責任理論　60
　——ソヴィエト共産主義理論　61
プロット　13, 14
プロバイダ責任制限法　114, 123
プロパガンダ　207, 211-215, 217-221, 223
プロフェッショナリズム　64
文化帝国主義　201
分極化された多元主義　64
平和のための原子力　176
法学　37
放送　113
放送と通信の融合　88
放送番組審議機関　117
放送法　115, 117
放送倫理検証委員会（検証委）　117
放送倫理・番組向上機構（BPO）　117
法廷カメラ取材　45, 46
報道関係者の証言拒絶権　47
報道の自由　58, 59, 62, 67, 69, 72, 73
　——度　55, 56, 58, 67, 71-73
「報道」の定義　50
ポスト・トゥルース　92, 145
北海タイムス事件決定　46
ポピュリズム　89-91

ま行

マスメディア　12, 16, 91, 132, 134-136, 144, 155, 205, 206
民主的コーポラティズム　64
名誉棄損　43, 53, 54, 114, 120-122, 127
メディア・アジェンダ　25
メディアコングロマリット　88
メディアスクラム　9
メディア・ナショナリズム　221, 222, 225
物語　12

索引　231

大きな—— 13, 14, 165

ら行
リツイート　　105, 106
リベラル・モデル　　64
倫理的規定　　118-120
レペタ事件判決　　46

わ行
忘れられる権利　　125

英数字
BPO　　→放送倫理・番組向上機構
CNN効果　　194, 196
NHK（日本放送協会）　　88, 128
SNS　　103, 104, 107
TBS事件決定　　49
Twitter　　78, 81, 92, 103-107, 131, 133, 138-140, 144, 206
UGC　　78, 79, 84, 85

〈人　名〉

あ行

アイエンガー，シャント　31
アイゼンハワー，ドワイト・D.　97, 176, 217
青池愼一　96, 99
アッシュ，ソロモン・E.　26
李光鎬　101, 102, 105
ウェーバー，マックス　172-174
エマーソン，トーマス，I.　39
エントマン，ロバート　208-211

か行

カー，E. H.　214, 215
ガーブナー，ジョージ　32
カル，ニコラス　217
川浦康至　101
川上善郎　101
ガンツ，ウォルター　98, 99
ギデンズ，アンソニー　194, 195
ゲッベルス，ヨゼフ　213
クドリー，ニック　143
クロンカイト，ウォルター　57
コペル，テッド　57

さ行

サイード，エドワード　193
シーバート，F. S.　59, 60
シュラム，W.　59, 61
ジェファーソン，トマス　60
ショー，ドナルド・E.　24, 25
正力松太郎　180, 182
ジルマン，ドルフ　28
鈴木万希枝　101, 102

た行

高木仁三郎　185
竹下俊郎　25

竹田青嗣　73
武谷三男　179, 186
ダニエルソン，ウェイン・A.　98
タンカード，ジェームズ・W.　29
ティチェナー，フィリップ・J.　22
ドイチュマン，ポール・J.　98

な行

ナイ，ジョセフ　215, 216
中曽根康弘　177
ノエル＝ノイマン，エリザベス　26

は行

ハーミダ，アルフレッド　107
橋元良明　28
パパチャリッシ，チチ　144
ハリン，ダニエル　63-65
ピーターセン，T.A.　59
プライヤー，マーカス　23

ま行

マクルーハン，マーシャル　189, 190, 202
マッコームズ，マックスウェル・E.　24, 25
マルクス，カール　174
マンシーニ，パオロ　63
見田宗介　73
三村剛昂　178
ミュンツェンベルク，ヴィリー　213
ミラー，デルバート・C.　95, 96
ミル，ジョン・スチュアート　60
ミルトン，ジョン　60
ムフ，シャンタル　147

や行

湯川秀樹　179, 181, 182
吉岡斉　173

ら行

レイプハルト，アーレンド　65

リップマン，ウォルター　21, 212

執筆者紹介

山腰修三（やまこし　しゅうぞう）（第 5、9 章）※編者
慶應義塾大学法学部教授。
1978年生まれ。慶應義塾大学大学院法学研究科後期博士課程単位取得退学。博士（法学）。専門分野：ジャーナリズム論、メディア論、政治社会学。主要著作：『コミュニケーションの政治社会学——メディア言説・ヘゲモニー・民主主義』（ミネルヴァ書房、2012）、『戦後日本のメディアと原子力問題——原発報道の政治社会学』（編著、ミネルヴァ書房、2017）、ほか。

大石裕（おおいし　ゆたか）（第 1、11 章）
慶應義塾大学名誉教授、十文字学園女子大学特別招聘教授、東海大学文化社会学部客員教授。
1956年生まれ。慶應義塾大学大学院法学研究科博士課程単位取得退学。博士（法学）。専門分野：マス・コミュニケーション論、政治社会学。主要著作：『メディアの中の政治』（勁草書房、2014）、『批判する／批判されるジャーナリズム』（慶應義塾大学出版会、2017）、『国家・メディア・コミュニティ』（慶應義塾大学法学会、2022）。

李光鎬（いー　ごあんほ）（第 2、6 章）
慶應義塾大学文学部教授。
1963年生まれ。慶應義塾大学大学院社会学研究科博士課程単位取得退学。博士（社会学）。専門分野：メディア・コミュニケーション研究、社会心理学。主要著作：『「領土」としてのメディア——ディアスポラの母国メディア利用』（慶應義塾大学出版会、2016）、『メディア・オーディエンスの社会心理学』（共編著、新曜社、2017）、ほか。

鈴木秀美（すずき　ひでみ）（第 3、7 章）
慶應義塾大学メディア・コミュニケーション研究所教授、大阪大学名誉教授。
1959年生まれ。慶應義塾大学大学院法学研究科博士課程単位取得退学。博士（法学）。専門分野：メディア法、憲法、比較憲法。主要著作：『放送の自由（増補第 2 版）』（信山社、2017）、『放送制度概論——新・放送法を読みとく』（共著、商事法務、2017）、ほか。

烏谷昌幸（からすだに　まさゆき）（第 4、10 章）
慶應義塾大学法学部教授。
1974年生まれ。慶應義塾大学大学院法学研究科後期博士課程単位取得退学。博士（法学）。専門分野：ジャーナリズム論、政治社会学。主要著作：『メディアが震えた——テレビ・ラジオと東日本大震災』（共著、東京大学出版会、2013）、『戦後日本のメディアと市民意識——「大きな物語」の変容』（共著、ミネルヴァ書房、2012）、ほか。

山本信人（やまもと　のぶと）（第 8、12 章）
慶應義塾大学法学部教授。
1963年生まれ、コーネル大学大学院政治学研究科博士課程修了。Ph.D.（Government）
専門分野：東南アジア地域研究、国際関係論。主要著作：*Censorship in Colonial Indonesia, 1901-1942*（Brill, 2019）、『東南アジア地域研究入門 3　政治』（監修・編著、慶應義塾大学出版会、2017）、ほか。

入門メディア・コミュニケーション

2017年11月15日　初版第1刷発行
2022年1月19日　初版第2刷発行

編著者―――山腰修三
発行者―――依田俊之
発行所―――慶應義塾大学出版会株式会社
　　　　　〒108-8346　東京都港区三田2-19-30
　　　　　TEL〔編集部〕03-3451-0931
　　　　　　〔営業部〕03-3451-3584〈ご注文〉
　　　　　　〔　〃　〕03-3451-6926
　　　　　FAX〔営業部〕03-3451-3122
　　　　　振替　00190-8-155497
　　　　　https://www.keio-up.co.jp/

装　丁―――鈴木　衛
組　版―――株式会社キャップス
印刷・製本―中央精版印刷株式会社
カバー印刷―株式会社太平印刷社

　　　Ⓒ2017 Yamakoshi Shuzo, Oishi Yutaka, Lee Kwangho, Suzuki
　　　Hidemi, Karasudani Masayuki, Yamamoto Nobuto
　　　Printed in Japan　ISBN 978-4-7664-2444-7

慶應義塾大学出版会

メディアの公共性
転換期における公共放送

大石裕・山腰修三・中村美子・田中孝宜編著　メディア環境・政治・社会・経済構造の急激な変化の中で、問い直される「メディアの公共性」。世界的に関心の高まる公共放送の国際的な動向と、今後の方向性を解説する入門書。放送業界をめざす学生、メディア関係者は、必携の一冊。　◎2,500円

ジャーナリズムの国籍
途上国におけるメディアの公共性を問う

山本信人 監修／慶應義塾大学メディア・コミュニケーション研究所・NHK放送文化研究所 編　急速に変貌を遂げるメディア状況のなか、ジャーナリズムの国籍性とメディアの公共性は変質を余儀なくされた。途上国の10の事例を取りあげることで、ジャーナリズムの苦悩と挑戦をえぐり出し、これからのわたしたちのジャーナリズム観・市民観を再考する試み。　◎3,800円

ジャーナリズムは甦るか

池上彰・大石裕・片山杜秀・駒村圭吾・山腰修三著　ジャーナリストの池上彰、メディア研究者の大石裕らが、日本のジャーナリズムの問題点や将来のあるべき姿について熱く語る！　二極化する報道、原発報道から歴史認識問題まで、メディア、ジャーナリズムの現状と未来を問う注目の書。　◎1,200円

批判する／批判されるジャーナリズム

大石裕著　メディア政治がポピュリズムの流れを加速する民主主義社会において、ジャーナリズムは鋭い問題提起を行い続けることができるのだろうか？　自由で多様な言論の場としてのメディアとこれからのジャーナリズムのあるべき姿を探る。　◎1,800円

表示価格は刊行時の本体価格(税別)です。